# 百亿酒业进化论

## 百亿今世缘六维进化密码

方 明 著

·南京·

图书在版编目(CIP)数据

百亿酒业进化论：百亿今世缘六维进化密码 / 方明著. -- 南京：东南大学出版社，2024.11. -- ISBN 978-7-5766-1643-9

Ⅰ.F426.82

中国国家版本馆 CIP 数据核字第 20241YA105 号

责任编辑：胡中正　　责任校对：子雪莲
封面设计：周　圆　　责任印制：周荣虎

**百亿酒业进化论——百亿今世缘六维进化密码**
Baiyi Jiuye Jinhualun——Baiyi Jinshiyuan Liuwei Jinhua Mima

| | | |
|---|---|---|
| 著　者 | 方　明 | |
| 出版发行 | 东南大学出版社 | |
| 出 版 人 | 白云飞 | |
| 社　　址 | 南京市四牌楼2号(邮编：210096　电话：025-83793330) | |
| 经　销 | 全国各地新华书店 | |
| 印　刷 | 南京艺中印务有限公司 | |
| 开　本 | 880 mm×1230 mm　1/32 | |
| 印　张 | 10 | |
| 字　数 | 259 千字 | |
| 版　次 | 2024年11月第1版 | |
| 印　次 | 2024年11月第1次印刷 | |
| 书　号 | ISBN 978-7-5766-1643-9 | |
| 定　价 | 98.00 元 | |

本社图书若有印装质量问题，请直接与营销部联系，电话：025-83791830。

# 推荐序

　　这是一本从咨询师视角撰写的一部企业成长史，深入浅出地展示了"今世缘"这家江苏上市酒企如何从小到大并成功跨越"百亿营收"的发展历程。作者在书中引用了德鲁克的很多核心思想，与企业每一阶段的成长实践互为印证，语言平实，逻辑清晰，能够引发我们很多的思考。

　　在与企业家的日常交流过程中，常常会发现他们存在各种困惑，每当此时，我常常会推荐他们阅读德鲁克的著作，这是因为，秉持奥地利学派的一贯传统，德鲁克先生总是将企业家和创新作为核心，他坚持认为："优秀的企业家和企业家精神是一个国家最为重要的资源。"在企业发展的过程中，企业家总是面临着效率和创新、制度和个性化、利润和社会责任、授权和控制、自我和他人等不同的矛盾与冲突，而企业家总是在这些矛盾与冲突的历练中成长起来。

　　我认为，德鲁克的管理思想是解锁这些矛盾和冲突的一把钥匙。我1991年由美国学成归来，就在南京大学商学院图书馆的一角专门开辟了德鲁克著作之窗，并组织创办了"德鲁克论坛"，迄今已经举办了140多期。本书的作者方明先生是我们商学院总裁班的学生，他热爱学习，善于思考，是一位德鲁克管理思想的研习者和实践者，在他的企业管理咨询职业生涯中致力于将德鲁克思想与企业管理实践结合起来，积累了丰富的管理实践经验。今世缘就是他长期护航的企业，作为近距离的观察者，他在书中对今世缘的发展之道有自己独到的理解和见解，也因此著就本书，希望给更多的企业以启发。

本书从今世缘的文化价值、品质主义、模式创新、战略规划、数字化升级、组织变革等多个层面，系统地剖析了今世缘成长进化的动力源泉和发展历程。这些实践经历也正契合了德鲁克的观点："管理是一种实践，其本质不在于'知'而在于'行'；其验证不在于逻辑，而在于成果；其唯一权威就是成就"。

今世缘是源自江苏淮安涟水镇的白酒企业，旗下国缘更在过去几十年间发展成为江苏乃至全国知名白酒品牌，其背后的成功之道值得每一位企业管理者深思。正如德鲁克所强调的"企业的目的只有一个正确而有效的定义，那就是创造顾客。"今世缘正是通过不断追求产品质量、深化品牌文化内涵以及精准市场定位，吸引了无数忠实的消费者。

本书不仅仅记录了今世缘的发展历程，更重要的是，它揭示了今世缘如何在保持传统工艺的同时，不断创新管理模式和技术手段，推动企业绩效不断提升。在这个过程中，今世缘经历了多次重要的转折点，包括体制改革、质量管理、品牌高端化等重大决策，每一次转折都考验着管理者、决策者的智慧与胆识，同时也彰显了今世缘人对于品质和传统的坚守，正如德鲁克先生所强调的"企业的目标应该集中于做出正确的决策"。今世缘正是通过一系列正确而果断的战略决策，实现了跨越式的飞跃。

此外，本书还展现了今世缘如何处理与竞争对手的关系、如何应对市场波动的挑战，这些实践案例对于理解现代企业在百年变局的不确定性中如何增强组织发展韧性、如何维持企业生存与发展提供了宝贵的经验。

本书还特别关注了今世缘在企业文化建设方面的努力和探索。今世缘通过构建独特的"缘"文化，增强了员工的归属感和使命感，形成了强大的凝聚力。书中提到的许多故事，如今世缘的领导层和员工为了保证产品质量而不懈努力的事迹，都充分展示了企业文化对于企业发展的重要作用。

对于企业经营者来说，本书不仅是一本历史读物，更是一部充满智慧的企业战略指南。它以今世缘的发展经历告诉我们，无论是处在在什么样的市场环境下，只有那些能够持续创新、灵活应对变化的企业才能最终获得成功。因此，我向大家推荐《百亿酒业进化论》，相信无论你是企业家、管理者还是博、硕士研究生，都能从中获得灵感与启示。愿每一位读者都能从今世缘的故事中汲取力量，不断探索自己的管理哲学，为社会创造更大的价值。

应作者之邀特此作序。

**南京大学人文社会科学资深教授**
**南京大学商学院名誉院长**
**南京大学行知书院院长、博士生导师**

**2024 年 10 月 30 日于上海**

# 自序

为什么会有这本书?说来也是源于2022年底的一次会议,深维度战略咨询作为今世缘国缘品牌的长期战略合作伙伴,有幸又在2022年下半年与国缘Ⅴ系事业部开启战略定位项目。当时还是疫情肆虐时,项目组十余人奋战3个月,在年底的提报会上分享了阶段性战略定位报告,赢得了与会者的高度认同。当天晚宴上宾主尽欢,酒过三巡,我与Ⅴ系的领导和同仁们聊起了对国缘Ⅴ系的文化、产品、营销的一些见解,也谈及今世缘发展的几个重要里程碑,席间谈及一个话题,即中国儒家文化追求三不朽境界——立功、立德、立言,那么今世缘已经发展了30余年,对发展历程应该归纳总结"立言",也为后来者提供有效的酒业发展样本。我们不仅要传颂别人的故事,也要书写自己的好故事。

我借着"喝不醉的神酒"——国缘V3,敬了大家一杯,同时也发了个愿,如果今世缘年销售额突破百亿,我愿意成为这个执笔人,大家一同举杯见证。再之后我们与公司进一步达成了5年长期战略护航合作,在扎根服务的同时,心底也一直记着自己曾经的承诺。

2023年底,今世缘营收破百亿,兑现承诺的时刻到来。于是就有了这本《百亿酒业进化论》。我在跟羊总请缨写此书时也曾笑谈,成大事,必有缘,为了珍惜我们这段缘分,也为了这本书的承诺,我们需要放弃一个不小的年度项目。在结善缘的同时，有时候也要惜缘聚缘，因为人生的精力是有限的，战略核心，"取舍"二字才是精粹。

在筹备本书的过程中，为了对中国酒业乃至世界酒业有更深刻的理解，我和核心团队的符凌、李冬等几位咨询老师分工，几乎把市面上所有名酒的传记、企业史通读一遍，算下来前后累计阅读了两三百本相关书籍，查阅各类文献材料达几千万字，再加上与今世缘7年的合作陪伴，在不同场合、不同项目累计采访过近百人的一手资料，虽然动笔是一年间的事，但此书功成，说十年磨一剑也不为过。

回望与今世缘结缘的7年，如白驹过隙，还记得当时应今世缘胡跃吾副总经理之邀，参加今世缘2017年闭门战略研讨会。那日，今世缘董事会全体成员、中高管同仁及十几位全国白酒行业的知名专家们，一同就企业未来的发展方向进行了深入的讨论。2024年，为了写书，我辗转又找到当年我在这次会议的发言纪要，再度重温，颇为感慨。当时我的发言框架从企业所拥有的战略资源、需要管控的战略风险，以及战略实施过程中的聚焦原则，在今天看来，仍然有其价值的闪光，也是深维度咨询陪伴的见证。

2017年闭门战略研讨会发言纪要（方明）：

1. 战略资源的梳理

（1）战略无所谓绝对的对错，因为都要冒风险，关键看有没有精力和资源与之相匹配从而拿到应有的成果。

（2）目前今世缘企业包含国缘、今世缘、高沟、喜庆家四大品牌，现在最重要的是做取舍，同时做好四个品牌难度太大，分段治事，各个击破。

（3）纵观全球，无论手机行业里苹果公司专注于智能手机一款产品;还是通信行业华为几十年瞄准爱立信、思科等强手,极致专注性价比,专注小型交换机,他们都因为战略聚焦取得了成功。就目前消费升级趋势和市场实际检验来讲,下决心聚焦国缘品牌,未来潜力和可能性最大。

2. 战略风险的控制

(1) 公司四个品牌同时发力,想都有作为,可能性不大,应该思考清楚聚焦点,战略要简单、实施要快,战略实施永远与风险并存,重要的是上下同欲,一心一意。

(2) 公司当初创立今世缘品牌、国缘品牌,当时看来也是一种很大的风险博弈,现在看来取得了极大的成功,仍在享受着品牌创新带来的品牌红利,要快马加鞭,继续扩大战略的力量和价值。

(3) 谈一个跨行业案例,长城汽车曾经旗下有6个品牌,包括炫酷、精灵、腾翼等,最终长城把所有的资源全部聚焦在哈弗H6,几年聚焦后,2016年该款车全球年销量已达60万辆,仅次于JEEP,成为全球第二大运动型多用途汽车(SUV)品牌。2016年整个销售额已经接近千亿元大关,净利润达100多亿元。

真正的决策,就是在风险与机遇间的拿捏,这也是企业家不可推脱的宿命。

3. 战略力量的聚焦

(1) 资源要聚焦。国缘的销量最大、利润最大,但是公司目前大部分的广告资源还是投在今世缘上,我们应该顺势而为,资源投放应该优先聚焦国缘品牌。我们反观友商的策略是坚定和清晰的,他们在选定主品牌全国化的时候,所有的形象宣传全部聚焦、凸显这个品牌,逐步弱化、淡化原来中低端的品牌曝光。

（2）品牌要聚焦。无论是国缘还是今世缘产品，对于消费者来说，首先能叫得上名字，其次品牌到底代表什么独特性，最后消费者知道什么价位、档次，这些正是大众的消费心理最核心的关注点，也是在心智战场上的核心成果。

（3）产品要聚焦。国缘品牌的四开和对开都是主力销售产品，尤其是四开产品，透明瓶子、黑色字体，相对比较凸显，容易占领消费者心智。而今世缘产品价位比较混乱，品种较多，大众不清晰今世缘代表什么价位。

（4）心智二元对立聚焦

① 江苏省内目前依然是友商与今世缘的二元竞争，但这种对立竞争是有好处的，有一个明确而强大的对手其实是一种运气。

② 比如OPPO和vivo两个品牌因为终端销售的重叠，发生了对立竞争，其实幕后的实控者是同一战壕的人，却共同成功切割了小米、华为的市场份额，OPPO、vivo两个品牌相加份额当时已是中国第一。另外，在凉茶大战中，加多宝和王老吉对打，硬生生地将第三名"和其正"的市场挤没了。其实这些品牌都成功地运用了对立定位或关联定位的战略。

③ 没有明晰的战略，自己靠终端力量或价格策略会很吃力，也没有长期护城河。国缘在江苏是后起之秀，已经有品牌名声了，有对立、有差异，品牌关联对立可能就是我们当下最优的策略，同时国缘在省内非常强势，已达到一定体量，很难被竞争对手屏蔽，而通过正确地运用对立竞争策略就能够实现新的发展目标，然后才有机会超越竞争对手。

以上，是当年的会议个人发言回顾。虽然当下市场环境和行业都发生了很大变化，但在今天看来，发言所谈及的战略底层的道和法都依然经得起时间检验。今世缘从 2016 年营收 25 亿元左右到 2023 年突破 100 亿元，其中还经历了 3 年疫情，营收 7 年翻了 3 倍。市值从 100 多亿元跃升至 600 多亿元，翻了 5 倍，成功跻身中国白酒上市公司百亿营收俱乐部"七强"之一，与茅台、五粮液、汾酒、洋河、泸州老窖、古井贡酒几家公司并肩，取得了令人瞩目的成就，可谓是历史性的突破。

由古至今，对中国历史的写法主流有三种，以《史记》为代表的纪传体、以《资治通鉴》为代表的编年体、以《通鉴纪事本末》为代表的纪事本末体。读者如果通览全文可以看到，我们没有把今世缘作为编年体企业史来写，而是采用了纪事本末体融合纪传体的方式，每个模块自成体系，尽量说清核心事件的本末，这也源于书籍的价值本源考虑，真正能对中国酒业的发展贡献一点力量，而不只是按时间铺排的企业史。

继续回溯到我们在筹划出这本书之前，有人问起，中国的白酒文化很厚重，很多名酒都有老窖池、产地、历史等优势资源，而江苏产区好像没有明显优势，今世缘也算是酒业中的后起之秀，有什么独特经验可供分享学习呢？我和我的咨询团队一致认为今世缘至少有六点方法论可学，最终，这也成了本书正式确立的核心框架。

在深维度战略咨询陪跑今世缘 7 年的历程中，与高层、中层、基层数以千计人接触的过程中，我想应该没有哪一个外部人士能有我们这么全面而又独特的视角，既是参与者又是旁观者，能更深度地理解、剖析今世缘。我们希望通过本书，能让更多读者了解到今世缘的深层内在价值，了解这个 A 股主板价值股的成长动能，经过反复打磨，我们归纳了六个模块，我们将之称为百亿酒业样板的六维进化密码。

### 第一，文化塑造的持续进化

千年高沟，八大槽坊，传于西汉，兴于当代，这些老祖宗留下的东西，不多作笔墨赘述，但值得浓墨重彩的恰是一个"缘"字。这是高沟酒厂当年脱胎换骨的一个妙笔，无论是1996年第一任董事长郑宁创牌今世缘，通过"今世有缘，相伴永远"喜宴破局，还是2004年由第二任董事长周素明拍板创牌国缘，向中高价位推进，以"成大事，必有缘"在高端商宴横空出世，今世缘在发展过程中都极度聚焦"缘"文化的独特密码，依靠这个中国文化原力，拉升品牌高度，实现错位竞争，助推今世缘酒业跨越发展，风靡江苏商界。2022年，在今世缘向更高目标跨越赶超的重要时刻，顾祥悦作为今世缘酒业党委书记、董事长，继续坚持文化领航，创新驱动，不断丰富发展"缘"文化内涵，以"缘聚"作为品牌文化的聚焦，重塑"缘聚时刻今世缘"传播语，将"喜庆文化"从婚宴市场延展到日常消费；同时，聚焦国缘V系构建高端市场认知，对接精英群体，发出"敢为人先，永不止步"的品牌强音。

### 第二，品质主义的不懈坚守

讲品质的酒企有很多，能落实得这么扎实的屈指可数，上升到精神哲学层面的更是少之又少。在接触今世缘后，我对今世缘人务实的作风和他们集体上下对品质的坚持耳闻目睹，深有感触。我听到很多这方面的故事，也从今世缘副董事长吴建峰博士那里得到证实。比如为了保证酒品的质量，三十多年来今世缘一方面只要有资金盈余，就持续做产能布局和老酒储备，仅近期用于新建产能扩容投入的资金，四年就超过100亿元，这一项，至少在中国酒企中排前位；另外一个故事，就是在销售高峰时曾主动停产一两个月，只是为了保障酒质酒品的稳定性。类似的故事太多，不胜枚举，这也解释了国缘、今世缘为什么几十年来始终品质稳定、口碑如一。

还有很多让人不得不佩服的全国级品质桂冠，比如国缘系列3个产品获得中国绿色食品认证,企业是"全国质量奖"获得者。今世缘对品质的集体信仰,更落实到日常的点滴行为,这也正是今世缘稳步发展的不二法门。

### 第三,模式创新的不断突破

彼得·德鲁克曾说过一句非常经典的话,也是我们都耳熟能详的:"企业的宗旨是创造顾客,所以企业具有两项职能——而且只有这两项基本职能:营销和创新。"白酒行业更加需要适应社会变化,主动转型,追求企业更高质量的发展不断重构其价值链,并在此基础上进行商业模式的创新,才能在未来的商业世界中立于不败之地。

与此同时,随着数字经济时代消费需求的释放以及市场集中度的提高,酒类企业间竞争愈发激烈,竞争模式相对单一。因此,酒类企业想要适应新经济环境,突破重围获得超额利润,优化竞争战略,从价值链构建视角改进企业的盈利模式变得尤为关键,这要求企业不仅要具备敏锐的市场洞察力,还需要有强大的执行能力和勇于变革的精神。

历数今世缘近三十年的历程,我们了解到直销模式是今世缘在行业内率先创造、智能酿造是今世缘在行业内率先创造、中度酒度却兼顾高度口感也是今世缘在业内率先创造……今世缘创造了很多个第一次,正是这种不断创新的精神和不断迭代,让今世缘从"县酒""市酒"跃升到"省酒",再到开始破圈成为全国品牌,甚至未来在全球范围内参与国际竞争,这种创新的精神是今世缘不断突破的根本动力。

### 第四,战略布局的升维重构

战略是一种全局性的谋划,旨在实现长期目标和目的,通过整合资源和采取行动来达成。自第三任董事长顾祥悦上任以来,做了三个重要的战略决策和系列动作:首先,确定了"十五五"期间实现"双百亿"战略目标。其次，制定战役战略方针，同步开启了国缘品牌的公关突围战，深化其"大国之缘"的品牌印象，拉升品牌价值；国缘V系高端进阶战，进一步拓宽消费群体，在千元以上价位实现系统性突破；品类创新战，重新定义"高端舒适型白酒"，从香型时代进化到体感时代，为品牌打开千亿级心智市场空间。最后，围绕三大品牌裂变为三大事业部，提拔新生代骨干，充分授权并鼓励独立决策，同时匹配高预算费用、投入高密度人才资源以保障战略目标的实现。

目前，规划的第一阶段企业破百亿战略目标已经完成，而且在广大消费者、股民中形成很好的认知和口碑，也成为今世缘近 10 年发展的标志性里程碑事件。

**第五，数智科技的赋能运用**

2023 年 9 月，习近平总书记在黑龙江考察调研期间首次提到"新质生产力"这一概念。而作为传统产业代表之一的白酒行业，也正在通过新质生产力的应用，寻求高质量转型与国际化发展的新路径，"数智化"就是部署新质生产力的关键路径之一。

今世缘酒业是中国白酒行业数字化转型积极的探路者，数智化转型的实践为企业的高质量发展提供了强有力的支撑，旗下高端品牌国缘 V9 凭借创新的品质和智能化酿造工艺，成为白酒行业发展新质生产力的典范。

面对双百亿时代，今世缘正在谋求更为深刻的数智化转型。首先，以质取胜，扩大智能制造规模，推动传统酿酒产业转型升级。其次，开发移动营销系统，提升营销的智能化。构建深度会员管理体系，实现会员全生命周期管理和精准营销。最后，多方协同，实现企业管理的智能化。打造移动化、平台化、资产化、社交化、一体化的工作平台，实现供应链管理、客户管理等十大核心系统高度融合，提升全链条质量能力。

**第六，组织变革的深化升级**

达尔文说："能够长期生存的物种不是最强壮的，也不是最有智慧的，而是最能适应变化的。"今天，适应变化已经不够了，而是要快速而敏捷地适应十倍速的变化。领导与变革领域大师约翰·科特教授说，我们正在穿越一条边界，进入一个充满难以预测的混乱和指数级变化的世界，我们对此尚未做好准备。

白酒行业作为数千年的传统行业，也在近几年感受到空前的压力，这个时候，尤其需要呼唤变革型领导的出现。所谓变革型领导是通过领导个人魅力、强大的感召力、智力激发和个性化关怀等，激发员工潜力，激活组织动力，创造绩效爆发力。同时组织变革也必须以战略在前，组织支撑在后，实现双轮驱动；而且从组织认知、组织架构、组织能力、组织行为都要系统改变。这是对所有企业而言都是一个难度很大的惊险跨越，如同今天中国的深水区改革。

我常说，今世缘人是幸运的，因为三任董事长都是变革型领导，无论在开创期、转型期还是深水区改革期，他们都身体力行，身先士卒地奋斗在一线，以企业整体的发展为全局。第三任董事长顾祥悦上任以来，着手对产能布局、品牌营销、人力提升都进行了大刀阔斧的改革，除了制定三大品牌的战略方针外，同步开始全面启动组织变革，在充分授权裂变事业部以外，同时也对中高管、各大区骨干、核心经销商进行组织重构，不断增强人才密度。

同时还引入训战结合的高投入、高密度实战模式，为准备和实施双百亿的战略目标打下坚实的基础。可以说如果没有组织变革保障支撑，战略只是空中楼阁，而我们这两年看到今世缘的第三次变革正在从图纸变为基础坚实的建筑集群，同时迈入新的发展阶段。

当下，面临百年未有之变局，我们只有修炼自身，笃定前行。正如顾祥悦董事长在2024年今世缘新春团拜会上提出今世缘的"六个相信"：相信"相信"的力量，相信公司的战略选择和战略定力，相信自己的能力和潜力，相信品牌与品质，相信向上向善的文化，相信坚守的力量。这与本书所谈的六个进化密码也是不谋而合，互为印证，希望本书能给各位看官在战略层面带来真实有效的思想价值和学习价值。

正所谓，沧海横流，方显英雄本色；风高浪急，正见砥柱中流！

——深维度战略咨询公司董事长　方明

**2024年8月于南京**

# 目 录 Contents

## 第一部分　缘启百亿　生生不息的文化密码

第一章 / 汉文化千载酒魂　传承2200年的高沟美酒　　　　004
第二章 / 原创中国酒业独一无二"缘"文化　　　　　　　　022

## 第二部分　质胜百亿　集体信仰筑就品质密码

第三章 / 文科茅台、理科五粮液、工科国缘　　　　　　　　042
　　　　——白酒工科生的"6S品质论"
第四章 / 白酒行业"中度工艺"创领者　智能化酿造领跑者　059

## 第三部分　共赢百亿　重构价值链的模式密码

第五章 / 业务模式重构　科学规划产品及营销矩阵　　　　　074
第六章 / 比较优势重构　聚焦江苏在地化商务场景　　　　　092
第七章 / 传播模式重构　公关国际化,宣传本地化　　　　　102
第八章 / 分销模式重构　"1+1+N"深度革新渠道　　　　　111
第九章 / 营销范式重构　国缘V系"C端思维"引领行业　　124

## 第四部分　创新百亿　不断进化的战略密码

第十章 / 抓住根因　大国缘品牌重塑战略定位　　　　　　　152

第十一章 / 坚定高端　国缘V系成为增长新杠杆　　　　　　172

第十二章 / 品类升级　从"香型时代"进化到"舒适时代"　　193

第十三章 / 锐意突破　国缘V9"清雅酱香"横空出世　　　　208

## 第五部分　智慧百亿　拥抱未来变化的数智密码

第十四章 / 数字经济是新质生产力的核心驱动力　　　　　　228

第十五章 / 国缘拥抱大未来　全链数字化,突破数智化　　　237

## 第六部分　双擎百亿　持续变革的组织密码

第十六章 / 组织变革、管理提效　后百亿时代,
　　　　　　今世缘高质量发展路径　　　　　　　　　　　254

第十七章 / 人才强企,架构重塑　联邦分权7大路径瞄准双百亿　272

附录　　国缘创牌20周年:回归本质,创造战略确定性　　　285
后记　　深维度战略咨询"整体战"长期护航,锚准双百亿,助力大未来　293
参考文献　　　　　　　　　　　　　　　　　　　　　　　298

第一部分

# 缘启百亿
## 生生不息的文化密码

2200多年的美酒传奇,低调的高沟酒因今世缘被公众所熟知,在千年酒文化内涵中,今世缘挖掘出宝贵的"缘"文化。"缘"文化是中华优秀传统文化重要组成部分,也是中国人独特的文化标识,广结善缘,是创造美好生活、拥抱美好生活、共享美好生活的源泉。白酒是中华文化的载体,是满足人民美好生活需要的标配。这种美好不仅仅体现在品质口感上,还应该体现在思想情感及精神文化上,让消费者更加青睐、忠诚于品牌。白酒文化的守正创新,也是中国白酒骨干企业的神圣使命。

　　今世缘酒业将把品牌、品质、文化、能力等优势集成为"组合拳",坚持以"缘"为核心,以酒结缘,以缘兴酒,持之以恒塑造品牌精神,打造更有温度、更具高度、更显特色的缘文化品牌,立足文化圈粉,更加注重文化属性的表达,传承弘扬中华"缘"文化,演绎"缘"文化的价值表达、情感表达,传递美好、制造快乐,为产品销售领航,挖掘"缘"文化核心要义和内涵,让"缘"文化成为赋能发展的"缘动力"。

| 第一章 |

## 汉文化千载酒魂
## 传承 2200 年的高沟美酒

一部中国史,半部美酒史,诚哉斯言!每个白酒品牌的文化都需追溯源头,中国煌煌 5000 年历史,如果去掉美酒的冲天香气和豪情,将会变得没有光芒、寡淡无味。无论达官贵人、骚人墨客、贩夫走卒,都离不开酒对人生的滋润。高沟酒很低调,别的酒都在宣称自己有 800 年、1000 年的历史,而高沟酒的历史至少可以追溯到 2200 年前西汉开国时,可以说是市面上最古老的白酒之一,但高沟人一直云淡风轻,很少说起,要了解这背后的故事,还得从西汉建国时期刘邦参与的三次饭局说起。

### 汉高祖三顿饭定天下,高沟酒自带主角光环

汉高祖刘邦,诛秦灭楚,他的人生中有很重要的三顿饭。

第一顿饭便是充满传奇色彩的"吕公宴"。彼时,沛县城内风云际会,吕公设宴邀请当地有影响力的人物,刘邦当时还是一个看似不起

眼的亭长，尽管身无分文，却大胆宣称自己愿意出资一万。正是这顿宴席，刘邦凭借过人的气魄，不仅赢得了吕公的青睐，还意外收获了萧何、曹参等未来共同打天下的忠实伙伴，甚至因缘际会，成为吕公的乘龙快婿——擅长相面的吕公一见到刘邦就非常高兴，最终把自己的女儿许配给了刘邦。这样，刘邦不仅没花一分钱，反而意外地讨了个老婆。

第二顿饭则是历史上很著名的"鸿门宴"。简单来说，这是一场两大势力领袖的智力较量，是创业过程中不可避免的一次社交聚餐，在享受美食的同时还要时刻保持警惕。这场宴会在很大程度上展示了两方势力真正的强与弱，项羽一方看似强大，但核心团队的实力并不强，缺乏得力的将领和谋士，即便有范增这样的人物，项羽也没有用好。这种对比，充分展现了刘邦在个人魅力、领导才能和用人之道上的优势。鸿门宴上，项羽没有对刘邦采取行动，并非如一些人所言出于妇人之仁，而是他有着自己的策略和政治军事上的考量。刘邦在宴会尚未结束时便匆匆离去，这顿饭吃得是又紧张又刺激。

第三顿饭则是刘邦人生巅峰的象征——"大风宴"。平定了英布之乱，刘邦已经过了花甲之年，再回到魂牵梦萦的沛县，与父老乡亲举杯共饮的那一刻，他心中满是感慨。在宴会上，他拔剑起舞，吟唱起了《大风歌》："大风起兮云飞扬，威加海内兮归故乡，安得猛士兮守四方……"这顿饭，不仅是一场团圆的盛宴，也是刘邦在功成名就之后回归故里的一次盛大聚会。回顾过往一生，可以说，这顿饭是刘邦吃得最舒心的一次。

这几场饭局中，酒无疑是最不可或缺的角色，几次饮酒都发生在江苏境内，高沟作为西汉皇家贡酒的美誉也由此而来。还有传说称，刘邦在洛阳定都后举办的西汉开国第一宴,用来宴请群臣的正是高沟的佳酿。这些饭局与酒的故事,不仅记录了一代枭雄的传奇人生,也成了后人不断传诵的佳话。自此,高沟酒的美名如同其酒香一般,横跨中原大地,悠悠飘扬。而1965年的那次意外发现,则将这段历史与现代巧妙地连接起来,让后人得以窥见美酒文化的璀璨光辉。

1965年春天,有个农民在涟水县三里墩北边挖黑土时,意外揭开了尘封的秘密,南京博物院考古学者闻讯赶来,紧急开展了一场抢救性的发掘行动。经科学论证,此处有一座规格非凡的西汉古墓,据推断可能与刘邦六世孙、鳣侯刘应紧密相关。西汉古墓下还有一座新石器时期遗址,属于大汶口文化。

刘应之墓,气势恢宏,规格超凡,随葬之物令人叹为观止:铜器、玉器、金银器,计93件,每一件的工艺都特别精湛,价值连城,部分珍品甚至被故宫博物院纳为馆藏。尤其引人注目的是一尊立鸟镶嵌几何纹铜壶,这是酒器,还是国家一级文物,更被誉为"中国十佳青铜壶"之一。它曾作为中国古代青铜器的巅峰之作在法国展出,如今被收藏在南京博物院。

容酒器,作为古代储酒的器具,其体量庞大,再加上古代交通不便,这意味着其中的佳酿必须就近取材,而高沟酒厂的所在地,无疑是最佳的酒源之选。换句话说,早在西汉末年,甚至是更早的年代,王室贵族们或许就已经沉醉于高沟先民精心酿造的琼浆之中。如此说来,那位吟唱《大风歌》的旷世英豪刘邦,品尝过高沟酒的可能性也并非空穴来风。

## "高沟"之名的两种起源说

元朝末年(1368年),在地方豪绅的支持下,张士诚在苏州、湖州地区筑起了一道对抗朱元璋的坚固壁垒。张士诚势力衰落后,明朝随之建立,朱元璋在苏州地区实行了前所未有的变革,对曾经的反对势力实施了严厉的惩罚,其中便包括了历史上著名的"洪武赶散",迫使众多苏州富户背井离乡,迁往荒凉的边陲。

公元 1370 年,明洪武三年,苏州阊门人高天宠一家不堪重负,决定逃离苛政下的苏州,他们最终停在古硕项湖西南,靠捕鱼为生。这里芦苇丛生、人迹罕至,一条无名大沟穿行其间,南北延伸,高家便在沟旁搭建起简陋小屋……岁月流转,这个地方渐渐被人熟知,得名"高家沟"。

到了明朝中期,徽州歙县的商贾精英,汪、郑、徐等九大家族,被这片充满希望的土地深深吸引,陆续来此安家立业。凭借世代相传的商业智慧,短短几年间,"高家沟"迅速成为远近闻名的湖区集市。商旅往来间,一座充满古韵的桥梁建了起来,后来也被称为"中桥"。万历年间,一首诗歌描绘了当时的盛况:"南北东西作走廊,行人拥挤即寻常,中桥自古繁华处,夜市灯火茶馆忙",这时候,高沟已经成了连接安东、海州、沭阳、灌河区域的商贸重镇和交通枢纽。

清朝早期,高家沟西侧的六塘河开始疏浚拓宽,不仅承担起了分洪重任,还成了盐运的动脉,人称"北盐河",虽然河流带来的泥沙逐渐淤塞了高家沟,但盐船的频繁停泊却意外地催生了"中桥夜市"的再度辉煌。时光荏苒,清雍正十三年(1735 年),高家沟正式更名高沟镇,而高沟酒的传奇悄然萌芽。

此外,地质学家的探索揭开了高沟地名的另一层神秘面纱。高沟位于郯庐断裂带之上,秦代的一场大地震使得北面下沉,形成了硕项湖,而高沟则因位处边缘得以幸免,成为一块高地,这便是"高"之名的由来,地震同时堵塞了地下水道,迫使地下水从高沟下隐藏的古老火山口喷涌而出,形成那条标志性的大沟,最终汇入硕项湖,这就是"沟"的源起。得天独厚的地理优势,清甜的泉水、肥沃的土地,吸引着周边民众在此栖息繁衍。即便是在黄河夺淮长达六百多年的动荡岁月里,高沟依旧是庇护生命的绿洲,孕育出了明清时期名噪一时的高沟酒。人们利用天赐的泉水酿造出甘醇的美酒,这被视为上天的恩赐,故而以"天泉"命名,流传至今,高沟酒的故事也因此增添了几分传奇色彩。

## 盛于明清的八大槽坊,烽火岁月的高沟酒

在历史的长河中,高沟镇的酿酒业犹如一股绵延不绝的清流,从明清开始便已经蓄势勃发,流淌出了一段段醇厚的佳话。高沟镇长春槽坊的朱漆大门上,悬挂着《西游记》作者吴承恩所写的一对楹联:"近销淮北行千里,远及湖广畅九江",将当时酒业的繁华景象描绘得淋漓尽致。到了清朝,高沟镇八大槽坊声名鹊起,天泉、裕源、公兴、长春、义兴、涌泉、距源、广泉,每个字号都承载着一段匠心独运的酿酒传奇。这些槽坊每日红粮用量达千斤,可产佳酿三百余斤,雇佣的数十工匠,各自掌握着独门秘技,竞相推出上乘之作,高沟大曲因此名声大噪,香飘四海,以至于人还没到高家沟圩子,就已经能远远闻到空气中弥漫的酒香,沁人心脾。

在抗日战争期间,开明绅士张洪贵(1903—1976)在涟水的义举,为这段历史增添了一抹温暖的亮色。他开设的几个槽坊与两家酒店,是新四军和地方革命力量坚实的后勤保障,购粮买弹、传递情报、庇护同志、救治伤员、款待军政人员,成为当时盐阜抗日民主根据地有名的

"抗日大饭店"。

张洪贵的"抗日大饭店"还接待过新四军军长陈毅,成为来往革命志士的温馨港湾,更是一处传递革命精神的驿站,东来西去的同志们,总能在此得到一杯热茶、一餐饱饭,还有那一杯杯温暖人心的高沟酒,安全与关怀在这里得到了完美的诠释。

1944年春天,高沟镇再次成为历史的见证者,新四军三师师长黄克诚、第四支队支队长钟伟,携手中共淮海地委与军分区,策划并实施了著名的高杨战役。战役期间,高沟人民展现了前所未有的团结与奉献,主动腾出房屋,提供热水与食物,为战士们缝补衣物,送上了生活必需品,历经十六个日夜的英勇战斗,最终大获全胜,击溃日伪军2 000余人,建立了共产党领导的镇公所,掀起了盐阜、淮海地区的反攻大潮,高沟镇迎来了解放的曙光。

## 高沟酒厂发展历程

**出生**

1944年,高杨战役取得胜利,中共淮海六分区贸易公司的决策者们,怀揣着对未来的深远考量,决定在金庄这片刚刚沐浴自由曙光的土地上,种下一颗工业的种子——金庄酿酒槽坊。这不仅是党在涟水土地上播撒的首个工业火花,更是一场对经济自主与民生福祉的积极探索,槽坊在孙服邦的主持下,汇聚了20多位工人,围绕着唯一的甑桶,实行双班制运作,奇迹般地产出了30多吨佳酿。

追溯这一决策的初衷,就不得不提及当时的中共涟水县委组织部部长王晓楼(1915—1995)。他回忆,选择金庄作为槽坊的落脚点,背后蕴含着深思熟虑的考量:一是当地遗留的地主槽坊,通过政府的接管与修缮，可以迅速投入生产；二是金庄地理位置优越，距高沟镇仅2公里，便于管理与市场对接；三是考虑到高沟刚解放，金庄相对安全，利于槽坊的稳定运营。这一系列因素的叠加，使得金庄成为了理想的起点。

同年，高沟酿酒世家的代表人物汪禹平（1911—1954），出于对新政权的支持与信任，主动将自家的裕源槽坊捐献给了人民政府。这一壮举，不仅展现了个人的高风亮节，更为后续的工业整合奠定了基石。1948年，金庄槽坊与裕源槽坊的合并，标志着高沟槽坊的初步成型，预示着高沟酒厂的雏形已在历史的洪流中悄然矗立。

到了新中国成立前夕，为了进一步推动地方工业的发展，政府对包括"天泉"在内的私营槽坊进行了整合。1949年9月30日，地方国营高沟酒厂正式成立，成为涟水县第一家工业企业，从此，高沟酒厂踏上了新的征程，开启了它在中国白酒行业的传奇之旅。

**起点**

1949年，高沟酒厂仅有两个甑桶，一支四班倒的工人队伍，以及不足30人的职工群体。那时的生产场景就是"粉碎驴推磨，出窖柳筐抬，凉醅木锨扬，蒸馏烧地锅"，这些看似原始的画面，却是那个时代酿酒工艺的真实写照。就是在这样近乎原始的条件下，凭借着代代相传的精湛技艺与匠人们的悉心呵护，一坛坛醇厚芬芳的高沟大曲横空出世，成就了那一年75吨的产量，产值达到了12.8万元，利润亦是颇为可观，达到了1.15万元。

到了1950年，高沟酒厂在厂长胡仰鹏的引领下，踏上了一段自强不息的征途。面对简陋的设施，全体员工齐心协力，自建土窑，自制砖瓦，邀请扬州建筑公司的巧匠们新建车间，增设了两个甑桶，产能翻倍增长。不仅如此,新购置的 10 吨货船,更是极大地改善了运输条件,为酒厂的长远发展奠定了坚实的物流基础。

而 1953 年,则是技术革新的关键年份,高沟酒厂引进了酿造专业的技术骨干陈寿铭,并在国内白酒行业开创性地建立了化验室,为传统的酿造工艺插上了科学的翅膀,开启了品质控制的新篇章。

到了 1956 年,高沟大曲在江苏省的白酒评比中力压群雄,荣获桂冠,这一荣耀时刻,得到了时任江苏省省长惠浴宇的亲笔题字的嘉奖。一面"酿酒第一"的奖旗,不仅是对高沟酒厂卓越品质的认可,更是对其不断进取精神的高度赞扬。当年,高沟酒厂的产量跃升至 468 吨,产值高达 84 万元,税利突破 50 万元,这些数字有着特殊的意义,它们见证了高沟酒厂在艰辛与挑战中不断崛起,成就辉煌的历程。

**彷徨**

1958 年,在那个激情燃烧的年代,酒厂积极响应国家号召,毅然决然地投身于一场前所未有的建设热潮。酒厂拨出资金 20 万元,派遣一位副厂长及数十名技艺精湛的酿酒精英,远赴县城,另起炉灶,创建了一个全新的酒厂。新厂的成立势如破竹,然而,它的快速上马也给老厂带来了意想不到的挑战:资金链紧绷,原料供应捉襟见肘,一场严峻的考验悄然降临。

好景不长,到了 1962 年,伴随着连年的自然灾害,经济形势急转直下,这座承载着梦想的新酒厂无奈宣布解散,所有的人力与资源不得不撤回高沟酒厂,重新整装待发。这是一段艰难的回归,也是对高沟酒厂韧性的一次深刻检验。

在三年严重困难时期,高沟酒厂面临着更为严峻的生存考验,大部分工人被迫下放,酒厂内部仅剩下不足 50 人,他们以非凡的智慧和毅力，仅靠两个甑桶继续运转，让传承了数百年的窖池免遭破坏，使得高沟大曲那穿越千年的醇香得以延续，成为那个特殊时代中一抹不可多得的温暖光芒。

**成长**

1978年，随着党的十一届三中全会的胜利召开，中国大地迎来了改革的春风。对于饱经沧桑的高沟酒厂而言，这同样是一个崭新时代的开端，预示着一个充满希望的春天即将到来。

1979年，高沟大曲不负众望，荣获了"江苏省优质酒"的美誉，这不仅是对品质的认可，更是对未来的期许。次年，产量攀升至860吨，标志着高沟酒厂在复苏之路上迈出了坚实的一步。

1981年至1989年，高沟酒厂经历了一场深刻的自我革新与蜕变，连续五年的大规模技术改造与扩建，让酒厂步入了快速发展的轨道，实现了从地方小厂到国家大型企业的华丽转身。特别是产能的激增，1987年白酒产量突破2万吨，高居全国榜首，1988年，产曲酒与瓜干酒总量达1.1万吨，成品酒产量高达2.1万吨，产值与税利分别达到了7 639万元和2 900万元，与1980年相比，三大关键经济指标实现了近40倍的增长。

1987年7月，随着时代的变迁，地方国营高沟酒厂正式更名为"江苏高沟酒厂"，这不仅是一个名称的改变，更是企业现代化、规模化发展的象征。

1985年，顾秀莲省长亲自颁布嘉奖令，授予高沟酒厂"先进单位"称号。

1986年至1989年，高沟酒厂先后获得国家二级计量合格单位、国家二级节能先进企业、国家二级企业的称号。这一个个里程碑式的成就，是高沟酒厂研发能力的提升与产品质量飞跃的显著证明。

1984年，在全国第四届评酒会上，高沟特曲以95.13分的优异成绩，摘得全国浓香型曲酒亚军桂冠，这不仅是对高沟酒品质的最高赞誉，而且是对其卓越工艺的肯定。

1989年，全国第五届评酒会上，高沟特曲又一次不负众望，蝉联"中国名优酒"殊荣，巩固了其在中国白酒界的地位。同年，55％vol与39％vol高沟特曲被国家技术监督局授予国家级质量认证，这是对高沟酒厂产品质量与标准化生产的权威认可，标志着高沟酒在品质控制方面达到了新的高度。

高沟酒的广告语"高沟酒，高，实在是高"，在江苏乃至全国范围内广为流传，成为一代人的集体记忆。

**重生**

1991年，当国家宏观经济政策收紧，资金环境趋于严峻，高沟酒厂也不可避免地遭遇了成本飙升的寒流，加之酒类市场风云突变，使得这个历史悠久的酒厂陷入了前所未有的经营困境。即便如此，高沟酒厂并未放弃对品质的执着追求，在困境中求生存，其产品研发的脚步从未停歇，始终站在行业技术的前沿。1992年至1993年间，高沟酒屡获国际、国内多项大奖，充分证明了这一点。尤为重要的是，1995年，高沟特曲更是被国家技术监督局选定为全国浓香型白酒标准样品，这一荣誉，无疑是对高沟酒厂品质与技术的最高赞誉。

然而，经济的严冬还是给高沟酒厂带来了沉重打击。1995年末，工厂陷入了停产与半停产的尴尬境地，危机一触即发。关键时刻，省委、省政府领导亲临涟水，现场办公，紧急调配3 000万元作为恢复生产的启动资金，同时协调银行对企业的债务采取"挂账停息"的措施，为企业争取到了宝贵的喘息之机。

1996年8月,历史的转折点悄然而至,高沟酒厂推出了全新品牌——"今世缘"系列酒——"地球""太阳""月亮"系列白酒,以南京婚宴市场为突破口,一句"今世有缘,今生无悔"深深打动了消费者的心,成功实现了品牌的华丽转身与市场逆袭。一时间在南京市场引起轰动,赢得了消费者的广泛好评。同年12月,江苏今世缘酒业有限公司应运而生,通过租赁经营的方式,接手了高沟酒厂的厂房、设备与品牌,开启了新的篇章。在接下来的一年多时间里,今世缘酒业内外兼修,一方面加强内部管理,提升效率,另一方面积极拓展市场,扩大影响力,高沟酒厂由此经历了凤凰涅槃般的重生。

自1998年起,随着江苏今世缘酒业有限公司经济实力的不断积累与壮大,逐步收购高沟酒厂的资产,最终全面继承了高沟酒厂的深厚底蕴与辉煌传统。这一系列变革与重组,不仅拯救了一个历史悠久的品牌,更在新的时代背景下,书写了中国白酒行业的一段传奇,让高沟酒厂的血脉得以延续,焕发出新的生机与活力。

## 高沟酒的五大特色

**独特的红色黏土**

高沟地区,独特的红色黏土孕育着丰富的农作物,这里不仅盛产小麦、水稻和玉米等酿酒的主要原料,还延续着种植高粱和豌豆的传统。依托这片肥沃之地,今世缘酒业的酿酒用粮基地,结合现代化管理技术,先后获得了国家绿色产品和有机产品的双重认证,为美酒的酿造打下了坚实的基础。

**高沟的天然气候**

北纬28°~34°,这一纬度带被誉为世界最佳蒸馏酒酿造区,而高沟正处于这一纬度带,这里得天独厚的气候和地理条件,孕育了中国最丰富的生态酿酒微生物群落。这些微生物的多样性,为白酒的酿造过程贡献了独特的风味,赋予了今世缘酒鲜明的地域特色。

**极品的天泉水质**

作为研究水的专家,在河海大学博士生导师陈建生教授看来,高沟酒的高品质与酿酒用的"天泉"水有关。经研究,这种水源来自遥远的西藏与云贵高原,经历了长达40年的地下深循环,最终在隐伏火山口涌出,成为"天泉"。这一过程中,地下水与地层发生反应,溶解了丰富的硅与锶,使得"天泉"水质天然呈弱碱性,富含矿物质和微量元素,是极为稀缺的天然饮品。2018年,涟水县因"天泉"水的卓越品质,被国家矿业联合会天然矿泉水专业委员会认证,摘得全国第13家、江苏首家"中国矿泉水之乡"称号。

**千年古法,非遗工艺**

高沟酒的酿造技艺,沿用"老五甑"传统酿造。这是一种萃五谷精华的古法技艺,经过五次精蒸、五次投料,将粮香与酒香完美融合,随后,通过品尝、勾兑、静置、过滤等一系列工艺,让酒分子与水分子紧密地结合。历经这一系列繁复而精细的工艺后,一瓶好酒才算宣告功成。

2009年,高沟酒的酿酒工艺被列入江苏省非物质文化遗产。这也进一步说明了对高沟酿酒工艺的高度肯定,历经百年,世代相传的高沟酒仍以地道特色和上乘品质闻名四海,其秘诀在于精选上等优质的原辅材料,结合独特制作工艺酿造,并在原料、制曲、酿造等每个环节都讲究细节,严格控制,确保酒质出众。

酿造高沟曲酒，精选原料是首要步骤。高粱作为主料，需颗粒饱满、大小均匀，确保无虫蛀霉变，杂质控制在0.5%以下。夏季高粱磨碎至4～6瓣，其余季节则为6～8瓣，确保粉面比例不超过20%，表皮轻微破裂，淀粉颗粒适度暴露。配料后，高粱经蒸煮，淀粉快速吸水膨胀，部分转化为糊精和糖，为后续发酵打下基础。

大麦、小麦、豌豆的合理配比，赋予酒体适中黏稠度与丰富营养，兼之独特的麦香与豌豆香，稻壳经高温蒸煮作为辅料，用于疏松酒醅，便于蒸馏，而高粱壳曾是私营槽坊的首选，早期酿酒采用小曲，清光绪年间，天泉槽坊率先改用大曲，夏季制作以备全年。国营高沟酒厂成立后，引入机械化制曲，夏季制高温曲，冬季制中温曲，历经粉碎、配料、踩制、培养、入库等精细流程，培养过程涵盖上酶、潮火、大火、后火、出房等阶段，中温曲与高温曲分别需在45℃和60℃下培养30天和45天。

工艺上，早期槽坊操作简单，用小曲作为发酵剂，发酵成熟后挖出放入锅甑蒸馏提酒。高沟酒厂成立后，继承"老五甑续楂法"，融入现代科技，逐步建立科学的工艺流程，涉及定期发酵、分层蒸馏、掐头去尾、量质摘酒、分级储存、精心勾兑等环节。1980年后，生产过程逐步实现机械化、自动化、微电脑化，从粉碎到储存，无不体现科技的进步。

进入21世纪，今世缘酒融合传统与现代，应用红曲复合发酵、双层底串蒸等技术，经分层发酵、量质接酒、分级储藏，酿制出口感清冽、醇香持久、回味悠长的传统风味高沟酒。

**几百年的明清老窖**

"千年老窖万年糟,酒好须得窖池老。"窖池,被视为酒厂之灵魂宝库。科学研究揭示,窖泥中栖息着超过 600 种微生物,它们协同工作,催化谷物转化,生成各式酯、酸、醇类物质,为酒增添了无尽香气与细腻口感。

国缘所拥有的古老窖池里,这些历练百年的窖泥,取自本地黏土,初嗅气息独特,转瞬即化为多层次的馥郁芬芳。它们在吸纳历年发酵精华后,与谷物中的微生物相互作用,共生演化,构建起高沟、今世缘、国缘系列独特的香气体系,也孕育出今世缘美酒的无限可能。

## 高沟大曲摘得巴拿马金奖,国内外大奖更不胜枚举

1915 年,裕源槽坊生产的高沟大曲,在巴拿马国际博览会上一举斩获金奖,自此声名远扬,销路极广。彼时,高沟美酒的醇香跨越了地理的界限,南至湖广、上海,北到山东,向东而至盐城、南通等地。"高沟酒香飘六塘,泛舟河上乐悠悠,醉中不知身是客,只因美酒胜他乡",民间流传的歌谣生动描绘了高沟酒的广泛知名度和深远影响力。

1956 年 3 月,江苏省白酒评比大赛中,高沟酒名列榜首,获省政府颁发的"酿酒第一"奖旗。

1984 年 5 月,全国第四届评酒会在山西太原举行,高沟特曲以 95.13 分成绩位列浓香型白酒全国第二名,次年赢得轻工业部金杯优质酒称号。

1992 年,高沟优质大曲荣获曼谷国际名酒博览会特别金奖。

1993 年,高沟特曲荣摘美国纽约世界名酒评比金奖。

**国际奖项**

其中，最具影响力的当数巴拿马金奖。1915 年的"巴拿马——太平洋国际博览会"不仅是对巴拿马运河通航的全球庆典，更是在旧金山举办的一场国际贸易盛宴。这届博览会，由美国主办，却因远离巴拿马而别具一格，其规模宏大，共吸引了超过 1 800 万人次的参观。

彼时，美国总统亲自邀请中国参与，促使北洋政府高度重视，从而精心筹备，选取 19 省的精粹，共计 10 万余件商品跨海参展，以期在世界舞台上展现中华风貌。

最终在博览会的荣誉榜上，中国展品熠熠生辉，共赢得 57 枚甲等大奖章、乙等 74 枚荣誉奖章，以及金、银、铜奖和奖状等共 1 218 份，成绩斐然，位居参展国之冠。

这一非凡成就，不仅反映了中国产品的卓越质量，也恰逢其时地抓住了因世界一战导致的欧洲市场空缺，借助巴拿马运河的便利，极大促进了中美贸易，尤其是丝绸、茶叶、桐油等商品的出口激增，为中国经济注入了活力。据统计，1915年中国对美国出口额，丝绸14 000万美元，茶叶1 800万美元，桐油1 120万美元，较上年共增加6 000万美元。

奖项制度方面，巴拿马博览会创新设立了六个级别，其中甲等大奖章、乙等荣誉奖章和丁等金质奖章同列为最高荣誉一等奖，戊等银质奖章为二等奖，己等铜质奖章为三等奖，丙等鼓励奖只给证书不发奖牌。所以我们传统意义上的金奖/一等奖，对应为巴拿马国际博览会的甲等大奖章。

江苏地区的酒类产品在博览会上亦有不俗表现，共获得15项奖项，包括丁等金质奖章5种，银质及其他奖项10种，堪称酒类获奖的大赢家。而高沟大曲，根据县志记载，1915年裕源槽坊生产的高沟大曲，荣获的丁等金奖亦在其中。

## 文人墨客，情系高沟结"酒缘"

关于高沟酒，历代文献多有记载，众多文人墨客也提笔留下佳作诗篇。例如唐代大文人高适，途经高沟时，就留下了"亭上酒初熟，厨中鱼每鲜"诗句；清末文学家、沭阳才女刘清韵，在拜师、游学中多次稽留邻乡高沟，为天泉槽坊题留下"天既有星，槽滴珍珠红艳；泉还名郡，坊开琥珀香浓""香赞浓郁满七袖，味占东南第一家"等对联。

作为土生土长的高沟人,当代著名作家、小说《红日》作者吴强,更在1989年的一篇文章中,以酿酒作坊的"小师弟"为第一视角写道:"我在10岁的时候,就曾被酒香诱惑,到我父亲当店员的高沟北街的公兴槽坊去偷了一满瓶高粱大曲,和几个小学同学比酒量,以香椿头、百叶为肴,一口一杯,一直吃到酩酊大醉,睡倒在天齐庙的泥菩萨脚下,到了夜半,才被家里人找到,背回家去。1925年秋天,我在第八师范学校读书,因参加闹学潮,被学校当局开除后,我的父亲说我不安分,将我送到高沟涌泉槽坊当小学徒。这样,我便成年成月生活在酒的氛围之中。睡,睡在酒坛酒瓮之旁;吃,一日三餐不可无此君。酒店吃酒,人人平等,我是小学徒,不免也要吃它三杯两杯。从此,便和酒结了不解之缘……"

## 今世缘新唱"大风歌"

今天,今世缘酒业,这个名字在白酒界响亮而深远,旗下已构建成国缘、今世缘、高沟三大品牌的金字塔结构。

国缘和今世缘荣获"中国驰名商标"美誉,而高沟是"中华老字号",国缘成为"中国外交部接待用酒",今世缘是"中国十大文化名酒""中华婚宴首选品牌"。

美酒之醇,历经千年沉淀,其香愈显深邃;传承之脉,跨越世纪流转,其力更显雄厚,一曲悠扬的文化赞歌,正生生不息地被传唱下去。

## 结 语

文化是一切事物传承的核心。

——让-雅克·卢梭(Jean-Jacques Rousseau),
法国启蒙思想家、哲学家

好的酒,是人神共酿的奇迹。高沟的水土孕育了丰富的微生物群落,今世缘人只要把这些微生物照顾好,酿造出醇厚的美酒是自然而然的结果,这是神的一面。但我想更重要的是人,历史长河滚滚向前,浪花淘尽多少英雄,高沟人在千年传承的道路上,有过辉煌、有过曲折,一直奋勇向前。如果用一种比喻,高沟就像一株坚韧生长的红高粱,不仅根扎得深,持久力强,产量还大,尤其是公私合营之后,酒厂上下齐心协力,在追求品质与技术创新的道路上不断探索,屡仆屡起,奋斗不止,精益求精,最终铸就了今世缘酒业今天的百亿辉煌。

高沟酒的故事,就是一部关于坚守与创新、传承与发展的史诗。它见证了时代的变迁,记录了社会的进步,更承载着几代人对美好生活的向往与追求。在这个过程中,既有政府的支持与引导,也有市场机制的作用,更有每一位酿酒匠人的辛勤付出。这一切,都是为了那一杯杯散发着岁月芳香的美酒,为了那份对于美好生活的永恒追求。

# 第二章

## 原创中国酒业
## 独一无二"缘"文化

杰弗里·摩尔（Jeffery Moore）提出的鸿沟理论，将创新技术和产品的生命周期划分为五个阶段，对应五个消费群体。

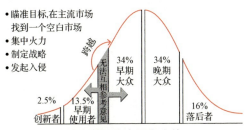

技术采纳生命周期定律

若以鸿沟理论审视，今世缘从地区到省级，再到全国知名品牌，一个个成就正是不断跨越一个个鸿沟的过程。其中，文化战略至关重要，正如诗云："一桥飞架南北，天堑变通途"。文化像拉索桥连接鸿沟两端，使消费者的心理共鸣畅通无阻，无缝连接。

而按照道格拉斯·霍尔特（Douglas B. Holt）在《文化战略》一书中的观点，要理解文化创新，就必须首先理解特定的文化表述在创造消费者价值方面的中心作用，以及特定的文化表述是如何以一种新的蓝海为目标，即我们所说的意识形态机遇。强大的品牌必然蕴含强大的意识形态，当这种意识形态戏剧化地触动了消费者的内心，文化创新就获得了突破。

很多创新的品牌都是基于社会变迁，打破原有产品所代表的正统文化意义，为消费者提供新的意识形态和亚文化，解释消费者关于身份、主张、抱负和价值观的疑问，成为消费者的精神支柱，才能在社会生活中慢慢成为一个全新的重要角色和仪式，拥有了强大的精神原力。

今世缘的成长发展史，就是一部独特的文化营销史。从"今世缘"到"国缘"品牌的创立，就开启了在白酒业的全新文化创造。从文化视角，以文化手段张扬鲜明的品牌个性，传播深厚的文化底蕴，从而占领人心，赢得市场。从"今世有缘，相伴永远"的人伦归依，到"成大事，必有缘"的宏大叙事，再到"敢为人先，永不止步"的时代强音，在品牌塑造的过程中，今世缘品牌完成了从"人间情缘——大国之缘——时代机缘"的层层升华与创新，将中华文化中的"缘"这个充满独特魅力的文化元素，构建成了跨越大众心智鸿沟的"那座桥"。

## 缘于文化，中国人千百年的心智密码

今世缘发展至今已走过 28 个年头。这段不长但颇为精彩的历史，源于一次破釜沉舟的变革。20 世纪 90 年代初期，面对川酒东进、鲁酒南下、皖酒崛起、洋酒入关，外地酒兵临城下之时，以"三沟一河"为代表的江苏酒业处于川鲁豫黔皖联军的"围追堵截"之中，曾经辉煌一时的高沟酒厂陷入经营困境,而在关键时刻拯救酒厂于水火的竟是一群文人,他们在上级党委政府的领导下,依靠不离不弃的坚守者,肩负起了复兴的使命。他们深信,中国悠久的酒文化是品牌复兴的坚实基石;他们认为,只有深刻理解中国百姓的文化心理,才能在营销上取得成功,而创新则是品牌生存和发展的必由之路。

为了找到打开市场的钥匙,今世缘团队深入探究了中国哲学、文学与民俗学的精髓,从中汲取灵感。在这一过程中,他们发现了一个看似简单却常被忽略的事实:大多数人饮酒,并非单纯为了酒本身,而是"醉翁之意不在酒"。对于少数嗜酒的人来说,饮酒或许是生理需求的满足,但对大多数人而言,饮酒更多的是一种社交活动,充当着情感交流的媒介、人际互动的润滑剂。这正是酒所承载的文化内涵,将这种文化内涵与民众的文化心理精准对接,成了成功的关键。在无数次的思想碰撞后,今世缘的创立者们做出了一个出人意料的决定:在"高沟"这棵千年古树上,培育出"今世缘"的新枝,让古老与新生在此融合。于是,"今世缘"这一全新品牌应运而生。

其实,"缘"是一个复杂而神秘的词汇,它难以用言语完全表达。人与人之间的关系,似乎总有那么一根看不见、摸不着的线相连,无论是血缘、情缘还是亲缘、机缘、姻缘……"缘"字充满了神秘,让人难以捉摸,且又无处不在,人生的聚散离合,都被一个"缘"字轻轻概括。正如"有缘千里来相会,无缘对面不相识""百年修得同船渡,千年修得共枕眠",透露出人们对缘的珍视与期待。佛家说"缘起性空"。德国大哲学家海德格尔说的"缘在"(Dasein),讲述了一种整体性和三种关系,缘在与世界的关系,缘在与他人的关系,缘在与自己的关系。在中国人的文化心理中,"缘"寄托了对未来的美好愿景和对不确定命运的乐观祈愿，它承载了特殊的情感重量。

据说，今世缘初入市场时，还有这样一个感人的故事：一群台湾和大陆的故友在南京金陵饭店重逢，得知有今世缘这款酒后，执意要购买。尽管当时这种酒还处于试制阶段，价格尚未确定，但他们坚持要带回台湾，甚至留下了 2 000 元钱，只为带走一箱酒。他们说，同学相聚本就是难得的缘分，暌违四十年后再聚，更是难能可贵，唯有今世缘能够表达这份心意。人生中的悲欢离合，皆可用一个"缘"字概括，而今世缘酒，成了这份情感的载体，让人们在品味中回味人间真情，将这份缘分铭记于心，成为可以传承的文化记忆。

最终，正是中国人民世代沉淀的文化心理打造了今世缘这个品牌，今世缘人创造了价值连城的无形资产——品牌，书写了一段低成本、高效益的品牌传奇。

## 缘自于爱，由情缘切入，自婚宴爆发

每一个品牌在市场的舞台上，都要寻找一片立足之地，要有一个独特的卖点，作为其市场战略的基石。今世缘品牌的独特魅力，正是源于一个字——"缘"，这个字，不仅是东方文化心理的核心支撑，更是一种氛围，一种境界，营造出一种难以言喻的共鸣空间。于是，今世缘的文化营销策略，便从这片"缘"文化的土壤中生根发芽。

若要具体定义"今世缘"中的"缘"，它涵盖了姻缘、情缘、亲缘、友缘等多重维度，而在所有这些"缘"中，最炽热、最集中的体现莫过于婚礼的场景。自1996年至2000年初，正值品牌初创期的今世缘，便将目光锁定在婚宴用酒市场，一系列创新营销举措在当时显得格外耀眼。即使在20年后的今天回顾，依旧不失为行业中的经典案例，其广告语"今世有缘,今生无悔",以深情且富有文化底蕴的语言,激发人们对于缘分的珍惜以及对真挚情感的向往,成功地在消费者心中构建起情感与品牌文化的共鸣。在产品的推广与销售中,今世缘始终将文化置于首位,利用文化的力量推动市场营销,这一策略在白酒行业中引领了新潮流。很快,今世缘又敏锐地意识到,在浩瀚的文化海洋中需要确立自己独特的文化定位,于是,今世缘聚焦于"缘"文化中的"情缘"元素,以此为突破点,努力塑造"中华婚宴首选品牌"的文化形象。

1996年9月,今世缘酒问世不久,一场名为"天作良缘"的大型活动在南京顺利举办,活动中邀请了131对同年同月同日出生的伴侣,共同庆祝这份难得的天作之缘。这次活动不仅让参与者们对"缘分"一词有了更深刻的感悟,也标志着今世缘在情感营销方面取得了突破性收获。没过多久,"天作良缘"活动陆续在全国多地巡回举行,500多对夫妇参与其中,品牌与"缘"文化的联系也变得更加紧密。

1999年,为庆祝新中国成立50周年,今世缘携手共青团南京市委,共同主办了"与共和国同喜·今世缘世纪婚典",活动横跨南京、香港、澳门,吸引了150对新人参加。很快,今世缘在这些地方名声大噪,越来越多的人知晓并认可这一品牌。

同年的9月9日,今世缘在武汉斥资百万打造了国内首例"空中婚礼",72对新人乘坐直升机在城市上空翱翔。这不仅为新人们留下了难忘的记忆,也让今世缘品牌在武汉市场一飞冲天,首年销售额即突破2 000万元。

通过这一系列富有创意的文化活动,今世缘品牌在消费者心中触发了一系列美好的生活联想,激发了人们对幸福生活的珍视和对美好未来的渴望,正是这种正面的品牌联想,有力地推动了今世缘产品在市场上的普及与销售,验证了文化撬动大市场的理论。

进入21世纪,诸多白酒品牌纷纷挖掘文化概念以抢占市场份额,正如白酒界的权威专家沈怡方所评价:"今世缘是中国酒类首个突破国家优质酒、老名牌框架,将酒文化的内涵融入产品中去的品牌,今世缘的创立,是振兴苏酒的起点。"

## 缘的拓圈,缘聚时刻今世缘

在消费者话语权日益增强的今天,品牌如何有效触动并占据消费者心智,成为业界关注的焦点,今世缘凭借其独特的"缘"文化基底,不仅实现了市场定位的精准卡位,更通过不断的创新实践,使其在文化赛道竞争上保持领先。

2023年,今世缘以"缘聚时刻,今世缘"这一简洁而富有感染力的品牌口号,进一步强化其市场声量,策略上双管齐下:一方面,深化品牌与婚庆喜宴场景的绑定,通过高频次、广覆盖的品牌活动矩阵以及不断优化的宴席策略,贴近并引领市场需求,深化市场渗透力;另一方面,品牌拓宽视野,聚焦于生活中每一个值得铭记的"缘聚"瞬间,无论爱情、亲情、友情还是商务交流,今世缘均致力于成为这些温馨场合的见证者与参与者,激发消费者对生活中"小确幸"的感悟,活化日常消费的新场景。

在此过程中,"缘聚"被赋予了双重含义:既是人际情感联系的象征,也代表了今世缘与消费者之间建立的深度联结。这一理念不仅传达出品牌对于珍惜缘分、活在当下的生活哲学,也体现了今世缘品牌的人文精神。特别是在品牌27周年之际,主题曲《缘聚时刻》的发布,以其温暖人心的旋律和歌词,成为抚慰人心、鼓舞生活的乐章,进一步加深了品牌与广大受众之间的情感共鸣。

## 缘系家国，国缘：成大事，必有缘

2004年，今世缘酒业再度围绕"缘"文化挖掘提升，融入家国情怀，创立定位高端品系——国缘品牌。"成大事，必有缘"是今世缘酒业基于"缘"文化新解读提出的品牌诉求，不仅进一步丰富了"缘"文化内涵，保持行业差异化优势，还有力拉升了品牌高度，与今世缘品牌形成了互补，实现错位竞争，助推今世缘酒业跨越发展。

"国缘"品牌的创意蕴含着中国传统文化"治国安邦"的人文哲理，在"成大事，必有缘"的独特品牌价值主张基础上，弘扬"有缘相助"的人本精神，推动人心向上，鼓励事业有成，充分体现了现代人追求高品位生活的价值取向。

在包装创新方面，"国缘"酒同样注重对中国传统哲思及审美的融入。"高山流水"造型的瓶身，流畅线条犹如高山瀑布，一泻千里。外包装上，以"聚合型"结构和开放式设计的崭新创意，简练、大方，充分体现"聚合生财、四通八达"的美好意境，在秉承中华传统文化基础上更展现了国际化开放性的前瞻意识。

国缘品牌的文化营销之路，完全不同于今世缘品牌，在这场品牌革新的征途上，更加考验企业破旧立新的勇气，还要有预见性和前瞻性。凭借"领袖级礼宾酒"的定位，国缘品牌提炼出"与大事结缘，同成功相伴，为英雄干杯"的营销路线，沿着这条路径，成功塑造了中国新一代高端白酒的标杆形象。

2004年成立伊始，国缘品牌即展现出非凡的战略眼光，首度将目光投向了最具全民影响力的奥运会，开启了与奥运不解之缘的篇章。国缘品牌先后成为第28届（雅典）奥运会、第29届（北京）奥运会、第30届（伦敦）奥运会、第31届（里约）奥运会、第32届（东京）奥运会、第33届（巴黎）奥运会江苏健儿的庆功酒，这项殊荣自从国缘品牌问世之日起便再也没有花落别家。

除了奥运会，国缘品牌还在外交场合频频亮相，凭借"大国之缘"的文化内涵，积极扮演着增进中国与世界交流纽带的角色。

2009年12月，国缘酒经海内外网友推荐，作为"国礼"赠送近百年来对中国贡献最大、最受中国人民爱戴与中国缘分最深的泰国公主诗琳通等十大国际友人，在白酒界引起巨大轰动。

2010年4月，在举世瞩目的上海世博会开幕之际，上海世博会联合国馆同意江苏今世缘酒业有限公司为上海世博会联合国馆专用白酒供应商，国缘成为联合国馆专用白酒。

2018年，国缘品牌走进联合国，与世界结缘；作为国礼赠送给阿根廷驻华大使并成为"国缘之夜——中国阿根廷文化交流节"外交用酒；成为"第三届全球华人国学大典"晚宴唯一指定用酒。

2020年国缘走进"一带一路"全球外交官非遗文化交流论坛。

2023年国缘飘香亚洲经济大会、"一带一路"文化交流论坛，携手央视与全球华人欢度新年，赞助东方卫视热播的思想政论节目《这就是中国》，"国缘"见证珠峰科考队员登顶"世界之巅"，携手江苏广电启动"一带一路"十周年跨国新闻行动。

回顾国缘品牌走过的岁月，是见证一个又一个中国奇迹的20年，也是国缘品牌步步为营、稳健成长的20年。它巧妙地抓住了每一个品牌跃升的关键节点，无论是产品创新、市场拓展，还是文化塑造，国缘总能准确把握时机，以"缘"为纽带，连接每一位消费者的心，构建起广泛而深远的品牌影响力。

国缘的故事，是对"时势造英雄"的现代演绎，它证明了在中国崛起的历史进程中，唯有与时俱进，方能历久弥新，结缘天下，共创辉煌。

## 缘于创新，缘于时代机缘的精神升华

2019 年 8 月，正值新中国成立 70 周年之际，今世缘在南京东郊国宾馆正式发布了参与行业头部竞争的高端品系——国缘 V9 清雅酱香。

国缘 V 系列定位高端之上，可以说是国缘积攒了良好的口碑和市场基础后，面向更高阶人群推出的白酒，这是今世缘步步为营，实现品牌升级的重要之举，其中国缘 V9 是 V 系列中的清雅酱香品类产品，更是高端中的高端产品。

今世缘做酱酒品类并不是心血来潮，更不是追风行为，而是早有战略规划，根据今世缘酒业副董事长、副总经理、总工程师吴建峰的介绍，早在 2001 年，在白酒泰斗沈怡方的悉心指导下，今世缘就开始结合淮河名酒产区地理及气候条件，进行酱香型白酒酿造工艺的创新。可以说，今世缘酝酿了 20 年，才造就了这款具有独特品鉴体验的清雅酱香。

国缘 V9 虽归于酱香酒类别，但它巧妙地进行了市场细分，开创性地提出了"清雅酱香"这一新品类。面对 2018 年以来酱香酒市场的再度热潮及其带来的激烈竞争，今世缘敏锐地意识到，仅凭传统酱香产品难以脱颖而出，尤其考虑到今世缘以浓香型和中度酒（40% vol～49% vol）著称，且江苏非传统酱酒产地，而川黔产区及新兴的鲁酱产区在酱酒市场中占据强势地位。因此，今世缘通过前瞻性的品类细分，以"清雅"为特色进入酱酒领域，有效区隔了竞品，并在 2023 年正式提出"新一代酱香（清雅）标准制定者"的品牌定位，展现了品牌差异化竞争的决心与智慧（关于这款产品具体的突破性所在，将在后续篇章中展开）。

2023年，国缘V9广告片中的一句台词："棱角，不但要隐于内，更要展于外"引发无数共鸣，完美契合国缘V9"敢为人先，永不止步"的品牌精神。这不仅仅是字面上的豪言壮语，而且深深植根于产品的每一次创新突破之中，它是行业先行者的宣言，标志着国缘V9在品质、工艺乃至包装设计上的多项首创之举，这些第一不仅刷新了行业标准，更为高端白酒市场树立了新的标杆。

在这样一个快速变化的时代，中国高端精英群体不仅是社会进步的推动者，更是时代精神的践行者。他们渴望在各自的领域内引领潮流，突破极限，国缘V9所传达的"敢为人先，永不止步"恰如其分地呼应了这一群体内心的强烈呼唤。它不仅仅是一款酒，更成为这群时代弄潮儿的身份象征，一种精神的共鸣，以及他们不畏挑战、追求极致生活态度的完美代言。国缘V9，以其独特的品牌语言，搭建起了与高端精英圈层之间的情感桥梁，成为他们共同信念的载体，在时代的浪潮中，一同书写着属于自己的传奇篇章。

## "缘"文化的系统构建，对中国白酒文化营销的启发

在酒的天地里，文化犹如一股深邃而持久的潜流，赋予产品独特的灵魂与不朽的生命力。因此，探求酒与文化之间的微妙联结，探寻二者结合的最佳契点，成为了白酒企业在文化营销棋局上布局谋篇的关键一步。

道格拉斯·霍尔特在《文化战略》中认为，"世界上一些最有影响

力和最有价值的品牌之所以成功,是因为它们能够提供创新的文化表述。"这里的"文化表述"即是一种品牌的"意识形态",它是一种基于社会、文化、政治变迁所带来的前卫发想。

"意识形态的商机产生于重大的历史变迁导致产品的传统文化意义的彻底重塑,我们称这样的变化为社会断裂(social disruption)。这些变化解离了消费者与既有品牌之间的连接,从而使消费者需要寻求新的替代性选择。它是一种新兴的机遇,尤其针对特定的历史时刻和特定的人群。"作者以一种近乎幽默的方式,对营销界长久崇拜的"蓝海战略"(功能性创新思维的代名词)提出了温和的质疑。他指出,在成熟的市场环境下,单纯依赖蓝海战略寻求产品创新,往往会陷入追求日益细分、狭小市场的困境,结果仅能开辟出"一片小小的蓝色水洼",而非真正的广阔蓝海。今世缘在"修身齐家治国平天下"的中国文化传统范式中,找到了一种新的文化范式,借力"缘"文化,为宏大的家国叙事提供了一种别具一格且深入人心的文化语境,形成了一条与传统叙事相辅相成、独具特色的文化道路。

## 今世缘文化营销密码的系统编译

今世缘品牌核心理念建立在"缘"文化之上,而"缘"文化又深深根植于中国传统文化沃土之中,铭刻在中华儿女的基因之中。"缘",一个饱含深情的字眼,它涵盖了亲情、友情、商业合作、机遇等诸多层面,寄托着中国人最纯真与美好的情感期待。而酒,作为民族文化的流动血液,既是情感交流的桥梁,也是文化传承的载体。恰如古人所言,"金风玉露一相逢,便胜却人间无数",道出了酒与情感交融的无尽韵味。

"缘"文化与酒文化的紧密相连,不仅在于两者共同承载着深厚的传统关系文化,更在于"缘"本身就是复杂人际关系网的缩影,血缘、地缘、情缘,这些构成了社会的基本结构,而"缘"文化群体,恰好与白酒的主要消费群体高度重叠,映射出白酒消费市场的内在动力。"缘"文化凭借其天然的亲和力,在品牌与消费者之间搭起了沟通的桥梁,尤其在文化消费日益凸显的当下,这一优势更是被放大,成为品牌与市场对话的独特语言。今世缘人巧妙地将具有传统韵味的白酒与现代浪漫的"缘"文化相融合,精心酿造的一壶佳酿,不仅传递着情感,更连接着心灵,这一巧思也顺利撬开了市场的大门,随后精准地打开了商务宴请的新领域,聚焦于"商缘",为品牌的百亿征程奠定了基石,同时也成为迈向双百亿乃至更高目标的文化驱动力。

在今世缘酒业看来,品牌是一贯性的承诺。品牌的征程,就是一场关于缘的旅行。缘,在社会生活中代表着条件、关系与机会。今世缘之所以能够浴火重生、稳步发展,与聚力打造更有温度、更具高度的缘文化品牌密不可分。

## 白酒行业如何解码文化营销

面对市场环境的瞬息万变,企业的营销策略必须灵活以对,尤其是白酒行业,文化营销更需在传承与创新中寻找平衡,这意味着,白酒企业需在成长的每个阶段持续探索,勇于革新,以品牌营销为引领,深入挖掘并提炼自身的文化内核。这一过程,实质上是对企业核心文化价值的深度挖掘、精细筛选与精心培育,它要求企业既要从悠远的历史文化中汲取营养,也要在平凡的日常生活里捕捉灵感,更要从社会变迁的轨迹中总结规律,将这些宝贵的文化元素上升至哲学层面,进行深层次的思考与凝练。

接下来，便是将提炼出的文化精髓融入白酒产品与品牌形象之中，使其在市场传播的实践中，成为连接产品与消费者情感的桥梁，这一转化过程，是为了精准对接消费者的心理诉求，通过系统的规划、理论的建构，以及生动个性化的表达，逐步渗透并占据消费者的心智，最终精准实现营销目标。

**瞄准目标人群，寻找文化母体和原力**

在精确的市场定位中，精妙地嵌入文化内涵，是文化营销能够取得成效的关键。在中国白酒市场的同质化竞争中，产品在质量、风味、价位等方面的差异日益缩小，迫使企业转向更深的文化层面寻求突破。这意味着，企业需深入挖掘文化价值，精准识别目标市场与文化元素的交汇点，以此作为差异化竞争的利器。在文化营销实践中，文化并非孤立存在，而是要与目标市场的消费者产生共鸣，因此，首要步骤是对目标市场进行全面而细致地调研，这包括但不限于对该市场的文化背景、习俗习惯、教育水平以及消费者的购买行为等进行深入剖析，更重要的是，要洞悉核心消费者群体的价值观与文化认同感，因为正是这些深层的文化偏好，驱动着他们的消费决策。

**挖掘文化诉求点，提炼核心价值**

文化营销的精髓，在于提炼出品牌的核心价值，这也是触动消费者内心深处的关键。当一个品牌承载了触动人心的核心价值，它就能引发共鸣，让消费者与之产生情感的链接，进而喜爱并认同这一品牌。因此，精准捕捉消费者在文化价值与精神层面的需求，并发掘出新颖且富有感染力的文化诉求点，是文化营销的重中之重。

以"今世有缘，相伴永远"和"成大事，必有缘"为例，这两句分别作为今世缘与国缘品牌的灵魂标语，精准表达了品牌的核心诉求，而

"讲善惜缘，实干争先"则是今世缘秉持的核心价值观。它不仅是一句口号，更是企业文化的深刻体现，今世缘酒深谙"缘"文化的精髓，紧紧抓住了人际交往中的血缘、情缘、亲缘、机缘、姻缘等多重情感纽带，巧妙地触动了消费者内心的柔软之处，营造出强烈的归属感，实现了品牌与消费者情感的无缝对接，打开了通往消费者心灵的大门。在这一过程中，今世缘不仅彰显了深厚的白酒文化底蕴，更成功地构建了一个深入人心的品牌形象，将文化价值与消费者的情感需求巧妙融合，使之成为一种生活风尚，一种身份的象征，从而自然而然地占据了市场的一席之地。

**选择合适的模式，传播核心价值**

文化营销传播的使命，是将深厚的文化底蕴融入品牌，为其增添丰富的内涵。这一过程既有直接硬朗的表达方式，比如通过广告直抒胸臆；也有细腻柔和的手法，诸如赞助活动、事件营销等。而在白酒品牌的传播领域，尤为偏爱后者，即"软着陆"策略，目的是通过构建品牌的文化核心，引导消费者基于对品牌文化的认同，自然地选择产品。

今世缘酒业便是一个典型案例，长期围绕"缘"文化深耕细作，推崇的是一种根植于中华文化土壤中的"天作之合"——正如古语所言，"自古姻缘天定，不由人力谋求，有缘千里也相投，对面无缘不偶"，这不仅是对《醒世恒言》中缘分哲学的现代演绎，也是今世缘品牌文化的核心体现。今世缘巧妙运用事件营销，将一个个文化亮点串联起来，如同将颗颗珍珠串成璀璨项链，贯穿于品牌成长的轨迹之中，从北京到南京，从武汉到香港、澳门，甚至远至西藏，一系列盛大的集体婚礼，见证了成千上万对新人的美好姻缘，这些活动不仅成了"缘"文化的生动注脚,也成了今世缘品牌成长的美好见证。

此外,通过举办中华缘文化论坛、征文比赛、缘分故事征集等活动,今世缘进一步聚焦并颂扬人世间难能可贵的友情、爱情与亲情,让"缘"文化深入人心。为进一步深化这一文化战略,今世缘还成立了专门的"缘文化传播中心",定期组织缘文化沙龙,为"缘"文化传播搭建平台,让这一文化理念在更广泛的社群中生根发芽,形成一种文化现象,进而促使品牌与消费者之间建立起更为牢固的情感链接。

**产品与品牌共进,质量与文化齐飞**

美国心理学家亚伯拉罕·马斯洛在其需求层次理论中阐述,人类作为复杂的个体,内心交织着多元化的动机与需求,这些需求自下而上,涵盖了基本的生理需求、安全需求、社会需求、尊重以及自我实现的需求。这些需求按照激励行为的力量依次排列,只有当较低层级的需求得到一定程度的满足后,人们才会逐级向上,追求更高层次的需要。这一理论揭示了人类行为背后的逻辑:唯有生理需求得到初步满足,人们才会进而追求精神层面的富足。

白酒消费,便是这一理论的生动例证,它既关乎基本的生理享受,也是精神文化享受的一部分。因此,对于白酒企业而言,首要任务是确保产品的高品质,这是与消费者建立信任的基石,也是后续文化价值传递的前提。品牌文化的魅力虽大,但必须立足于优质的产品。显而易见,如果产品质量不过关,即便拥有再先进的营销理念、再丰富深邃的文化内涵,也无法说服消费者买单。质量与文化,如同白酒企业翱翔市场的双翼,缺一不可,相辅相成。基于此,白酒企业在提炼品牌核心价值、推进文化营销的征途中,必须同步强化产品创新与质量控制,确保产品与品牌共同进化,质量与文化同步提升。

## 结 语

资源是会枯竭的，唯有文化才会生生不息。一切工业产品都是人类智慧创造的。我们没有可以依存的自然资源，唯有在人的头脑中挖掘出大油田、大森林、大煤矿……精神是可以转化为物质的，物质文明有利于巩固精神文明。我们坚持以精神文明促进物质文明的方针。

——任正非，华为公司创始人

"缘"这个字蕴含了深厚的哲理与文化积淀，它是古人智慧的结晶，承载着中华民族千百年来对于自然与社会关系的深刻理解。在字典的释义中，"缘"常常被描述为事物间因果的联结或相互关系，它超越了直观的因果链，更深层次地反映了人与外界的交互影响和相互依存。这一概念广泛而深刻，是联结人与人、人与自然乃至人与万物之间的纽带。

"今世缘"酒的崛起，不仅是中国酒业的一个成功案例，更是文化营销的典范。它精准把握了中华文化的精髓，将文化战略作为企业发展的核心引擎，通过挖掘和弘扬文化价值，不仅销售酒品，更是传播文化，其成功证明了文化创新是企业持续发展的动力源泉，是推动品牌跨越时间长河，焕发持久生命力的关键。

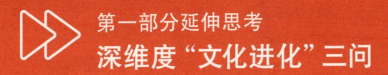

## 第一部分延伸思考
## 深维度"文化进化"三问

❶ 在企业经营中"看得见的"决定"看不见的",企业的文化看不见,但感受得到,你的企业的文化核心是什么,在内部员工的身上有什么体现?

❷ 这种文化投射到产品上对消费者的价值打动点表现为什么?

❸ 这种文化在品牌触达、整体营销传达上体现为什么?

# 第二部分

# 质胜百亿
## 集体信仰筑就品质密码

质量为王,品质为本,今世缘始终坚持匠心酿造美酒,只有高质量的产品才能获得消费者的认可,重视质量并不难,难的是将质量上升为"集体信仰"。今世缘肩负着重要的社会责任,必须努力打造一个良性的企业生态圈。对于食品制造业来说,一个有良心的企业、负责任的企业,不仅在产品上确保质量,更要保持一颗坚持不懈的匠心。

当然,应当重点关注中国新一代群体的消费趋势变化,只有把握这种变化才能有抓手,尤其是对变化的解读、洞察和判断,应在充分进行市场调研的基础上进行产品创新与白酒文化创新,中国的年轻人在发生什么变化?他们会喜欢什么样的白酒?口味、外观包括消费场景,都需要进一步挖掘与创新。

## 第三章

## 文科茅台、理科五粮液、工科国缘
## ——白酒工科生的"6S 品质论"

很多人是通过 A 股的今世缘股票,才对今世缘企业有所认知。企业本身在宣传上并不高调,业界也曾分析了三点原因:一是处于江苏淮安市,有着江苏人的内敛低调品质,而且非常注重经营的稳健;二是与其低调务实的管理文化有关,今世缘强调守约、保质、只重品质,不懂得浪漫,工艺、技术也非常实在地与同行开放交流;三是与其客户定位也有很大关系,今世缘以打造中高端精品白酒为主,面对有品位、有社会地位的政商界客户,其需要的不是高调宣传,而是要于无声处见真诚,于细节处见真章,其沉稳务实的企业风格颇像一个专注产品的工科生,业界称为"工科国缘"。

"文科茅台":茅台的国酒红色文化故事,且巴拿马怒摔酒瓶、酱香 12987 工艺也成了其经典故事,茅台是以文化酒声名鹊起。

"理科五粮液":无论其高粱、大米、糯米、小麦、玉米五种谷物原料科学配比,或是范式沟调法,低度酒 39% vol 与华罗庚"优选法和统筹法"

的故事，凡事讲究逻辑和分析，注重科学分析，行事风格像"理科生"。

"工科国缘"：国缘有深厚的缘文化做纽带，但底层是对于品质的不懈追求和信仰，注重以过程精品塑造瓶瓶精品，在整个酒体设计、基酒储存、菌类培养、有益物质、木质香感、舒适口感、健康体感等全方位质量管理过程的每个环节都以精品标准严格要求，所以"工科国缘"之名不胫而走。

文化是白酒的魂，但品质却是白酒的根。在品质为第一要义的消费时代，今世缘酒业始终坚持长期主义品质路线，视质量为企业发展的根基。在时光坚守中，今世缘酒业凭借过硬的品质推动行业发展，品质也成为了国缘酒业品牌最宽的"护城河"，其对质量的重视，也上升到了战略高度。国缘持续践行的"全面质量管理""卓越绩效管理"的过程精品思维，可以说是领先业界、独步酒林的秘诀所在。

## 质量就是生命线——今世缘几十年如一日的不懈追求

### 如履薄冰抓质量

1996年，在江苏省委、省政府以及地方党委的关心下，重振高沟酒厂的号角吹响。随之而来的是管理层的调整，郑宁临危受命，担任厂长与党委书记。他的到来，让酒厂焕发出新的面貌。原先管理松散、制度缺失，郑宁就先着手整顿管理，力图规范、重塑企业秩序。

紧接着，他提出"如履薄冰抓质量"，强调品质是企业的生命线，一切工作要围绕消费者的需求来，坚持品质至上，为消费者酿造满意的产品。彼时的酿酒工艺正处在转型的关键期，由于短期内无法迅速调整酒体风味，酒厂选择了另一条路径：在现有基础上，探索如何将酒品改良为消费者喜爱的口感。于是，42% vol 的高端中度白酒应运而生，这便是今世缘第一代产品的雏形,它不仅标志着品牌转型的初步成功,也预示着一个崭新时代的开启。

**高沟酒体风格改变,从一个小木桶开始**

2000年,随着周素明的到来,今世缘的生产逐步复苏,一车间重现往日活力,与此同时,酿酒二车间的重启工作也被提上日程,企业战略方向发生重大转变,从以往专注于普通酒的生产,转向以高端优质酒为主导。然而,转变并非一蹴而就,面对历史遗留的酒体过于猛烈的问题,今世缘人面临着技术上的挑战,其中,有一则关于"小木桶"的故事,这也是改变高沟酒风格的关键。

在高沟酒的酿酒工艺流程中,有一个至关重要的环节——打量水,即用热水均匀洒在原料上,以促进水分吸收。然而,传统的铁制容器在接触热水后异常烫手,工人难以操作,不得不改用冷水,而这直接影响了工艺效果。一直以来,这道微不足道的工具问题,却阻碍了达到理想发酵条件。于是,酿酒工匠将铁桶替换为木桶,这一改动看似简单,背后却是对工艺的深刻理解:木质容器能更好地保持温度,使得水分缓缓渗入粮食颗粒,与之结合,加之曲的发酵过程因此变得温和而缓慢,最终产出的酒体不再猛烈,而是更加柔和细腻。自此,今世缘从单一粮食酿造转向多粮浓香的探索,多粮配方使得酒体更加绵柔甘甜。

2004年,当今世缘着手打造国缘品牌时,延长了发酵周期至半年左右,这使得酒体更加醇厚芬芳,酒厂将这批发酵半年的佳酿精心调配,42% vol的国缘四开应运而生,其醇香四溢,口感圆润,而这一切的背后,离不开至少五年的陈储。时间是最好的调味师,赋予酒液更深沉的韵味。这一系列的变革与坚持,不仅重塑了高沟酒厂的酿造工艺,更为其在高端白酒市场中赢得了宝贵的一席之地。

## 今世缘的"全国质量奖"和顶级"绿色食品"品质传奇

很多人刚听到今世缘、国缘的酒是绿色食品时,都感觉到很惊奇,白酒也能是绿色食品吗?而在明白这背后的逻辑和故事后,又纷纷为今世缘竖起大拇指,追溯国缘的"绿色食品"产业链,一幅绿色画卷在眼前徐徐展开。

**品质,从一粒种子开始**

在白酒的酿酒艺术中,原粮扮演着无可替代的角色。正如中国酒业协会理事长宋书玉所言:"好酒不仅是酿出来的、存出来的,更是种出来的。"

今世缘人凭借辛勤与智慧,与大自然的馈赠紧密相拥,遵循自然法则,经过无数次的探索与完善,构建了一套在白酒界乃至全球酒业中独树一帜的生产工艺体系,以及严谨科学的工艺管理规范。

据今世缘酒业副总工程师左文霞介绍,今世缘与农户建立了紧密的合作关系,严格按照绿色食品标准进行生产,从种子的选择、精量播种、测土配方施肥、田间精细管理到收获入库,全方位监控,确保了酒品的卓越品质。以高沟镇四安庄村的高粱种植为例,农户的亩产效益增加了 600 元,各项理化指标均符合优质高粱标准,为酿造高品质白酒提供了理想的原料。

科技专家李春宏则表示,亚夫科技服务工作站致力于通过农业科技服务,助力农业发展,帮助农民增收,与大地结缘,为今世缘的绿色产品打造贡献力量。自 2021 年起,淮安、宿迁等地大规模推进酿酒原料种植基地建设,为苏酒军团建立了本地化的高粱供应链。实践证明,种植酿酒高粱较传统作物每亩增收超过 500 元,且高粱品质优异,适宜酿造高品质白酒。在亚夫工作站的推广下,2022 年江苏高粱种植面积接近

20万亩，众多酒厂纷纷建立自己的种植基地，更惠及数千农户，实现了产业与农村经济的融合发展。

这是一场天地人和谐共舞的精彩演绎，使得今世缘、国缘酒成为纯粮酿造、不添加任何调味调香物质的纯天然发酵食品。

此外，今世缘坐拥地理位置上的天然优势，坐落于中国南北地理分界线上的淮河名酒带上，这里气候温润，阳光充沛，四季分明，被誉为世界顶级蒸馏酒的理想酿造地。地域内的平原辽阔，河流交织，土地肥沃，雨量丰沛，为小麦、水稻、玉米等酿酒主粮提供了优越的生长条件。显然，这份自然的恩赐，为今世缘酒的卓越品质构筑了一道坚实的生态防线。

在确保原料质量基石稳固的征途上，今世缘迈出了坚实步伐，着手建立了专属的酿酒原粮绿色基地，对原粮实行了动态且严格的管理机制，企业内部实施了供应商评估与管理制度，通过优胜劣汰的法则，精选合作伙伴，确保供应链的每一环都坚韧可靠。同时，通过与关键供应商构建深度的战略联盟，有效缓解了原材料及包装物资价格波动带来的冲击，为企业稳健前行铺平了道路。

今世缘深谙"质量始于源头"的真谛，主动将质量控制的触角延伸至上游，积极推动合作供应商采纳HACCP食品安全管理体系与质量管理体系，携手并进，共同提升整个产业链的质量管理水平，实现了质量管理的前移与升级。

"优质的商品，是市场竞争中屹立不倒的盾牌。'质量为王'始终是今世缘坚守的核心战略之一。"正如今世缘酒业党委书记、董事长兼总经理顾祥悦强调的，一直以来，今世缘遵循"崇尚完美，以质结缘"的质量信念，始终坚持顾客至上，深入市场一线调研，做好优质服务，坚守品质为先，狠抓精细管理，实现"从种子到酒杯"全流程高质量标准。

## 国家级绿色工厂，为"碳达峰"与"碳中和"贡献力量

在传统行业的转型升级浪潮中，绿色发展已成为不可忽视的议题，作为白酒行业的佼佼者，今世缘在探寻高质量发展的征途上，"绿色"不仅是其追求的关键词，更是实践的指南针。今世缘酒业在生产过程中采取了一系列创新措施，以减少对环境的影响，包括推广产业绿色循环酿造模式、提高资源使用效率，致力于打造智慧型、生态型、文化型的零碳工厂，并积极响应生态优先、绿色崛起的战略，将发展生态经济作为推进绿色发展的关键举措，构建绿色低碳的产业体系。

在这场绿色变革的赛道上，今世缘酒业勇立潮头，锐意革新，以节能、减排、增效为航标，为这家"红色国字号"企业植入了绿色基因。2022年的零碳使命国际气候峰会上，其因卓越表现荣获"年度行动突破奖"。

在碳中和的道路上，今世缘早已走在行业前列。2015年，今世缘建成了白酒行业首个智能化酿酒车间，实现了生产流程的自动化、信息化、智能化、清洁化管理，有效改善了能源结构，降低了吨酒用水量，提升了清洁生产水平。同时，今世缘酒业还淘汰了燃煤锅炉，改用生物质热电厂供汽，减少了温室气体排放超过90%。建设光伏电站，总装机容量达到8.4 MW，最大限度利用清洁能源。此外，今世缘酒业还建立了循环水站，冷却水循环量达到95%，单位产品综合能耗达到清洁生产一级水平。

今世缘的绿色实践，不仅仅体现在生产技术的革新上，更深入产业链的每一个细节。公司遵循绿色食品管理规范，从原辅材料的绿色采购做起，除了上文提到的通过"企业+农场""企业+基地+农户"的订单农业模式，精心培育酿酒原料基地，确保了原料品质的绿色无污染，还建立了详尽的产品电子追踪系统，实现了从田间到酒杯的全链条质量控

制，确保每一滴酒都能追溯其纯净源头。在今世缘的绿色版图中，酿酒副产物——酒糟的循环利用同样是一笔亮点。这些看似废弃的酒糟被转化为高品质饲料，反哺给畜牧业，形成了一个闭合的"农业—酿造—畜牧业—农业"生态循环链，不仅实现了资源的最大化利用，还在2021年为企业创造了超过1770万元的额外收益，展现了绿色经济的无限潜力。

党的二十大报告指出，推动经济社会发展向绿色化、低碳化的转型，是抵达高质量发展目标的核心路径。今世缘酒业紧握生态绿色发展与高质量发展的双桨，乘风破浪，在"碳达峰"与"碳中和"的"双碳"战略征程上，递交了一份亮眼的成绩单。目前，今世缘总投资约120亿的南厂区建设正如火如荼开展着，一座"高效、清洁、低碳、循环、绿色"的现代化低碳工厂即将跃然眼前，今世缘正以实际行动绘就"绿水青山就是金山银山"的美丽画卷。

## "一瓶一码"，电子溯源系统为今世缘酒配备专属"知识产权身份证"

在白酒行业中，假冒知名品牌、制造及销售伪劣产品的事件屡见不鲜，这些假冒产品在外观上与正品极为相似，消费者往往难以仅凭外表辨别真伪，尤其是面对"真瓶装假酒"的情况，购买时因无法检查内容物而更加困难。中国白酒业有一个普遍存在的问题——部分餐饮服务人员私下回收高端白酒的包装材料，包括酒瓶、包装盒乃至外包装箱，随后转卖给制假者，为假冒白酒提供了"正规"外观的来源，遗憾的是，现行法律法规对此类行为缺乏明确规定，导致执法层面遇到障碍，难以有效打击此类非法活动。

为应对这一挑战，今世缘采取了科技防伪的策略，利用大数据技术构建溯源系统，对盒子、瓶身和盖子等外包装关键部位实施加密处理，全面提升伪造成本。同时作为行业智能化转型的先行者，今世缘运用SAP（企业管理解决方案）、MES（制造执行系统）智能工厂系统、质量全流程溯源系统，构建数字化、信息化系统，成功实现白酒生产的原料自动配送、智能配方、智能蒸馏、智能分级收集酒液到物联网温度监控等白酒生产各环节的数字化操作。

其中，MES扮演了核心角色，它覆盖了生产计划管理、酿酒生产控制、生产质量管理、窖池物联网、能耗管理、大数据分析等模块，系统实时监控原酒酿造过程中的工艺参数，即时反馈生产执行状况，对关键工艺节点质量指标进行自动判定，并形成报警提示，确保生产全程的"可视化"监控与可过程溯源。

## 国家级荣誉，今世缘获评农业产业化国家重点龙头企业

今世缘酒业成功入选农业农村部公示的第八批"农业产业化国家重点龙头企业"，这个荣誉非同小可。"农业产业化国家重点龙头企业"是我国农业企业含金量最高的荣誉之一，是由农业农村部、国家发展和改革委员会、财政部、商务部、中国人民银行、国家税务总局、中国证券监督管理委员会、中华全国供销合作总社8部门共同认定，经过企业申报、各地推荐、专家评审、部门审核、媒体公示等环节，达到标准，最终授牌。此项荣誉极大地肯定了今世缘酒业在农业产业化发展中的杰出成就与贡献。

## 今世缘"过程精品"体系，对齐两位世界级质量大师标准

引入"6S"卓越绩效管理项目，与中国质量协会召开《卓越绩效诊断会》

正如约瑟夫·朱兰博士的一句名言——"品质不是一个结果，而是

一个过程",这正是今世缘品质主义的写照,绿色食品、全国质量奖都是一个结果,真正困难的是每时每刻的精品打造过程,这必须上升到行为习惯和集体信仰才做得到,今世缘做到了。因此,今世缘酒业追求卓越的路径,其品质基石不仅在于精选原料,还在于其先进的管理制度。秉持"崇尚完美、以质结缘"的核心理念,今世缘导入卓越绩效模式,深度融合质量、环境、职业健康、食品安全及测量五大管理体系,构筑起独特的"六位一体"管理体系,形成今世缘特色的一体化绩效改进系统,铺就一条从优秀到卓越、富有今世缘特色的管理进阶之路。

2023年7月,今世缘酒业的酿酒十车间荣获中国质量协会颁发的现场管理五星级认证,车间以安全生产贯穿全过程,抓住产能、质量为现场管理两大主线。一方面,明确结果导向,进行产能、优酒率、吨酒成本、食品安全等关键指标监控;另一方面,深化过程控制,通过质量、安全、生产计划、设备维护、人员培训及"6S"管理(整理、整顿、清扫、清洁、素养、安全)六大维度的精细规划、严格把控和持续创新,确立标准化运作流程。此外,车间还侧重成本效益,鼓励全员参与改进,强化绩效考核,优化班组结构,最终形成了"精益、数字、标准"三大特色的管理体系,彰显了今世缘在管理创新上的深厚功底与实践成效。

在实施"'6S'卓越绩效管理"项目期间,今世缘携手中国质量协会的诊断专家组,进行了广泛而深入的交流互动,涉及企业文化、市场策略、智能化研发、信息体系建设、质量控制、战略规划、人力资源、绩效管理等多个维度。专家组依据卓越绩效评价准则,精心编制了诊断报告,为各部门量身定制改进策略,引领包括质量管理部、供应链部、研发中心、勾储中心、制曲中心及酿酒中心在内的多部门协同作战,系统性地推进整体效能的跃升。

**质量是一种承诺，是品牌的灵魂，过程比结果更重要**

全球质量管理巨匠约瑟夫·朱兰博士认为，品质管理应覆盖产品或服务的整个生命周期，而非仅仅生产阶段。过程，即转化输入为输出的系列活动，对确保质量至关重要，这意味着持续改进和创新，适应市场和技术的快速变化。

在激烈的市场竞争中，高品质是企业竞争力的核心，而这要求关注生产或服务流程的每一环节，确保遵循高标准。品质管理分规划、控制、保证和改进四步，每一阶段都不可或缺，紧密相连，共同推动品质不断提升。朱兰的观点强调了全过程管理的重要性，只有通过不断完善流程，企业才能真正实现品质飞跃。

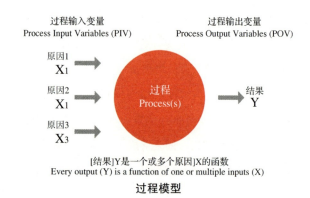

过程模型

## 今世缘"'6S'卓越绩效管理"

约瑟夫·朱兰洞察到卓越绩效模式的核心，实则是对全面质量管理的标准化、规范化和具体化，这一洞察在国际管理实践中，被众多组织奉为圭臬。

卓越绩效模式（Performance Excellence Model）是一种国际上普遍

认可的组织综合绩效管理工具，它起源于美国波多里奇奖评审标准，以客户为中心，追求卓越绩效管理理念，这个模式涵盖了包括领导、战略、客户和市场、测量分析改进、人力资源、过程管理、经营结果等多个维度，构成了一个全方位、多层次的管理体系。

在美国北卡罗来纳大学的阿尔波特·林克和达特茅斯学院约翰·斯哥特教授的研究中，波多里奇奖带来的经济效益令人瞩目，其投资回报率更是高达惊人的207∶1，这一数据无疑为卓越绩效模式的推广注入了强大的动力。

自2001年起，中国质量管理协会也开始在本土企业中播撒卓越绩效模式的种子，在深入研究和借鉴卓越绩效模式的基础上，正式启动了全国质量管理奖的评审工作，此举旨在广泛普及和推广卓越绩效模式的先进理念与经营方法，为中国企业提供多元化的支持，助力其不断提升竞争力，进而取得卓越的经营绩效。

2004年9月，《卓越绩效评价准则》（GB/T 19580—2004）国家标准的发布，标志着中国质量管理进入了一个崭新的时代（最新标准GB/T 19580—2012），这一标准不仅融合了国际先进的管理理念和方法，还融入了众多成功企业的实践经验，在企业的经营架构中，其运营体系的核心是由组织的业务流程衍生出的各管理职能模块所构建，企业能否实现持续稳健的发展，关键在于组织能否在正确的道路上做出明智的决策。

如右图可以看见两个关键的三角形结构："领导三要素"由领导作用、

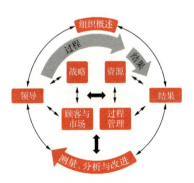

**卓越绩效管理模式框架**

战略以及顾客和市场为中心组成,而"结果三要素"则涵盖了以人为本、过程管理以及经营结果。

"领导三要素"强调高层领导在特定组织环境中,通过精准洞察顾客需求和市场动态,制定战略方向,为组织描绘长远蓝图,这一要素聚焦在如何确保组织在正确的道路上行驶,即"做正确的事"。

而"结果三要素"则侧重于如何最大限度地激发组织内部人员的积极性和创造力。通过优化人员配置、加强过程管理,确保每个业务流程的高效执行,最终实现组织所追求的经营目标。这一要素关注的是如何通过高效地管理和执行,确保组织在正确的道路上"正确地做事",从而达到最佳的效率和效果。

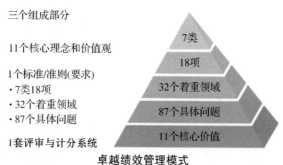

卓越绩效管理模式

卓越绩效模式的成功,离不开其核心价值观的支撑。这些价值观如同一座座坚固的基石,支撑着整个管理体系的稳定运行。其重点共有11条:

(1) 追求卓越管理;

(2) 顾客导向的卓越;

(3) 组织和个人的学习;

(4) 重视员工和合作伙伴;

(5) 快速反应和灵活性；

(6) 关注未来；

(7) 促进创新的管理；

(8) 基于事实的管理；

(9) 社会责任与公民义务；

(10) 关注结果和创造价值；

(11) 系统的观点。

这些核心价值观不仅映射了国际前沿的经营管理智慧与策略，更是众多享誉全球的成功企业历经岁月洗礼的精髓所在，它们深深地融入卓越绩效模式的每一环细节之中，因此，应成为企业每一位员工，特别是高层管理团队的坚定信念与行动指南。

自2005年起，今世缘酒业就快速引入卓越绩效管理模式，坚持高层主导、中层主抓、全员推进的策略，秉持"零缺陷，更完美"的质量理念，推动管理创新，实现品质升级。以卓越绩效模式为引领，通过整合质量、环境、职业健康、食品安全、信息安全、实验室管理、两化融合和测量等八大体系，成功构建了一体化整合型管理体系，并将之与产品的实现与交付过程相融合，结合公司独特的文化基因，形成了今世缘酒业特色的卓越管理模式——"双螺旋"协同发展模式，管理成熟度持续提升，不仅提升了管理效率，也为今世缘酒业的快速发展注入了强劲动力。

在卓越的管理模式下，近年来，今世缘酒业在市场营销、质量管理、供应链协同、风险管控、企业文化、人力资源等六大管理体系进行了深入的优化升级与改革创新，实现了全面治理能力的现代化提升。具体来说，在市场营销方面，通过精准的市场定位和创新的营销策略，有效提升了品牌知名度和美誉度；在质量管理方面，引入了先进的质量管理体系,确保了产品品质的稳定性和可靠性;在供应链协同方面,通过与供应商建立紧密的合作关系,实现了供应链的高效运作;在风险管控方面,建立了完善的风险管理体系,有效降低了企业运营风险;在企业文化方面,通过弘扬企业核心价值观,增强了员工的归属感和凝聚力;在人力资源方面,优化了人力资源配置,提高了员工的工作效率和满意度。

## 今世缘升级"全面质量管理"

当我们探讨全面质量管理的深邃内涵时,不得不提及另一位在全球享有盛誉的质量泰斗——戴明博士。他的一句至理名言:"质量无须惊人之举",深刻揭示了全面质量管理的核心精神。

威廉·爱德华兹·戴明(William Edwards Deming)博士,是举世闻名的质量管理专家,其名字所代表的"戴明品质奖"至今仍被视为全球品质管理的巅峰荣誉,作为质量管理的先驱,戴明博士的PDCA戴明环理论和方法对国际质量管理领域产生了深远且持久的影响。

P、D、C、A四个英文字母所代表的意义如下:

PDCA 循环(戴明环)

PDCA"戴明环"不仅为各种活动的有效推进提供了一套逻辑严谨的工作流程,更在质量管理领域展现了其卓越的实用价值,具体来说,PDCA循环中的四个关键字母各自代表的意义如下:

(1) P (Plan) ——计划,也就是方针和目标的确定;

(2) D (Do) ——执行,就是具体运作,包括如何实现计划中的内容;

(3) C (Check) ——检查,就是要总结执行计划的结果,分清哪些对了,哪些错了,明确效果,找出问题;

(4) A (Action) ——行动(或处理),对总结检查的结果进行处理,成功的经验加以肯定,并予以标准化,或制定作业指导书,便于以后工作时遵循;对于失败的教训也要总结,以免重现。对于没有解决的问题,应提给下一个PDCA循环中去解决。

PDCA循环有以下四个明显特点:

**1. 周而复始**

PDCA循环的四个过程不是运行一次就完结,而是周而复始地进行。一个循环结束了,解决了一部分问题,可能还有问题没有解决,或者又出现了新的问题,再进行下一个PDCA循环,以此类推。

**2. 大环带小环**

类似行星轮系,一个公司或组织的整体运行体系与其内部各子体系的关系,是大环带动小环的有机逻辑组合体。

**3. 阶梯式上升**

PDCA循环不是停留在一个水平上的循环,不断解决问题的过程就是水平逐步上升的过程。

**4. 统计的工具**

PDCA循环应用了科学的统计观念和处理方法。作为推动工作、发现问题和解决问题的有效工具,典型的模式被称为"四个阶段""八个步骤"和"七种工具"。四个阶段就是P、D、C、A。八个步骤是:

(1) 分析现状,发现问题。

(2) 分析质量问题中各种影响因素。

(3) 分析影响质量问题的主要原因。

(4) 针对主要原因,采取解决的措施:

——为什么要制定这个措施?

——达到什么目标?

——在何处执行?

——由谁负责完成?

——什么时间完成?

——怎样执行?

(5) 执行,按措施计划的要求去做。

(6) 检查,把执行结果与要求达到的目标进行对比。

(7) 标准化,把成功的经验总结出来,制定相应的标准。

(8) 把没有解决或新出现的问题转入下一个PDCA循环中去解决。

在质量管理实践中,七种工具通常指直方图、控制图、因果图、排列图、相关图、分层法以及统计分析表,这些工具在各类质量管理流程中被广泛且有效地运用。

戴明学说则深刻揭示了全面质量管理的精髓,它强调质量管理与改进并非局限于某一特定部门,而是需要得到最高管理层的引领和推动,才能取得实质性的成效。戴明学说的核心思想可以精辟地概括为:① 高层管理的决心及参与;② 群策群力的团队精神;③ 通过教育来增强质量意识;④ 质量改良的技术训练;⑤ 制定衡量质量的尺度标准；⑥ 对质量成本的分析及认识；⑦ 不断改进活动；⑧ 各级员工的参与。

---
## 结 语
---

*质量无须惊人之举。*

*——威廉·爱德华兹·戴明（William Edwards Deming），*
*质量管理大师*

戴明深信质量的精进永无止境，他倡导持续改善（continuous improvement）的理念，同样，朱兰博士认为，品质管理应覆盖产品或服务的整个生命周期，这些全球顶尖的质量管理思维，也体现在今世缘管理的各个方面，有的企业也许把获得全国质量奖当成了一个句号，但今世缘把它当成了螺旋式前进的一个个起点，从2005年至今，近20年的时间，今世缘一天都没有懈怠，一直坚定不移地践行质量思维，因此也造就了今天品质的口碑。

| 第四章 |

# 白酒行业"中度工艺"创领者
# 智能化酿造领跑者

业内所说的工科国缘,是说国缘管理团队和技术团队对品质的苛求,使产品力更具严谨性、科学性、创新性和前瞻性。"过程精品,全程精品"是国缘从诞生伊始就坚守的产品原则,无论是对中度工艺的创造性升级,还是对智能化酿造的前瞻性探索,这都要从今世缘的产品质量体系担纲者吴建峰博士说起。

## 中国首个白酒学博士——吴建峰领衔新一代大师工艺

中国白酒行业第一个白酒学博士,也是高端健康白酒有益健康成分的发现者,他就是江苏今世缘酒业股份有限公司副董事长、副总经理吴建峰。

2023年,吴建峰博士荣获第三届"中国酿酒大师"称号。作为推动行业人才队伍建设而设立的行业最高荣誉,"中国酿酒大师"评选,由中国轻工业联合会和中国酒业协会强强联手,堪称行业内的"星光大道"。2006年和2011年分别开展了两届,第三届从2021年开始评选,选出的酿酒大师入选人员均来自生产科研第一线,他们热衷酿酒事业,在酿酒技术研究、创新、成果开发以及新技术应用等方面业绩突出,并取得重大经济和社会效益,为推动我国酿酒事业高质量发展做出了巨大贡献。

纵观在今世缘酒业的三十余年职业生涯中,吴建峰博士始终勤于钻研,勇于创新。他亲自带领科研团队,攻克了固态发酵安全与过程装备现代化、发酵过程关键点控制、白酒风味物质研究等一系列重大技术难题,取得了显著的科研成果。他牵头组建的江苏省固态发酵工程技术研究中心和江苏省生物酿酒技术研究院,更在酿酒机械化自动化生产方面取得了突破性进展,获得了50余项国家专利,其中发明专利31项,并发表了数十篇学术论文。他的卓越贡献也为他赢得了全国五一劳动奖章、中国白酒大师、中国白酒首席品酒师、中国酒业科技领军人才、全国酿酒行业技术能手、全国食品工业科技创新领军人物、轻工大国工匠等多项荣誉。

一位业内专家这样评价吴建峰:"他的创新科研成果,让白酒固态发酵生产变得大规模、机械化、自动化和智能化,让白酒行业走上新工业化道路变得可能。他的贡献为传统酿酒产业转型升级打下了基础,推动了酿酒行业的技术进步和发展。他的成就被誉为白酒发展史上的里程碑。"

## 深度专研白酒降度技艺,国缘中度白酒的技术之基

长期以来,中国酒水在螺旋式上升的发展中,随着酿酒技术的提升和人们饮酒习惯的改变,酒水种类越来越多样化,包括高度酒、中度酒

和低度酒,市场变得越来越繁荣。这在很大程度上得益于行业的发展推动和消费者的选择。各种类型的酒水都有各自的消费群体和适用场景,也有各自的发展趋势。但不管怎样,中国酒水市场向低度发展的长期趋势是不会改变的。无论是培育年轻消费者还是开拓国际市场,低度化都将是一个重要的方向。

中国白酒,作为享誉全球的"四大蒸馏酒"之一,与法国白兰地、苏格兰威士忌、俄罗斯伏特加齐名,但在新中国刚成立时,白酒酒度普遍维持在50% vol~60% vol,鲜有低于40% vol者。相较之下,国外烈酒却大部分为40% vol。因此,在与国外同类烈酒的对比中,中国白酒的酒精度数显然偏高。

20世纪70年代,为了有效推动中国白酒的出口和广泛传播,全国各地积极投入研发中低度白酒的工作。此后,经过深入研究和不懈努力,中国白酒业成功推出了包括38% vol、28% vol、23% vol等在内的低度产品。进入80年代后期,中央层面针对酿酒工业的发展方向提出了明确的"四个转变"策略,其中特别强调了"高度酒向低度酒转变"的重要方向。

至2004年底,为进一步优化白酒行业标准,促进产业健康发展,国家发改委、农业农村部等九部门联合出台了《全国食品标准2004—2005年发展计划》对白酒标准进行了重新调整,将白酒行业各种香型、低度酒的两个标准合并为一项标准,并把高度酒上限调整为60% vol,低度酒的下限则由原来的35% vol下调到25% vol。这一调整不仅体现了国家对于低度化产业的明确支持,也为我国白酒行业更好地接轨国际市场、拓展发展空间提供了有力支撑。

经过几十年的持续努力,中国白酒市场已呈现出显著的低度化发展趋势。公开数据显示，截至 2012 年，中国白酒市场中，中度白酒（40% vol～50% vol）占据了半壁江山，占比达到 50%；低度白酒（40% vol 以下）占据白酒总产量的 36%；而高度白酒（50% vol 以上）仅占 14%，其中 60% vol 以上的高度酒更是稀少。随着新生代消费者的崛起，他们独特的个性和多元化的需求，促使中国酒类产品的消费场景不断演变。

中度酒以其低而不淡的特点，相较于低度酒，更容易为饮酒者带来微醺的享受。从消费者角度出发，中度酒有着明确的市场需求。特别是在年轻人、女性和酒精不耐受者群体中，他们的饮酒需求与上一代存在显著差异。一方面，他们更加强调健康、理性的饮酒观念；另一方面，中度酒较低的刺激性更容易被他们所接受。在商务聚会或朋友小聚时，他们更倾向于享受餐桌上的美食与愉快地交流，而非承受酒局的压力或过量饮酒，这一市场痛点日益凸显。

从全球视角来看，中低度酒是餐饮桌上的主流选择，只有少数国家有饮用烈酒的习惯，即便是在以伏特加著称的俄罗斯，人们在用餐时也不会一开始就选择饮用高度酒，同样，在中国数千年的历史长河中，佐餐的酒类也主要以中低度酒为主。

2023 年，中国酒业协会理事长宋书玉指出，理性、健康的饮酒态度和行为将成为未来消费者的主导选择。因此，降低酒精度数、提升酒品风味，理应成为酒业发展的方向。在年轻消费者日益注重自我愉悦享受的背景下，中度酒有望成为中国酒业与年轻消费者沟通的优先选择，为他们提供在高度酒与低度酒之间的又一理想之选。

## 问鼎中国酒业科学技术最高奖，中国白酒酿造史上的里程碑

2018 年，中国酒业协会举办的年度科学技术奖盛典上，一项标志着

中国白酒业未来方向的荣誉被授予了今世缘酒业。"固态发酵浓香型白酒智能酿造关键技术的研发及应用"项目,以其前瞻性的创新与实践,一举摘得科学技术奖的桂冠,独占鳌头。这一成就,不仅是对今世缘酒业科研团队多年耕耘的肯定,更昭示着中国白酒业迈入智能化新时代的步伐。

自2012年起,由今世缘副董事长、副总经理吴建峰博士率领的精英团队,投身于固态发酵浓香型白酒智能酿造关键技术的研发。历时数载,他们将创新理念与传统工艺完美融合,于2015年成功打造了中国首条白酒智能化酿造生产线。这一壮举,不仅实现了酿酒过程的标准化、自动化与智能化,更为行业树立了智能化酿造的新典范,中国酒业协会对此高度认可,特授予今世缘"中国白酒智能化酿造示范车间"的称号。该项目累计获得了12项发明专利与26项实用新型专利的授权。

2016年11月,全国白酒装备升级改造现场会在今世缘召开,中国白酒智能制造联盟宣告成立,旨在推广智能酿酒的今世缘模式,引领传统酿酒产业向现代化转型。中国工程院院士、被誉为"机器人之父"的蔡鹤皋先生,对今世缘的装甑机器人生产线给予了高度评价。他认为,智能化生产方式不仅确保了产品质量的稳定性,更提升了生产效率,实现了经济效益、社会效益与生态效益的"三赢",推动了行业的可持续发展。

中国酒业协会强调,今世缘酒业的科研团队通过不懈努力,实现了科技与传统工艺的深度融合,为白酒行业的转型升级与科技创新树立了榜样。今世缘酒业的智能酿造不仅是一场技术革新,更是一次对现代工匠精神的呼唤。除了持续深化智能化酿酒,今世缘还致力于构建工业互联网平台,探索"互联网+"在产品研发、市场营销与企业管理领域的应用,力求营销与管理的智能化升级,同时,企业聚焦个性化定制与柔性化生产,力图让消费者体验"看得见的品质和味道",满足对美好生活的向往。

随着创新生态的优化与创新要素的汇聚,今世缘酒业的核心竞争力与行业影响力显著增强,企业经济指标连年攀升,展现出高质量发展的强劲势头与广阔前景。

### 国缘智能化之路,致力改造传统白酒业,向智能要效益

在多数人的眼中,白酒酿造仍停留于传统劳作的场景:工人们挥汗如雨,以铁铲翻搅庞大的酒糟堆。然而,当时间进入21世纪,白酒行业已然在科技的催化下悄然蜕变。

今世缘酒业,作为国内最早拥抱"数智化"浪潮的酒企之一,自2004年起便踏上了酿酒机械化的探索之路,自动化生产线的构建犹如一道曙光,预示着行业未来的方向。2015年,中国白酒历史上首条装甑机器人生产线在今世缘的投产,标志着智能酿造新时代的正式开启。今世缘企业的愿景是让每一台机器都化身成技艺精湛的"酿酒大师",这一革新策略使得生产效能激增2.75倍,能源消耗锐减40%,每年节资高达5 000万元,"数智化"成为今世缘解锁传统产业迈向高端、智能、绿色未来的金钥匙。

回溯往昔,2006年,由今世缘主导的"国缘酒酿造工艺创新研究"项目荣获淮安市重大科技成果奖,这一成就加速了6 000吨酿酒技术改造项目的步伐;随后的岁月里,万吨级制曲中心拔地而起,微机远程操控与机械化生产成为现实;2008年,半机械化酿酒车间的建立,行车抓斗与可移动甑桶的引入,极大地减轻了工人的体力负担。

随着 6 万吨酒库的落成，酒库管理的自动化与信息化水平得到了显著提升，麸曲圆盘自动化生产于 2011 年在国内率先实施；而 2012 年则见证了浓香型与芝麻香型酿酒机械化自动化的先驱实践；尤为瞩目的是，2015 年固态浓香型白酒智能酿造技术的突破，不仅引领了行业的转型，也保障了可持续发展，使今世缘在白酒领域独树一帜。至 2019 年，"清雅酱香型白酒酿造工艺"横空出世，不仅打破了传统酱香型白酒的地域束缚，更开创了固态发酵工艺的自动控制先河，实现了优质白酒的现代化生产，其产品国缘 V9 清雅酱香蕴含丰富的功能性成分四甲基吡嗪，为健康饮酒开辟了新路径。

面对中国制造业转型升级的宏伟蓝图，加之机器人制造、物联网、大数据等前沿技术的蓬勃发展，机械化与智能化的酿酒时代，正以不可阻挡之势席卷而来，为中国传统酿酒行业注入了全新的活力与可能。

## 今世缘首个自动化酿造工厂：为古法酿造插上智能翅膀

今天，在今世缘酒业白酒的智能化酿造车间内，传统的"老五甑续楂法"酿酒工艺场景已被工业机器人、无人行车等尖端智能制造设备所取代。这些设备精准而高效地执行着从地窖抓取发酵成熟的酒醅，到行车输送、自动配料、机器人智能装甑、蒸馏接酒、加浆出甑、降温加曲等一系列酿造工序，直至酒醅再次入窖发酵，开启新的发酵周期。

在整个生产过程中，现场子节点实时捕捉温度数据，并通过无线传输技术将这些数据汇集到车间的"固态酿酒温度物联网监测系统"中，该系统不仅负责数据的存储与分析，还能将处理结果直接反馈至生产现场的触控屏幕，为生产过程提供精确指导。这样的生产方式，实现了智能化、机械化和标准化，从而使现场操作员工人数大大减少，并且他们当中大多数都是经过专业培训的年轻技术人员。

这种将现代科技与传统酿造工艺完美结合的创新模式，不仅确保了今世缘系列产品品质的稳定性，还显著解决了人力资源、劳动强度和生产安全等问题，实现了人力和管理成本的双重节约。据统计，智能化酿酒车间的生产效率是人工酿酒的3.75倍，出酒率稳定，产品品质优异，且吨酒成本相较于手工班组降低了17%。

而且，今世缘酒业的机械化生产线，不仅显著提升了原酒的产能，而且极大地促进了生产过程的环保性。

浓香型白酒在酿造过程中，酒窖内会产生一种富含多种有益成分的副产物——黄水，这种黄水包含了一定的酒精度，以及丰富的醇类、酸类、醛类、酯类等呈香味物质和有益微生物，通过创新的底锅再蒸馏技术，黄水得以有效回收利用，进而提升了基酒的感官品质和口感，使得酒体更为醇厚、丰满，同时，这一创新技术也显著提升了废水处理的效果。

在过往的传统酿酒过程中，发酵窖池多为土底结构，导致黄水被直接排放，给众多企业带来了困扰。为此，今世缘进行了一系列工艺改造，将土底结构升级为混凝土浇筑的水泥底，有效杜绝了发酵过程中黄水的渗漏问题。通过不锈钢导管进行统一集中回收，实现了黄水的二次循环利用。而机械化生产线的引入，则进一步提升了黄水的回收利用率。今世缘的全封闭酒窖设计确保了生产过程中产生的黄水能够被完全抽取并回收，极大地提升了资源利用率，并显著减少了对环境的影响。

## 百亿级技改投入，为品质升级提供源动力

自2022年1月起，今世缘酒业正积极投身于一项规模宏大的南厂区

技改扩能项目，总投资超过100亿元。该项目着眼于未来，致力于构建一个全面支持数字化、网络化和自动化的5G专网体系。这一网络将具备对工业现场总线协议的适配能力，实现生产网和信息网的深度融合与互通。通过集成多种通信协议和建立实时、大数据存储的数据库，项目将实现数据的高效集成和直观可视化。

在物流系统方面，今世缘酒业将建设智能化的网带物流系统，涵盖智能物流和智能仓储两大核心模块。该系统将利用AGV、RGV等先进技术，有效解决订单品种密集时的码放问题，并与ERP系统无缝集成，实现信息的实时共享与高效管理。

此外，今世缘还对网络安全体系进行全面梳理和优化，借助先进的网络设备和监控软件，确保信息安全策略的切实落地。在包装生产线上，今世缘酒业引入智能制造系统，实现生产过程的自动化和智能化管理，从而显著提升生产效率和产品质量的稳定性。

借助大数据分析和人工智能技术，今世缘酒业进一步优化供应链管理和市场营销策略，实现产品定位的精准化和市场推广的高效化。

展望未来，南厂区将发展成为拥有过程智能的酿酒及制曲中心、规模领先的陶坛酒库以及技术先进的成品酒包装物流中心。这些成就将为公司带来丰富的商业机会和显著的竞争优势，同时也将为中国酒业的数字化转型树立典范，为行业的可持续发展注入新的"缘"动力。

## 品质背后的压强投入："产学研用"共协同

今世缘酒业正携手江南大学、中科院微生物研究所等顶尖科研机构，深入探索白酒微生物技术与风味化学的奥秘，这些基础性研究不仅为新技术体系的构建提供了坚实的支撑，更为产品的创新与发展奠定了坚实的基础。

为了强化研发能力，今世缘酒业构建了包括国家级博士后科研工作站、江苏省（今世缘）生物酿酒技术研究院、省级企业技术中心及省级固态发酵工程技术研究中心在内的四大科技创新平台。这些平台配备了包括全二维气相色谱—飞行时间质谱仪、三重四级杆气相色谱质谱仪、四级杆轨道阱高分辨液相色谱—质谱仪等在内的一百余套国际先进的科研仪器设备。这些设备不仅提供了卓越的硬件设施和一流的科研环境，还成功通过了国家实验室CNAS体系的认可。

在国家级课题方面，今世缘酒业也积极参与并完成了国家高技术研究发展计划（863计划）、中国白酒169计划以及国家"十三五"重点研发计划等多个重要课题，拥有201项有效专利，其中包括28项发明专利，并发表了30余篇科研论文，同时，还荣获了40余项奖项，其中包括"固态发酵浓香型白酒智能酿造关键技术的研发与应用"项目，该项目技术达到国际先进水平，获得2017年度"中国好技术"及2018年度中国酒业协会科技进步一等奖等殊荣。

此外，"固态发酵浓香型白酒智能酿造车间"被授予中国白酒智能化酿酒示范车间，而"国缘清雅酱香型白酒酿造工艺研发"项目则荣获了"2018—2019年度中国食品工业协会科学技术奖一等奖"及2020年度中国轻工业联合会科学技术进步奖三等奖，充分展现了今世缘在行业内的领先地位。2022年，"浓香型白酒窖泥菌群寡培养技术及其应用"项目更是荣获了中国食品工业协会科学技术奖一等奖，进一步巩固了公司的行业领先地位，同时今世缘还连续荣获"2018—2019年度全国食品工业科技竞争力优秀企业"以及中国酒业协会"中国酒业科技进步优秀企业"等称号。

## 结 语

我们的产品如果不够先进,就不会拿出来卖,这个时代的特征就是高质量,一定要永远围绕高质量提升我们的能力。要实现高质量,必须有大质量体系,大质量就是全面质量管理,端到端的质量哲学系统就是要和世界上最好的公司合作、和世界上最优秀的人在一起。

——任正非,华为公司创始人

在探讨中国白酒的智能制造时,企业不仅要关注如何通过创新手段降低劳动强度,更要着眼于引领白酒行业向高质量发展迈进。在日益智能化的工业 4.0 时代,人工智能等先进技术的应用虽然关键,但更为核心的是如何精准满足消费者的个性化需求,这无疑是未来市场发展的主流趋势。

鉴于每个消费者对白酒的品味和需求各不相同,企业必须提供更为丰富、个性化的产品以满足不同消费者的独特需求。传统白酒企业过去相对固定的风格特点,已难以适应未来市场的多元化需求。因此,白酒企业需要在保持传统工艺精髓的同时,大胆创新,打造更多元、更个性化的产品,这里强调的是酒体本身的创新,而非仅仅是包装的变化。

以今世缘的智能化车间为例,它通过精准控制原料配比和微生物调整,实现了酒体风味的多样化,从而极大地丰富了产品线,更好地满足了消费者,特别是年轻消费者对个性化白酒的需求。这充分证明了科学技术在推动传统白酒行业进步、为企业发展创造更多机遇方面的巨大潜力。

第二部分延伸思考
## 深维度"质量进化"四问

❶ 你们的企业上下认同"品质第一"吗?

❷ 如果认同,你的企业生产的产品或服务,是否理解和匹配客户需求?

❸ 是否愿意为了满足客户变化的需求,而做出相应的哪怕是极度痛苦的内部调整?

❹ 你敢于把企业内的重兵从作战现场调整到长期品控,把大量的兵力投入到看不见硝烟的地方吗?

# 第三部分

# 共赢百亿
# 重构价值链的模式密码

做大做强企业,模式创新是关键中的关键,因此系统推进"大营销管控体系"建设,是当前公司直面竞争、迎接挑战的需要,是厂商团队提升能力、增强实力的需要,更是公司立足当下、着眼未来的需要。

厂商团队要形成战略认同,做好战略协同,共同把营销体系变革推进到底,形成厂商协同的创新力、组织力和执行力,进而形成今世缘特色的核心竞争力,为今世缘在未来的市场竞争中,赢得应有的地位和尊严,赢得美好的发展空间。市场就是战场。要达成战略目标,取得胜利,就必须树立"让打胜仗成为团队信仰""进攻就是最好的防守""没有退路就是胜利之路"的"亮剑"精神,建立目标清晰、制度科学、考核公正、赛道公平的保障赋能机制,打造一支不怕牺牲、敢于胜利、勇往直前、勇争第一的营销"铁军",让"有理性、有悟性、有血性、有狼性"融入厂商团队的血脉,成为未来今世缘赢得每一场战斗、每一场战役、每一场战争的制胜法宝。

| 第五章 |

## 业务模式重构
## 科学规划产品及营销矩阵

在风起云涌的商业浪潮中,企业如何乘风破浪,实现持续稳健的增长?这正是本书所探讨的"进化思维"之精髓,以今世缘为例,其业务发展史,就是一场不断自我革新和进化的历程,它如同一条日益宽广、深邃的护城河,为企业构筑了坚实的竞争壁垒。

提及进化论,人们自然会想到《物种起源》这部划时代的巨著。达尔文以其深邃的洞察力揭示了生物存在的真谛:即自然选择的至高无上,在自然的试炼场中,每一物种,乃至每一细微的变异,都受到自然严格筛选,然而,这种筛选过程却如春风化雨,润物无声,以至于人们往往难以察觉。

对此,达尔文进一步指出,生存竞争并非仅限于同类生物间的直接对抗,它涵盖了更为广泛的三个层面:种内竞争、种间竞争以及环境竞争。种内竞争,即同类生物间的激烈角逐,由于生存空间和资源的高度重叠,竞争之残酷不言而喻;种间竞争,则是不同物种间为生存而展开的较量，其本质在于生态位的争夺；环境竞争，则是指物种与外部环境间的博弈，是生物适应环境的必由之路。

在这三者之中，种内竞争的紧迫性、残酷性和激烈程度尤为突出，本质原因就在于同种的不同个体的生存空间高度重合，能力范围高度一致，以及对相同资源的争夺。要实现长远发展，我们需要将竞争的视角从内部转向外部，即从种内竞争转向种间竞争，因为种内竞争虽然激烈，却不足以支撑一个种群（或企业）的持续增长。

以非洲草原上的斑马和瞪羚为例，虽同为食草动物，本应处于种内竞争的关系，但由于斑马主要啃食青草的叶子，而瞪羚则偏爱青草的根部，两者在食物选择上形成了巧妙的错位。因此，它们几乎不构成直接的竞争，在各自的生态位上繁衍生息，待到时机成熟，便可茁壮成长，成为草原上的参天大树，这便是进化思维在自然界中的生动体现，也为我们企业在市场竞争中提供了宝贵的启示。

## 行业竞争升级，品牌 & 产品矩阵超前布局

白酒行业对品牌历史底蕴的重视程度极高，新品牌的推出若缺乏卓越的运营策略，成功的概率微乎其微。然而，2000 年左右，白酒市场迎来了一个新品牌进入的黄金时期。

一方面是中国改革开放 20 多年的经济腾飞，人民生活水平显著提高，对高端白酒的需求日益旺盛；另一方面，一些曾经辉煌一时的地方名酒，因受到行业变革的冲击，遭遇了经营上的困境。

正是在这样的背景下，一些名酒企业敏锐地捕捉到了消费升级的商机，纷纷推出全新的高端品牌，以此谋求市场的突破。在这股浪潮中，国窖 1573、洋河蓝色经典、国缘、舍得、水井坊等品牌脱颖而出，它们

以独特的品质和文化内涵，赢得了消费者的青睐。其中，国窖1573凭借泸州老窖的深厚底蕴，于2001年成功推出，销售收入在短短几年间实现了跨越式增长；洋河蓝色经典则以"蓝色"为文化符号，打造出独特的产品形象，成为洋河股份的明星产品。

今世缘，站在历史的十字路口，果断把握住了时代的脉搏，在2004年，公司以"成大事，必有缘"为品牌理念，推出了定位高端的"国缘"品牌，构建了国缘、今世缘、高沟三大品牌矩阵。这一战略性转变，不仅为公司带来了新的增长点，也为其在激烈的市场竞争中赢得了先机。

从数据上看，今世缘的转型取得了显著成效。以公司2023年年报为例，公司营业收入达到了百亿，其中高端国缘系列占比高达85%，成为公司的主力军。可以说，没有国缘的成功推出，就没有今天今世缘的辉煌成就。这一案例，不仅证明了今世缘在品牌与产品矩阵布局上的前瞻性，也彰显了其在市场竞争中的敏锐洞察力和卓越运营能力。

至于今世缘发展独立高端品牌策略的动因，从当时整个行业背景来看，这一战略性的转变无疑是符合市场趋势和行业发展的，丢掉让自己陷入困境的老"名酒"包袱，重新打造或多品牌并进，则是实现突破的有效途径。从结果上来看，今世缘以及其他几家名酒企业的做法都是正确的，它们共同推动了白酒行业的繁荣与发展。

## 国缘K系：站稳200～500元次高端价格带

国缘四开自2004年问世以来，到2022年单品销售突破1 000万瓶，已成为今世缘酒业的核心战略单品，是今世缘酒业营收、利润当之无愧的主力军。而在国缘四开之外，国缘V系接棒国缘四开向上加码高端，国缘K系稳定腰部力量，对开、淡雅也在市场取得较好口碑，国缘品牌发展后劲充足。数据显示，2023年国缘品牌占今世缘酒业销售比重已高达85%，照此计算，整个国缘品牌2023年销售已超85亿元。从2004年到2023年，从0到超85亿元，国缘品牌是如何做到的？其步步崛起又带给白酒行业哪些启示？

**国缘的成功，关键是高端切入**

回溯20年前，国缘品牌的诞生恰逢其时，彼时的江苏高端白酒市场，虽有茅台、五粮液等一线名酒稳居高位，但本土高端品牌稀缺，国缘品牌便在此背景下应运而生，携"江苏高端白酒第一品牌"的定位强势入场。

初登场时，国缘四开便以超过400元的高端定价，展现出不凡的气魄，甚至在终端与团购市场上，价格一度逼近甚至超越茅台，这在当时堪称大胆之举。然而，得益于江苏市场庞大的消费能力和对本土品牌的天然亲近，国缘品牌迅速占据了市场先机，确立了其在高端白酒领域的绝对优势。

以时间周期来看，自2004年国缘品牌首次推出四开系列，至2013年、2015年相继迭代至第二、第三代，及至2016年，国缘定位升级为"中国高端中度白酒"，凭借大单品化战略，国缘品牌精准卡位，实现全国市场快速放量。2023年末，第五代国缘四开耀世发布，品质与包装全面升级，配额销售策略进一步提升了品牌稀缺性，助推今世缘酒业全国化步伐。

从国缘老K系以对开和四开为主，单开和雅系做补充到新K系K3、K5的高端喜庆定位，再到V系的高端突破，形成了多层次、全方位的市场覆盖。特别是V系产品，自2018年V3的推出，到2019年V6、V9的相继问世，国缘品牌在千元价格带的布局，不仅积极参与高端市场的"头部竞争"，更通过多年市场运作，打造出市场标杆效应，成为今世缘酒业新的增长极。

国缘品牌深耕高端圈层，精雕细琢团购市场，对品鉴顾问与消费领袖的客情维护尤为重视。这一系列精细化操作，使得国缘品牌在市场开拓与深耕中日益成熟，通过深度渠道培育，实现了产品线的深度覆盖与市场口碑的广泛传播。

20 年来，国缘品牌在多个价格带的精准布局，展现出品牌运作的娴熟与策略的前瞻性。国缘四开与对开两大单品，向上赋能 V 系高端产品，培育高端消费群体，增强品牌引领力；向下拉动 100～200 元价格段的产品，让更多消费者成为淡雅、柔雅系列的忠实拥趸。

**全系发力，四开稳升**

国缘品牌的高速增长直观地反映在代理商与终端商的积极反馈中。国缘四开在宴席、请客场合的使用频率显著增加，尤其是在扬州、南京、淮安、盐城、常州等地，已成为市场领头羊。扬州鸿源酒业代理的国缘产品近三年销售年均增长率达 45％，四开、对开销量飙升，淡雅系列亦呈快速增长态势。而扬州酒商梁金兰指出，2024 年春节期间国缘动销速度惊人，两个月内已完成全年六成以上的销售目标，预期全年将超额完成任务。

根据数据显示，2017 年国缘为今世缘酒业贡献了超六成的销售额和超七成的利润。而至 2023 年销售额占比数据已达到 85％，国缘也成为今世缘酒业百亿营收的最大动力。国缘系列在宴席场景表现强劲，终端自点率显著增长，百元价格带产品市场热度攀升，淡雅、单开等产品终端动销旺盛。自 2016 年至 2023 年，今世缘酒业特 A＋类产品的销售占比由 37％升至 65％，2023 年销售收入达 65.04 亿元，同比增长 25.13％。产品结构的持续优化与核心单品的强势表现，推动了国缘品牌势能的持续释放。

**国缘经验给高端白酒突围带来哪些启示？**

国缘四开已稳居南京 400～500 元价格区间的第一梯队单品，凭借国缘四开在 500 元左右次高端市场的全面放量，国缘品牌步入高速发展阶段,并有力促进了今世缘酒业打通渠道认知、消费认知,提升了产品的转化率。

从发展脉络来看,国缘品牌因早期聚焦高端市场,有效培养了核心消费者的品牌忠诚度。结合今世缘酒业的科学方法,不断深化消费者对国缘高端定位的认知,促使品牌在不同阶段持续进化与创新。

以品牌定位的演变为例,国缘从"江苏高端白酒第一品牌"到"在江苏,喝国缘",再至"中国高端中度白酒",乃至"中国新一代高端白酒",每一步升级都精准捕捉市场脉搏,凸显品牌在高端宴请场景的独特优势。

同时,国缘品牌开创了高端白酒的差异化路线。

一是产品上,国缘以中度 42% vol 为特色,融合窖香、曲香、甜香,创造出风味丰富、酒体饱满的独有体验,兼顾了高度酒的口感与低度酒的舒适,迎合了商务场合的需求。

二是品牌上,国缘采用消费者盘中盘的营销模式,深耕政务与商务团购市场,形成品牌模式差异化,构建了高壁垒的竞争优势。从企业基因角度审视,今世缘酒业的优势为政务团购。自 2001 年起成为江苏省政务接待专用酒,后于 2013 年发展商务团购,成为苏商会唯一指定接待用酒,现团购业务占比近六成。

总的来说,国缘品牌崛起的四大成功要素,首先是卓越的品质,深植江苏消费者心中,奠定品牌竞争优势;其次是文化价值的深厚底蕴,结合 200~1 000 元价格带的全面布局,塑造了"全系布局、全系爆品"的市场奇观;再次,稳健的渠道策略与稳固的渠道关系,确保了核心市场资源的有效覆盖与管理;最后,持续的品牌与品类创新,强化了消费者的品牌认知,构建起坚实的品牌价值体系。

国缘品牌在江苏的崛起对于酒业品牌有一定的借鉴意义，其核心在于敢于定更高价格，培育新的价格带，从而拉升整个品牌的价值空间，这也是今世缘在激烈市场竞争中"亮剑精神"集中体现。

## 国缘 V 系：聚焦 600～2 000 元高端价格带

值得关注的是，国缘产品矩阵向高端市场的进一步倾斜，600～2 000 元价位的国缘 V 系正呈现出加速成长的态势。目前 V 系产品已在淮安、南京等核心市场营造了浓厚的消费氛围，苏中、苏南地区亦形成消费者主动点选的局面。从团购渠道为主逐步渗透至流通渠道，V3 在 2023 年实现了爆发式增长，V 系整体增速预计达到 50%～60%，明显超越其他价格段产品，成为增长的主要贡献者。

2018 年，今世缘酒业交出亮眼成绩单：营收 37.36 亿元，同比增幅 26.55%，净利润 11.51 亿元，同比增幅 28.45%，国缘系列贡献营收比达 65%。这些数据昭示着国缘战略升级的契机已然成熟，国缘 V 系应运而生，挺进千元价格带。回顾 2019 年国缘 V 系的发布会，今世缘酒业步步为营的品牌升级路径清晰可见。从今世缘到国缘，再到国缘 V 系，每一次跃升都是品牌战略的精心布局，从立足江苏到走向全国，乃至探索国际舞台。

国缘 V 系的诞生，恰逢改革开放四十周年之际，中国社会经历了由温饱到小康的历史性跨越，消费者需求从"喝到酒"演进至"喝有文化内涵的品牌好酒"。国缘 V 系，作为时代产物，秉承国缘"中国高端中度白酒"定位，以"高端舒适型白酒"为诉求，深度诠释高端中度白酒品质，契合高端人群健康、轻松的饮酒追求。

国缘 V 系的推出，标志着今世缘酒业在品牌可持续发展战略上的里程碑，是国缘全国化、高端化进程的重大举措，也是江苏高端白酒旗帜的再次高举。

## 今世缘品牌：主力产品卡位省内宴席价格带

2022年6月，为加速"十四五"目标进程，深化"缘"文化影响力，激活品牌内生动力，江苏今世缘酒业股份有限公司部署"分品提升，分区精耕"的营销战略，今世缘事业部应运而生。

常言道，无酒不成宴。宴席市场，作为品牌传播与销量增长的黄金宝地，历来是全国名酒品牌、省级龙头、市级老大必争板块。从创牌至今，今世缘早就在实地摸索出了一条独特的道路。而今，独立后的今世缘事业部专业化运营、更聚焦的资源性投入，更有利于今世缘品牌向上突破。

守正承载传统，创新引领未来，知行合一构建坚实基石。今世缘酒业副总经理李维群强调，"通过系统性思维整合品牌、产品、渠道与消费者关系，深度融合'1310'模式，是今世缘品牌追求'诗和远方'的明确路径"。

**以需求侧为导向，构建营销新发展格局**

酒，人生的温暖"江河"；缘，人间的情感纽带。在当今市场，谁能更深切地倾听消费者心声，谁就能率先把握住市场的脉动，赢得先发优势。所以，成立事业部是为了更好地根据不同品牌，对应消费者做更好地沟通。而今世缘事业部的成立，则为品牌发展掀开崭新的一页。通过事业部的设立，可实现责权分明，资源配置优化，市场运营策略更精准。

**以品牌文化为魂，激发"今世缘"发展动能**

随着今世缘事业部的崭新启航，今世缘品牌正以与时俱进的步伐，在弘扬"缘"文化精髓的同时，重点挖掘品牌"红色""喜悦""当下"

的核心内涵，向消费者输出"缘聚时刻　今世缘""惜缘感恩，共享美好"的品牌价值理念。

今天，今世缘不再局限于传统的喜庆市场，而是将"喜庆文化"的温暖与欢乐，延展至日常生活的每一个角落，让品牌成为连接亲情、友情、爱情的情感纽带。

**以产品焕新之姿，唤醒消费者内在记忆**

品牌，如同产品的灵魂；产品，则是品牌的具象化载体。今世缘品牌"1310"模式的核心，便是在明确的目标下，聚焦市场基础、喜庆特色与日常消费，并按照"品牌产品化，产品品牌化，产品品牌一体化"的策略，优化产品规划，确保每一款产品都有其独特的市场定位。

重点打造"腰部""BC"级及商务产品，以即将上市的次高端新品提升品牌形象，拓展商务市场，是今世缘的产品纲领。同时，以今世缘典藏为主线，强化 D10、D15、D20 系列的市场推广，深化家宴市场，延展喜庆消费场景，并通过整合日常消费产品，实现快速放量，扩大市场覆盖。

**以市场渠道发力，夯实品牌腾飞新征程**

基于市场运营实况，结合产品渠道特性，今世缘品牌正着手整合、优化与提升经销网络，遵循"分品规划、量质并举、赋能助销、管服到位"的策略导向，推动渠道建设精细化、费用投入精准化、终端合作深度化；与此同时，对流通渠道、酒店渠道与团购渠道，采取分类施策；此外，精准匹配产品与渠道，坚持量质并重，实施精准投入。

品牌打造与渠道建设的深度融合，成为今世缘品牌深度营销战略的核心。在市场布局上，以点带面，品牌持续深耕核心市场淮安，连片打造南京、盐城、扬州、泰州等重要区域，攻坚苏南与省外重点市场。

深耕核心市场，连片重点市场，"生根"战略市场，实现今世缘品牌的二次腾飞。

## 高沟品牌：发掘老品牌复兴潜力

高沟复兴，这一今世缘酒业精心布局的品牌棋局，不仅是业界瞩目的焦点，更蕴含着深远的战略意义。时针回拨至2022年8月，随着高沟销售公司的诞生与新品牌战略发布，高沟标样横空出世，宣告了高沟品牌一段全新征程的开启。历经一年多的发展，高沟不仅在淮安这片沃土建立了稳固的根据地市场，更在六朝古都省会南京崭露锋芒。

### 初心使命，高沟复兴

作为江苏名酒的荣耀象征、"三沟一河"中的一员，高沟不仅承载着悠久的历史底蕴，更是今世缘酒业的情感纽带与责任担当。今世缘将其视为后百亿时代的战略支点，旨在让高沟与今世缘、国缘三大品牌三驾齐驱，协同并进。今天，高沟的复兴首先是品牌的复兴，要唤醒老品牌在消费者心中的久远记忆。

在复兴路径上，高沟瞄准高线光瓶酒赛道，既是顺应消费升级趋势，满足市场对品质与性价比的双重需求，也是因为作为老名酒，高沟要彰显自身的品牌积淀。因此，高沟定位于中高端年轻消费群体，并通过发力高线光瓶，成功吸引了城市中产阶级的目光。2022至2023年间，销售收入从0.6亿元跃升至1.81亿元，增幅高达204%，渠道上，经销商队伍从34家壮大至103家；产品层面，黑标单品销售额破亿，白标同比增长187%。这一系列亮眼数据，不仅验证了高沟品牌战略与大单品策略的精准有效，更预示着高沟复兴发展已步入快车道。

今世缘酒业党委书记、董事长、总经理顾祥悦曾表示："高沟品牌是今世缘的根与魂,也是一张有故事、有内涵的飘香名片。"其复兴,不仅是民族品牌崛起的宏大叙事,更是苏酒品质进阶的生动实践,以及公司品牌矩阵深化布局的必然选择。

高沟重生,核心创新。需精准捕捉战略契机,紧扣营销命脉,明确前行航标。我们憧憬,通过深度挖掘高沟独有的品牌资产,激活其深厚的文化基因,唤醒消费者心中那份久违的记忆与情感。市场总青睐真正的佳酿,高沟,历经岁月洗礼,承载着无数匠人心血与情怀的传奇,这杯曾傲立中国白酒巅峰的琼浆,定将重现昔日容光,完成价值回归。

**分享更好美酒,拥抱美好生活**

高沟酒不仅酿酒历史悠久,更带着红色历史。这种酒传统风格特点是酒体醇厚、饱满甘洌。但今天消费者喜好发生了变化,喜欢更清淡、更柔和一点的酒。

顺应这一趋势,今世缘科研团队自2006年起,便致力于高沟酒风格的革新,旨在传承中不断创新,希望赋予高沟酒新的风味,重新定义"味"来的方向。

高沟标样(黑标)突出蜜香和花香,风格更清雅。同时调整制曲工艺,让口味更绵甜、更醇厚。包装设计追求绿色、低碳、环保,简而不凡,把产品设计着力点更多地放在酒的内在品质上,让更多懂酒、爱酒的人,品味到更为独特、更为舒心的佳酿。

**创造新的增量,激发新的力量**

品牌真正的价值,在于不断创造与传递价值。高沟的复兴,正是为了今世缘百亿宏图添砖加瓦,注入崭新活力。这一征程,始于精准锁定目标消费群体,明晰品牌定位与价值主张,正如一张蕴藏无尽潜力的宣纸,高沟的复兴,书写着无限可能。

抢占新赛道。新品"高沟标样"秉持"产品就是媒介、产品就是品牌"的理念,让产品由适应需求向激发需求转变,打造黄淮名酒带高端光瓶典范、城市新中产聚会低调优选。

建立新机制。实体公司的成立,旨在最大化激发团队的创业热情,构建以奋斗者为核心的团队文化。同时,创新的城市合伙人合作模式,确保优质经销商能够分享企业发展成果。针对客户的核心关切,量身定制个性化解决方案,彰显品牌温度。

开创新模式。新零售的浪潮中,通过线上线下相融,终端渠道合作模式的革新,高沟正以前瞻之姿,拥抱变革。此外,还通过分众传播与精准营销的策略,辅以内容营销的赋能,实现宣销一体化。

"以创新为动力,以品牌为核心,以市场为导向,以消费者为中心",新高沟在老名酒复兴潮流中,进一步明晰了方向、找准了路径。

**创新营销机制,坚持"招商、扶商、富商、安商"的四维策略**

"高沟现象"的兴起,根源在于其颠覆性的营销机制创新。高沟酒业启动合伙人项目,构建起一套内外兼修的生态链合伙新分配机制,秉持"精准、聚焦、创新、高效"的八字箴言,深化招商基础,强化合伙人制度的赋能效应。通过实施"招商、扶商、富商、安商"的四维策略,高沟创新设计了城市合伙人合作模式,致力于为每一位经销商提供量身定制的解决方案,携手优质合作伙伴共享品牌增长的红利。

面对新的消费趋势,高沟酒业的认知是,消费者真正需要的是"高端性价比"。今天,城市新中产阶级正逐渐成为消费市场的中坚力量,而"90"后年轻一代,将成为光瓶酒消费的主力军,他们对价格不太敏感,但更加关注产品的颜值、品质、品牌。

在品牌复兴的征程中,高沟以"三高四新"理念为核心,聚焦产品高颜值、高品质与高性价比，同时围绕新产品、新群体、新场景与新模式，深度链接城市新中产，倡导真诚社交与生活张弛有度，其品牌主张"人生起伏，挥洒自如"深深触动了目标消费者的心弦。

在品牌推广上，高沟紧跟年轻潮流，以更新、更潮的方式，融入年轻人的生活圈。例如打造沉浸式快闪店高沟标样展厅，并通过抖音等平台发起了一系列主题挑战赛，如"我为高沟代言""举杯高沟我要高"等，与年轻消费者形成深度互动，成功抢占了年轻群体的心智高地，使其成为情感表达与社交互动的新宠。这一系列自下而上的推广举措，不仅激发了消费者的购买欲望，也吸引了更多优质经销商的加盟，形成了良好的市场反馈循环。

历经一年多努力，高沟在品牌建设、市场拓展与消费者认知上取得了显著成效，其核心产品"高沟标样"因超值性价比与优质体验，荣获"十大国民光瓶酒典范"称号，便是对高沟品牌复兴成绩最好证明。

## 今世缘产品战略布局解析：避开对手锋芒，主张错位营销

### 价格错位

对今世缘而言，打造独立高端品牌非难题，难的是如何将产品卖出去，在苏酒板块市场争夺战的棋盘上，今世缘运筹帷幄，以价格带差异化为棋，巧妙布局，在江苏省内，它以略低的定价策略，辅以更丰厚的渠道利润，如同高明的棋手在关键位置落子，成功吸引了一大批经销商的加盟。

国缘系列超前布局次高端价位段，占据先发优势。2012年至2015年间，受制于"三公"消费政策的影响，白酒行业步入调整期，众多企业纷纷将战略重心转向100~300元的中低端市场。然而，自2015年起，随着市场回暖，次高端价位需求呈井喷之势，江苏省主流价格带跃

迁至300元以上。多数企业最初并未对此形成准确认识，推广重心并不在次高端。但今世缘却超前思考，早在行业调整之初，就前瞻布局国缘系列，坚定地锚定300元以上价格带，即使在行业低谷期，亦未轻易妥协而下调价格。十余年来，今世缘深耕细作，精心培育核心消费者群体，这一长期积累，在次高端市场爆发之际，转化为国缘系列销量的迅猛增长，展现了其精准的市场判断与稳健的发展策略。

推出国缘V系列，拔高国缘价格带。2018年下半年，基于对行业发展和消费升级趋势，今世缘再次迈出关键一步，重新推出"国缘V系列"，以V3、V6、V9三剑客，直指超高端市场，品质卓越，定价大胆，剑指五粮液、国窖，乃至茅台。在南京、苏南等省内富裕城市及区域，以及北上广深一线城市，今世缘正集中火力，大力推广其国缘V系，意在稳固高端市场地位，借鉴开系的成功经验，国缘V系被寄望成为新的业绩增长极，推动国缘品牌迈向更高层级。

**渠道错位**

2016年，今世缘启动"品牌+渠道"双驱动战略，着力于渠道扁平化、终端精细化、市场网格化管理，并强调渠道数量与质量并重，品牌匹配度精准，差异化营销策略落地生根。

渠道建设扁平化，加强渠道掌控力。在渠道架构上，今世缘创新实施"1+1"厂商深度协销模式，厂家与经销商协同作战，前者掌舵销售策略、费用投放与终端管理，后者专司物流配送与资金流转，构建起由营销后台至核心消费者的无缝对接体系。每家经销商配备5～7名厂方人员，地级市则有30～40人的厂方团队，实现全渠道营销管控，强化了品牌对终端的直接掌控力，确保渠道政策高效执行，终端信息实时反馈，营销策略精准落地。在组织架构上，2018年，今世缘挥出改革重拳，取消营销中心，加速渠道扁平化进程。原有 13 个地市营销中心被整合为 6 个大区、71 个市县办事处，营销决策重心下沉，市场反应速度显著提升。大区全面覆盖江苏，各区域职能清晰，市县办事处与大区无缝对接，扁平化管理模式有效增强了决策效率与市场适应力，为品牌扩张与市场响应构筑了更为灵活高效的支撑体系。

团购渠道进入较早，创新持续，优势显著。深入剖析今世缘成功之道，其团购渠道战略，乃破局之钥。即便在行业深度调整的挑战时期，公司仍维持着与团购客户的友好关系，并在商务消费上发力，寻找突破口。在通过团购渠道培育的忠实客户、意见领袖的带动下，国缘品牌脱颖而出，实现了市场破局与品牌跃升。

南京与淮安作为两大核心市场，为今世缘的高速成长提供了强劲动力，尤其是南京市场。在政务团购稳固的基础上，今世缘灵活转向商务团购，深耕团购渠道，激发大众消费活力，实现了业务的全面开花。

在江苏省内，今世缘在团购渠道的领先地位不容小觑，与洋河主打的流通渠道形成鲜明对比。据广义团购口径计算，今世缘销售中团购渠道占比约达六成。其团购优势源于多方面：一是股权背景赋予的独特资源；二是团购场景的不断创新，自 2013 年起，公司从政务团购转向商务团购，通过销售模式革新与个性化产品设计，与众多企业建立起稳固的合作关系；三是团购客户类型的多元化拓展，无论是村委会、卫生院这样的基层单位，还是"4S"店、商场等大型企业，均成为公司团购渠道的忠实伙伴。此外，今世缘在省内率先涉足婚宴、喜宴团购，淮安与南京市场反响热烈，产品不断迭代升级，满足消费者日益增长的品质需求。

随着省内消费升级至次高端价位，团购渠道的重要性愈发凸显。今世缘凭借先发优势与持续创新，在团购渠道的竞争中稳扎稳打，构筑起难以逾越的"护城河"。相较于流通渠道，团购渠道的消费者黏性更强，市场壁垒较高，加之需求相对稳定，使得今世缘在团购领域不断巩固其领先地位，展现出强大的市场控制力与品牌号召力。

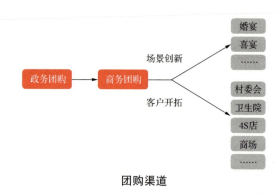

**团购渠道**

流通渠道发力进行时，渠道利润较厚。一直以来，今世缘秉持品质至上、渠道健康为先的理念，理性控库不压货，构建起与经销商共赢的和谐生态。

在流通渠道的拓展上，今世缘展现出独特的竞争优势。相较于洋河，国缘系列在渠道利润上占上风，尤其是在对开与四开产品线上，渠道回报率更胜一筹。尽管洋河深耕省内市场已久，网点密集，但庞大的体量使得价格透明化，压缩了渠道利润空间。相反，今世缘凭借团购模式起家，流通渠道布局相对较晚，网点分布更为稀疏，价格体系相对封闭，从而保障了渠道的丰厚利润。近年来，公司持续推进渠道扁平化改革，缩短了从公司到终端的链条，有效提升了经销商与终端的盈利能力。

得益于低库存、低资金压力与高渠道利润，今世缘的渠道伙伴在产品推广上展现出更高的积极性与主动性，相较于竞争对手，渠道优势明显，为品牌扩张与市场深化提供坚实的后盾。

**市场重心错位**

全国化虽是白酒行业的终极愿景，但鉴于地域文化的独特性、消费者偏好的固化以及既有品牌格局的坚固，新兴全国品牌崛起之路颇为坎坷。洋河近十年的成功，堪称行业典范。今世缘明智选择深耕江苏市场，集中火力，逐城逐地攻克，而非分散资源追逐全国化梦想。2018年至2022年间，江苏省白酒市场规模从400亿元跃升至560亿元，增幅40%。同期，今世缘从37.41亿元的营收（其中94.63%源自省内），飙升至78.88亿元，省内占比微降至93.40%，省内营收激增108%达73.67亿元。如此亮眼的增长，显然不仅仅是市场规模自然扩大的结果，而是通过激烈竞争，从对手手中夺得了更多的市场份额。

**度数、香型错位**

差异化度数。回归产品，今世缘以中度白酒为差异化利刃，在苏派绵柔的底蕴中，巧妙融合醇厚韵味，在度数和口感上与洋河形成鲜明对比。自1996年品牌诞生，即定位中度，第一代星球系列均是42%vol。2004年创立国缘品牌，高举"中国高端中度白酒"旗帜，在行业普遍崇尚52%vol/53%vol高度酒，或偏爱37%vol/38%vol低度酒之际，中度白酒以其40%vol/42%vol的独特定位，成为市场稀缺珍品。

国缘的问世，不仅破解了中度白酒的技术瓶颈，成功地在降低酒精含量的同时，保留了浓郁口感，更开创了健康饮酒的新风尚。通过高温制曲、泥窖固态发酵与陶坛老熟的精湛技艺，国缘集浓香之大成，兼采酱香、芝麻香之所长，降度后的酒体依然绵柔细腻、香气悠长，呈现出"低而不淡，幽雅醇厚"的非凡品质，完美契合了现代消费者追求健康、品味细腻的饮酒趋势。

差异化香型。今世缘的另一个差异化策略就香型开拓，当然，这次还是国缘品牌挑大梁。今世缘于 2019 年推出国缘 V9 清雅酱香型白酒，而这一年恰好是全国"酱香热"进入爆发期。

2022 年今世缘的重大公告，揭示了今世缘对未来发展蓝图的宏伟构想，计划斥资 90.76 亿元，用于南厂区智能化酿酒陈贮中心的建设，目标是大幅提升优质浓香型及清雅酱香型原酒的产能，同时扩充酒库及陶坛库的存储能力。这一巨额投资几乎等同于 2018 至 2022 年间公司净利润总额，表明今世缘对品质与产能升级的决心，不惜倾囊以赴，旨在为品牌长远发展奠定坚实的基础。

至于国缘 V9 清雅酱香型白酒，今世缘又发挥了自己"学优而超越"的策略，以贵州茅台为标杆，学习其酱香精髓，同时借鉴创新精神，巧妙融合，打造出具有自身特色与竞争力的清雅酱香型白酒。

## 结 语

*安索夫矩阵根据产品和市场的情况分为四种战略"向限"：市场渗透战略、市场开发战略、产品开发战略和多角化成长战略。*

*——伊戈尔·安索夫（Igor Ansoff），战略管理学家*

从古至今，市场一直是勇者和智者的舞台，今世缘人以逢山开路、遇水架桥的开拓精神，创新营销模式，深耕江苏市场的同时，有步骤、有策略地拓展省外市场，加速全国化布局。国缘，作为"中国次高端白酒增长极创造者"，持续升级战略，推动今世缘企业大树的蓬勃生长。

| 第六章 |

## 比较优势重构
## 聚焦江苏在地化商务场景

在商业领域,"护城河"这一术语形象地描绘了企业为维持长期竞争优势而构建的独特结构性壁垒,这些壁垒往往难以被竞争对手所复制。巴菲特将"护城河"划分为几个关键类别:

首先,企业所持有的无形资产,如强大的品牌、专利技术和法定许可,这些资产赋予了企业独特的市场地位;其次,企业提供的产品或服务形成的客户黏性,即客户因转换成本高昂而不愿转向其他选择;再次,规模效应,它作为一种强大的经济壁垒,使得企业在市场中占据主导地位;最后,企业因特定的流程、地理位置、经营规模或独特资产而形成的成本优势,这也是其"护城河"的重要组成部分。

"护城河"的核心在于其防守功能,即企业通过其独特的优势有效地抵御竞争对手的侵袭。德鲁克也把这种战略叫做"柔道战略"。

### 今世缘反弹琵琶,差异化上市

今世缘诞生于中国传统白酒市场竞争激烈、烽烟四起的时代。在这个群雄逐鹿的舞台上，众多白酒品牌都曾短暂辉煌过，但大多如流星划过天际，很快便消失在历史的长河中。今世缘深知，要在这片红海中脱颖而出，必须避免重蹈覆辙，要走出一条独特的道路。产品上市对于今世缘来说，是其发展道路上的关键一步。为了赢得市场的青睐，今世缘团队经过深思熟虑，选择了一条差异化的营销与传播策略。他们敏锐地捕捉到了市场的淡季时机，反其道而行之，以非凡的勇气和智慧，掀起了一场震撼业界的"淡季攻势"。

1996年夏季，当白酒市场普遍进入销售淡季，各大企业都在为即将到来的旺季蓄势时，今世缘却选择在此时发起猛烈攻势。南京的酷热天气与白酒市场的平静形成了鲜明对比，而就在这样的背景下，今世缘的上市活动如风暴般席卷了整个城市。8月25日，南京的天空中，今世缘的广告飞艇在空中盘旋，引人注目；地面上，几十辆国宾车组成的队列缓缓前行，形成了一道独特的风景线；金陵饭店的楼顶上，一条长达近百米、宽达六米的巨幅广告犹如瀑布般倾泻而下，吸引了无数路人的目光；各大商场的墙壁上，赫然出现了一二百平方米的巨幅广告，将今世缘品牌深深烙印在人们的心中；电视、报纸、广播等媒体也在黄金时段对今世缘进行了密集的宣传。

同时，今世缘的直销团队不畏酷暑，深入南京的每一个住宅小区，逐户送去品尝酒，并耐心倾听消费者的反馈，在短短10天内，他们覆盖了南京近20万户家庭，将今世缘的美酒醇香带到了古都南京的每一个角落，给南京市民留下了深刻的印象，使"今世缘"成为南京人心中的优选。

随着这一轮宣传攻势的深入，商家们的订货电话络绎不绝，然而，令人费解的是，今世缘的领导层却做出了一个坚定的决策：暂停发货。他们有自己的策略考量：他们认为，像涓涓细流一样的小规模销售虽然稳定，但缺乏冲击力，如果能够像筑起大坝一样，等到水位上升到一定高度再开闸放水，那么其影响力将势不可挡，这就是他们的"蓄势待发，厚积薄发"。

一周后，今世缘酒终于开始全面销售，其销售势头势如破竹，迅速席卷了整个南京，让这个酷热的古都仿佛又增添了几分热度，仅在中秋节前后的短短 4 天内，今世缘的"地球酒""太阳酒""月亮酒"就销售了 85 吨，荣登南京同档白酒销售榜首。

在销售方式上，今世缘摒弃了传统的厂家铺垫、商家代销模式，转而采用直销模式。他们先通过布点来激发消费者的需求，从而对经销商产生强大的吸引力，在此基础上，再给予经销商合理的利润，将选择经销商的主动权牢牢掌握在自己手中，经过十几家公司的激烈竞标，南京市糖烟酒公司最终赢得了今世缘在南京的总经销权。

1997 年，南京糖烟酒公司提前 7 个月完成了今世缘全年的销售任务，因此获得了今世缘公司一辆价值 30 多万元的依维柯汽车作为奖励，这也从一定程度上证明了今世缘销售模式的独特魅力和显著成效。作为一个新品牌，今世缘在适当的时候采取了适当的方式，反弹琵琶，避实击虚，成功打响了上市的第一枪，为其未来的辉煌发展奠定了坚实的基础。

## 小步快跑，精耕细作

今世缘在市场布局上展现出卓越的远见与策略，其独特的"板块市场"策略与传统的盲目扩张形成了鲜明的对比，公司坚持精准定位、有序开发的策略，恪守"先识后攻，步步为营"的原则，通过有序地构建坚实的板块优势，致力于实现市场效应的长久稳固。实践证明，这一策略效果斐然，为公司的长远发展奠定了坚实的基础。

在南京市场取得开门红后，今世缘迅速扩大市场版图，成功覆盖苏州、无锡、常州、镇江等城市，实现了沪宁线的全线覆盖。随后，公司又成功打通了陇海线徐州至连云港的线路，形成南北两条重要的市场通道，构建了独特且全面的市场网络。此外，公司在北京、武汉、郴州、杭州、沈阳等地的市场拓展，为进军全国市场打下了坚实的基础。

在区域市场开发上，今世缘展现出卓越的专业能力和深刻的洞察力，公司秉持"精益求精，追求卓越"的原则，在淮阴市场就是一个典型的例子。面对双沟酒在当地的主导地位，今世缘巧妙地避开价格竞争，深入洞察淮阴人的饮酒文化和消费习惯，推出了独具特色、品质卓越的今世缘特供酒。通过这一差异化策略，公司成功抢占了市场，引领了淮阴白酒消费的新潮流。

经过今世缘团队的持续努力与精心布局，淮安市区的白酒消费水平得到了显著提升，同时，今世缘系列酒在淮安白酒市场的份额更是高达70%以上，确立了其在市场中的领导地位。为此，公司已制定了全面的战略规划和切实可行的行动计划，以确保在未来的市场竞争中取得更大的成功。

## 在做好传统终端的同时，今世缘实施"终端前移"策略

借助独特的地缘优势以及已经建立的品牌影响力，今世缘全力以赴开拓江苏公务接待酒市场，旨在树立"江苏省接待用酒"的卓越形象，并在世界华商大会、世界资本论坛等国际盛会上展现其风采。此举对于今世缘而言，具有深远意义。首先，公务接待酒市场庞大，与今世缘品牌定位高度契合；其次，作为高端产品代表，它不仅能有效提升今世缘的美誉度和品牌形象，还能带动整个产品系列的销售增长。特别是政府接待用酒的广泛使用，将发挥强大的消费引导作用，为今世缘的市场发展注入强劲动力。

为了进一步深化和细化江苏市场，今世缘实施了重点市场、盲点市场和难点市场三大战略工程。在南京、淮安、盐城等重点市场，积极扩

展营销网络和产品线；在盲点和难点市场，采取倾斜政策，明确责任，精心策划并执行营销方案，取得了显著成效。

在市场开拓方面，今世缘制定了"三个千方百计"的工作策略。千方百计优化终端，公司将终端建设作为市场拓展的关键和首要目标，采用多元化的主体和对象，以及多样化的政策和方式，取得了显著的成果。千方百计建设完善的网络体系，今世缘与经销商紧密合作，共同打造庞大的市场网络和客户群体，按照"因市制宜，一市一策"的原则，公司制定并优化销售政策，实现与合作伙伴的互惠共赢，最大限度地激发和调动经销商的积极性。千方百计培育新的增长点，这些增长点来源于新客户和新产品的开发。

自2018年以来，南京市场迎来了显著的加速增长，表现令人瞩目，已然成为今世缘品牌的首要权重市场。这一成就主要归功于以下四个关键因素：

**1. 深厚的市场积淀与品牌认知**

国缘品牌与南京市场多年的合作历程，为其奠定了坚实的市场基础，数十年前，南京地区有影响力的官员已广泛认可并享用国缘，这一传统一直延续至今，使得国缘在南京地区享有广泛的品牌知名度和美誉度。公司长期以来对国缘品牌的精心打造，以及在南京地区的高端定位和产品推广，使得国缘品牌与消费升级趋势相得益彰，进一步推动了其在南京市场的放量增长。

**2. 高效的销售模式与管理层优化**

南京地区采用的自分销模式与经销模式相结合的销售策略，为市场运作提供了精细化管理的可能，特别是近年来，随着南京分公司管理层的更替，渠道推广的速度和质量均得到了显著提升。新的管理层通过分品牌、分客户的运作策略，实现了渠道的扁平化和精细化，为南京地区的高增长奠定了坚实的基础。

**3. 精准的价格定位与团购渠道优势**

国缘品牌在价格定位上精准把握市场需求，特别是在政府规定的用酒标准范围内，国缘四开团购价恰好符合政策要求，这使得国缘在商务团购领域占据了有利地位，并在消费领袖的带动下，形成了强大的消费氛围。近年来，南京市场团购渠道大部分已被国缘品牌占据，进一步巩固了市场地位。

**4. 渠道利润的吸引力与流通渠道的活跃**

公司近年来在南京市场的招商工作取得了显著进展，国缘品牌较高的渠道利润激发了经销商的积极性，同时，国缘终端利润率也高于竞品，使得门店老板更愿意向消费者推荐国缘产品。流通渠道的活跃表现为国缘品牌的快速增长提供了有力支持。

## 由点及线，由线至面的全省战略布局

**第一阶段**：1996年至2004年——品牌初创与核心市场确立

今世缘在这一时期步入了品牌的初创阶段，公司凭借新兴品牌的影响力，以南京市场为核心，实施精细化的营销策略，逐步掌握了销售的主导权。经过不懈努力，公司成功构建了以淮安、盐城、南京为核心的三大市场，并以此为基础，稳步推进对周边市场的开拓与布局。

**第二阶段**：2004年至2012年——黄金时代的深耕与辐射

伴随着我国经济的高速发展，特别是白酒行业的繁荣，公司迎来了发展的黄金时期。在此期间，我国GDP实现了年均超过10%的高速增长，为白酒行业的蓬勃发展提供了坚实的宏观经济基础。公司紧跟行业趋势，全面落实区域战略，深耕省内市场，以南京为中心，通过"引领淮安市场、全面进军江苏、重点拓展省外"的战略方针，形成了稳固的市场布局。通过不断的市场培育与拓展，公司成功构建了以南京、淮安、盐城为核心，辐射苏州、无锡等周边市场的销售网络。至2012年，公司营收达到了25.93亿元，其中省内市场贡献了高达94.76%的营收，充分展现了公司在省内市场的强大竞争力。

**第三阶段：2013年至2015年——深度调整期的策略应对**

然而，随着白酒行业进入深度调整期，公司也面临着前所未有的挑战。受"禁酒令""八项规定"和"六项禁令"等政策影响，公务用酒需求大幅下降，对中高端白酒市场造成了严重冲击。同时，酒鬼酒塑化剂超标事件更是对整个白酒行业造成了深远的影响。在诸多不利因素的共同作用下，白酒行业传统销售旺季的销量大幅下滑，茅台、五粮液等名酒品牌也遭受了重创。面对如此严峻的市场环境，今世缘积极调整战略，通过优化产品结构、加强品牌建设、拓展销售渠道等措施，努力应对行业变革带来的挑战。

今世缘酒业审时度势，主动寻求战略变革，在进军高端酒市场及省外市场遭遇挑战之际，公司果断将战略重心由政府消费转向省内婚喜宴市场，提出"有喜庆，今世缘"的品牌口号，矢志打造承载中华喜庆文化的婚宴佳酿。公司积极策划并支持各类相关文化活动，进一步巩固和拓展省内婚喜宴市场份额，同时，公司全面开拓商务团购渠道，积极抢占团购市场资源。尽管在调整期间，公司业绩连续两年略有下滑，2013年和2014年营收同比下降幅度分别为3.0%和4.6%，但从数据中还是可以看出公司的稳健与韧性。

2014年，今世缘酒业股份有限公司成功上市，成为继洋河之后江苏省内第二家上市的白酒企业。在市场布局上，公司精心选定浙江、上海、河南、山东、北京作为首批重点拓展的市场。

2015年，公司进一步推出文化营销"六个一工程"，倾力打造文化体验园，实现了从"产品营销"到"文化营销"的华丽转身，为品牌的长远发展累积了宝贵的无形资产。

**第四阶段：2016 年起业绩实现显著回升**

自 2016 年起，今世缘业绩步入回升轨道，紧密把握白酒行业回暖的契机。这一年，白酒行业迎来复苏，再次焕发活力。在消费升级的大背景下，高端白酒市场量价齐升。茅台作为行业领军企业，引领了整个行业的正向发展，销量与营收同步增长。五粮液和泸州老窖亦纷纷提价，高档产品的营收增长显著。高端白酒市场的提价，为次高端的酒市场创造了更大的发展空间，尽管品牌众多，市场竞争依旧激烈，但今世缘凭借精准的战略布局，成功抓住了这一机遇。

面对高端白酒提价、次高端的酒市场扩容的趋势，今世缘敏锐地捕捉到了市场机遇，通过提前布局次高端价格带，实现了市场占有率的大幅提升。今世缘以"缘"文化为核心，形成品牌差异化定位，采用差异化价格竞争策略，聚焦中高价格带的大单品。通过实施"四大战役"战略，即"国缘 V 系"攻坚战、"国缘开系"提升战、今世缘品牌激活战和省外市场突破战，今世缘在全国范围内规模化推广产品，取得了显著成效。

在"十四五"战略规划中，今世缘明确提出以长三角城市群为中心，打造长三角一体化的战略板块市场，形成周边辐射效应，并选取十余个地级市作为重点市场，打造亿元级市场规模。目前，今世缘销售区域布局得到明显优化，省内市场深耕细作，省外市场重点突破，全国化战略有序推进，积极开发上海、浙江、山东等省外市场，不断提升品牌影响力。

## 从厂商共赢到生态协同，从渠道驱动到系统整合

今世缘在团购领域一直保持着显著的优势，其深厚的市场洞察力和创新的营销策略使其在该领域独树一帜。公司早早便形成了独特的团购

模式，通过激励措施和创新营销方法，成功地将各企业的关键决策者（即负责采购用酒的领导）紧密地联系在一起。同时，今世缘在重大节日期间还提供定制酒服务，以满足客户的个性化需求，从而进一步稳固了与团购客户的关系。

在 2013 年至 2014 年的行业调整期，今世缘展现出了非凡的应变能力和前瞻性思维，面对政府消费政策的调整，公司迅速转型，将重点从政府消费转向企业市场，积极抢占团购资源，通过签订打包协议和制定返利政策，今世缘成功地吸引了大量新的企业客户，并在市场上形成了排他性的优势。与此同时，其他企业则更多地关注流通渠道和大众消费市场，忽视了团购市场的潜力，这为今世缘提供了难得的机遇。

国缘品牌在价格定位上也精准把握市场脉搏，其核心产品在政府规定的用酒标准之内，使得国缘在商务团购市场上更具竞争力，这一精准的价格策略进一步巩固了今世缘在团购领域的优势地位。

近年来，公司在团购领域持续深化布局，致力于不断拓展新的客户群体，从而显著增强团购业务的竞争优势。公司始终秉持创新理念，积极开拓各类潜在团购客户，无论规模大小，均被视为重要的市场机遇，主动引导客户选择今世缘的产品，以满足其消费需求。例如，成功与保险公司合作，将传统的福利产品替换为今世缘酒，并根据不同客户的层级提供多样化的产品选择。此外，通过深入的市场调研，今世缘发现江苏地区的外资、合资及国产汽车"4S"店数量众多，购车客户对酒类产品有着稳定的需求，因此公司计划加大与这些"4S"店的合作力度。综上所述，市场上仍存在大量待开发的团购客户，今世缘始终在团购领域内不断创新，探索新的合作方式，以进一步巩固和提升团购业务的优势。

在国缘渠道方面，由于其利润率高、销售动力强劲，近年来流通渠道的增长势头尤为迅猛。从产品生命周期的角度来看，尽管今世缘在流通渠道切入较晚，但凭借其在省内网点密度低、价格透明度不高以及渠道利润优势显著的特点，迅速实现了快速成长。相较于竞争对手，今世缘提供的更高渠道利润有效激发了经销商的进货积极性。同时，国缘终端利润率同样保持较高水平，动销拉动效应显著，使得门店老板更愿意向消费者推荐国缘产品。

## 结 语

> 间接路线战略是最具效果、最为经济的战略形势，看似最远和最弯曲的路线，才是真正的捷径。
> ——利德尔·哈特（Liddell Hart），英国军事思想家

德鲁克认为，在获得某一个产业或市场的领导和控制地位的战略中，企业家柔道战略是风险最低、成功率最高的战略。柔道战略就是避其锋芒、放弃硬碰硬的竞争思维模式，柔道是将对手的体能和力量为己所用，借力打力，击败对手而获胜的一种武术，它使弱者或体重处于劣势的人能够战胜身体方面占优势的对手。柔道战略的精髓有三个方面：移动——让自己处于最佳位置；平衡——梳理进攻思路，保持进攻的姿态；杠杆借力——将竞争对手的力量转化为自己的竞争优势。德鲁克说，"企业家柔道战略'打击了对方的弱点'。"

从国缘成长的历程可以看出，国缘一直在采用这种柔道战略，不断地动态调整策略，创造自身的竞争优势。对手抢占了终端，国缘就做团购；对手做公关独占，国缘就走海外路线；对手做家国情怀，国缘就做缘文化。"反者道之动"，今世缘走出了自己的一条独特的差异化之路。

| 第七章 |

## 传播模式重构
## 公关国际化,宣传本地化

国缘 V9,这个名字本身就寓意深远,它不仅是中国的骄傲,更是世界的一部分。这款酒,通过全球化布局和国际化的营销手段,让清雅酱香的风味走出了国门,成为向全球展示中国白酒的一张名片。它不仅让人沉醉于酒香之中,更体现了"中国国缘,缘结天下"的理念,拉近了中国与世界的距离。国缘 V9 被选作国礼,赠送给多国驻华大使。在"中国阿根廷文化交流节"上,它成为官方指定的外交用酒,促进了两国人民的情感交流;在巴黎举办的中法酒文化论坛上,国缘 V9 又成为连接中法两国文化的桥梁,增进了双方对彼此文化的了解和欣赏;它甚至走进了联合国总部,出现在各种重要场合。国缘 V9 不仅代表了中国白酒的品质,也展示了中国开放包容的态度。

### 成大事,必有缘——2018 年国缘 V9 走进联合国

在中国白酒产业积极拓展国际市场,加快"走出去"步伐的背景

下，今世缘酒业正展现出其海外发展策略的高端化趋势。2018年，美国东部时间12月7日晚，由江苏今世缘酒业股份有限公司精心策划并主办的文化交流活动——"与世界结缘，为可持续发展干杯"中华缘文化交流暨中国酒国缘品鉴会，在纽约联合国总部隆重举行。多位联合国官员受邀出席，他们不仅深入"体验"了中国酒文化的独特韵味，更对活动给予了极高的评价。

"与世界结缘，为可持续发展干杯"——在中华缘文化交流暨中国酒国缘品鉴会的盛大庆典中，在纽约时代广场的中国屏上，"国缘"二字熠熠生辉。品鉴会上，一瓶瓶国缘酒如艺术品般精致陈列，瓶盖悄然开启，中国白酒的馥郁芬芳顷刻间弥漫于联合国总部大使宴会厅的每个角落，深深打动了在场的国际宾客。

2018年12月5日隆重举行的联合国记者协会成立70周年庆典的颁奖晚宴上，联合国秘书长安东尼奥·古特雷斯（António Guterres）与今世缘酒业党委副书记、监事会主席倪从春以国缘酒为媒，共同举杯。古特雷斯秘书长对中国人民在推动全球和平、发展、合作与共赢的世界潮流中所展现的积极贡献表示了高度的赞赏和肯定。

来自俄罗斯的联合国助理秘书长亚历山大·祖夫（Alexander Zouev）在品鉴会上的致辞中亦指出，中国白酒如同伏特加以及世界各地的美酒一样，都承载着独特的文化与魅力。此次国缘酒在联合国主办的品鉴会，不仅是一次酒品的交流，更是东西方文化深度交融的契机。他期待未来能再次品尝到中国的白酒，并希望更多的西方人能够领略到这来自东方大地的独特风味，进一步加深东西方的文化理解与互鉴。

联合国记者协会主席宣威·布莱斯-皮斯（Sherwin Bryce-Pease）也

发表了热情洋溢的致辞，对今世缘酒业在联合国记者协会成立 70 周年庆典晚宴中的积极参与表示了衷心的感谢，并正式颁发了公益贡献感谢状。他引用中国古语"有朋自远方来，不亦乐乎"来赞美今世缘酒业作为江苏企业的杰出代表，不远万里在联合国推广中国酒文化，展现了令人钦佩的决心与努力。

回望今世缘酒业的高端化发展历程，今世缘酒业党委副书记、监事会主席倪从春表示，今世缘酒业作为新华社民族品牌工程的成员单位，自 1996 年创立以来，始终致力于缘文化与酒文化的深度挖掘与广泛传播。通过文化的力量，今世缘酒业成功触动了消费者的心灵，探索出了一条独具特色的文化营销之路，书写了中国白酒跨世纪的品牌传奇。自 2008 年起，该品牌连续十年荣膺中国白酒"十强"殊荣，并于 2014 年在上海证券交易所 A 股主板成功上市。其高端白酒品牌"国缘"以"与大事结缘，同成功相伴，为英雄干杯"为核心理念，在高端市场广受赞誉，更被选定为中国外交部和驻外使馆的官方接待用酒，以及上海世博会联合国馆的专用白酒。

今世缘酒业秉承"追求卓越，缘结天下"的企业精神，以"酿美酒，结善缘"为使命，坚守"讲善惜缘，和谐发展"的价值观，致力于缘文化的创造性转化与创新性发展。在品鉴活动上，"国缘"白酒的酿造工艺与独特风味，令与会嘉宾赞叹不已。同时，纽约的华人艺术家们还带来了古筝、琵琶演奏和太极拳表演等精彩节目，为现场增添了浓厚的中国文化氛围，赢得了阵阵掌声与喝彩。

## 邂逅法兰西浪漫，国缘 V9 香飘巴黎

2019 年 12 月 4 日的夜晚，巴黎也迎来了一场意义非凡的聚会——

中法酒文化交流论坛，在这场汇聚了中法两国文化商贸精英、行业专家与学者的盛会上，各方围绕着酒文化的交融与未来发展展开了深入探讨。今世缘酒业的副总经理胡跃吾，作为中方代表之一，参与了这场跨文化的对话。

法国品酒师协会主席菲利普·佛奥巴克分享了他的见解，强调了酒在社交中的独特地位。"我多次访问中国，每当人们相聚，那份缘分便在酒杯中得以升华。"他说，"酒，是社交的催化剂，它跨越语言与文化的界限，让人们的心灵更加贴近。"

让·克洛德·马里亚尼作为法国烹饪与酒业专业发布委员会的主席，进一步阐述了酒作为情感纽带的角色。他说，"尽管中法两国的饮酒传统各具特色，但酒始终是连接人心的桥梁。"他观察到，近年来，中国消费者对红酒的兴趣日益浓厚，而法国市场上的白酒也逐渐受到欢迎，这种双向的文化交流，正见证着两国酒文化的相互吸引与融合。

论坛期间，与会者还就智能酿造技术、绿色生产流程以及酒类市场的合作机遇进行了广泛交流，共同探索了中法酒文化在新时代背景下的创新路径。

## 与国际大事为伍，国缘缘结"一带一路"

中国不仅是全球最大的烈性酒制造与消费地，更是白酒文化的发源地。然而，面对国际市场，中国白酒的光芒似乎并未完全绽放，其国际影响力与市场开拓空间尚待进一步挖掘。如何在全球化的舞台上，让中国白酒的魅力熠熠生辉，是摆在整个白酒行业面前的一项重大课题。伴随中国综合实力的日益壮大，本土品牌正昂首阔步迈向国际舞台，与世界各地的消费者构建起深厚的联系,其中,国缘便是先行者。

**成大事、必有缘　国缘以"缘"为名链接世界**

2023 年 7 月 31 日下午,"大道之行　筑梦丝路"主题活动在江苏广电城盛大启幕,标志着"一带一路"十周年全媒体新闻行动正式扬帆起航。今世缘酒业旗下高端品牌——国缘,与江苏广电总台强强联合,共同策划"情越山海　缘结天下"特别报道,旨在记录并颂扬"一带一路"倡议下,中国与全球伙伴携手共进、共创繁荣的美好故事。

活动全程,国缘作为战略伙伴,深度融入节目,跟随摄制组的脚步,跨越十万公里广袤大地,探访"一带一路"沿线国家。在江苏省外办、江苏省商务厅等权威部门的协同下,国缘与节目组一起,深入访谈当地的中资企业精英、政府要员以及那些在"一带一路"建设前线辛勤耕耘的建设者们,聆听他们的故事,分享中国白酒的独特魅力。

**国缘探索国际公关破局之道**

自 2017 年起,国缘品牌便与"一带一路"国际合作高峰论坛结缘,作为腾讯新闻报道的合作伙伴,它不仅见证了这一伟大倡议的成长,更身体力行地参与其中,致力于向全球传播中华文化的独特魅力,以品牌独有的精神内核,绘就一幅幅"一带一路"上的时代佳缘画卷。

国缘品牌秉持"成大事、必有缘"的理念,胸怀"国之大者",巧妙融合"国"的博大精深与"缘"的包容万象,将"国"的尊贵与"缘"的善意融为一体,倡导"国强缘盛,协和万邦"的价值追求,深刻体现了中国深厚的文化底蕴与和谐共处的智慧。这份精神与"一带一路"倡议所倡导的"和平合作、开放包容、互学互鉴、互利共赢"的丝路精神不谋而合,两者相得益彰,共同勾勒出一幅和谐共生的美好愿景。

白酒的语言无需翻译，直抵心灵；真诚的交流，能够跨越千山万水，触动人心深处。一杯蕴含东方韵味的佳酿，不仅加深了中国与世界各国之间的友谊纽带，彰显了"中国国缘，缘结四海"的非凡魅力，更是在潜移默化中孕育着无限商机，为全球贸易的复苏与繁荣添砖加瓦，贡献着中国白酒的独特力量。

**内外兼修，彰显"品味"，锻造国缘品牌硬核实力**

在中国崛起的浪潮中，诸如今世缘酒业这般承载着民族骄傲的企业，正乘风破浪，稳健前行。国家的繁荣为它们提供了坚实的后盾，而这些企业亦不忘反哺社会，追求卓越，书写着属于自己的辉煌篇章。今世缘酒业把握住新时代的脉搏，正全速推进高质量发展，力求在创新与变革中铸就核心竞争力，旗下高端品牌国缘，更是以一套"内外兼修"的策略，展现出了前所未有的活力与魅力。

对内，国缘深耕产品力，持续创新，以文化为魂，品质为基，旨在为消费者提供独一无二的品鉴体验。无论是从酒体设计到品牌叙事，都力求贴近人心，满足多元化需求，塑造具有人文关怀、个性鲜明、市场差异化的白酒典范。

对外，国缘则以开放的姿态，拥抱世界。它不仅致力于传播中国白酒的独特魅力，更渴望搭建起文化交流的桥梁，让"国缘"成为国际社会熟知并喜爱的品牌符号，提升中国名酒的全球影响力，践行绿色发展理念，让世界各地的朋友都能感受到来自东方的醇香与热情。

而这一切的核心，归根结底在于产品本身。唯有卓越的品质，方能承载起塑造"中国味道"、展现"中国名片"的重任。以国缘 V9 和国缘四开为例，它们不仅代表了中国白酒的高水准，更是民族自豪感与世界认知度的双重载体。

今天，国缘品牌正蓄势待发，以更加开放的姿态，探索中国白酒走向世界的崭新路径，扮演起餐桌上的"文化大使"，用卓越的品质为国家背书，用坚定的实力展现大国的自信与从容，用缘分的纽带连接起全球市场，编织一张跨越五湖四海的友谊网络。

## 与外交大事为伍，国缘亮相 2023 年全球外交官之夜

在追求全球化进程中，国缘品牌以独到的国际化视角、开放包容的心态以及绿色可持续的理念，致力于让全球友人领略中国白酒的独特魅力，并深深认同其背后的"国缘"文化。国缘品牌不仅成功亮相联合国总部、法国巴黎的浪漫之都以及美国纽约的繁华都市，更积极参与了中法酒文化交流论坛、哈佛大学俱乐部举办的"国缘之夜"文化盛会，通过这些活动，有力推动了中国白酒走向世界舞台，传递出中国品牌的力量，向世界精彩地讲述中国故事，精心打造了一张"香飘世界"的中国名片。

中国国缘，缘结天下。2023 年 12 月 7 日，第九届"全球外交官中国文化之夜"在北京盛大开幕，秉持"文明交流互鉴，民心交融相通，携手共筑人类命运共同体"的崇高理念。此次活动吸引了全球 170 余国的外交使节共襄盛举，共品国缘佳酿，共谋合作新篇。作为此次活动的战略合作伙伴及指定用酒，国缘品牌以其非凡的韵味，俨然成为一张"优雅的东方名片"，向全球外交官展现了中国品牌的深厚文化底蕴，并传递了中国酒文化的独特韵味。

"全球外交官中国文化之夜"是在"一带一路"倡议的强劲推动下应运而生的一场高级别民间公共外交盛会，它构筑了一个连接中国与世界的多元交流桥梁。中国白酒，作为中华传统文化的璀璨瑰宝与传

播者，在此平台上担任了"文化使者"的角色，有力推动了中国与世界的文化交流与相互理解。国缘品牌的精彩亮相，不仅是对其卓越品质与品牌实力的高度赞誉，更是对中国白酒文化的一次华丽呈现。

今世缘酒业党委书记、董事长、总经理顾祥悦出席中国品牌国际化论坛时表示"缘文化根植于中华文化沃土，是中华儿女心中一个美丽的结，寄寓了中国人最美好、最真挚的情感"。他强调，文明因交流而绚烂多彩，因互鉴而更加丰富多元。随着经济全球化进程的深入，各国人民之间的联系与依存关系日益紧密，这必将进一步促进文明的交流互鉴，共同构建人类命运共同体。他期待通过"全球外交官中国文化之夜"这一平台，以更为开放和包容的视野，传播中华缘文化的独特魅力，讲述中国故事，推动中国文化在国际舞台上展现其独特风采。

在论坛的对话环节，针对"未来品牌发展趋势及关注点"的议题，顾祥悦明确指出，经济全球化、科技创新以及世界人民对美好生活的追求是不可逆转的三大趋势。这预示着未来将会有更多国际品牌进入中国市场，同时也会有更多中国品牌走向世界舞台。无论是品牌还是服务，都需要坚持长期主义和利他主义的原则，企业"走出去"不仅要追求经济效益，更要致力于为所在地区创造价值、提供价值。

顾祥悦进一步强调，中国白酒作为中国传统文化的重要载体，已经迎来了"走出去"的历史性时刻。为了实现这一目标，必须突破行业标准的瓶颈，推动生产工艺的创新，紧密围绕国家发展战略，深度融合地方文化，加强地方企业之间的合作，共同推动产品的融合创新。同时，要以缘文化中的包容感恩、合作共赢、众缘和合的精神为指导，推动中国白酒品牌在国际市场上取得更大的成功。

## 结 语

> 公关要有"大处思考"理念(The Big Think),从社会全局考虑,社会状况、人的心理动机,找到厂家和潜在消费者的"纽带"。
>
> ——爱德华·伯内斯(Edward L. Bernays),公关学之父

外抓国际大事,内塑品质灯塔,这是国缘内外公关的两大战略。对外,国缘将国际大事公关当成宣传素材,简而言之,就是国缘和国际大事站在一起;对内,国缘一直紧抓产品品质,这种品质口碑不是一朝一夕,而是从绿色食品,到多次获全国质量奖,是几十年如一日的消费者品质口碑,这种品牌资产是真正的"护城河",也是企业增长的不竭动力和源头活水。

# 第八章

# 分销模式重构
# "1+1+N"深度革新渠道

商业模式,本质上是各利益相关方间的交互与交易框架。本章之所以聚焦于此,是因为渠道模式在商业模式中占据了举足轻重的地位,比如娃哈哈的"联销体"模式,就让这家从1987年开始的一家校办工厂,最终跻身中国食品饮料行业的领军者,其营收高峰时更是达到了惊人的千亿规模,这一辉煌成就的背后,与其渠道模式的创新变革紧密相关,其"联销体"渠道分销管理模式更是业界学习的典范。

从小商模式到"大商+OEM"模式,再到名酒柒泉模式,包括"1+1盘中盘"深度分销模式,白酒行业的发展史也可以说是渠道模式的变革史。今世缘对于渠道模式的深度思考、不断变革,在吸取同行优秀经验的同时,也找到了符合自身发展的独特渠道模式,为今世缘近年来高速增长提供了有力的支撑和动力引擎。

## 中国白酒品牌渠道模式概述

总体来说,中国白酒的经营模式经历了三次迭代和发展,分别是厂商为王、渠道为王、终端为王三个时代。

厂商体系：以厂商为主，下设销售公司，厂商与销售公司进行结算，有助于销售管理专业化。例如将产品以内部价卖给销售公司，实现合理避税，如果销售公司存在于上市公司体外，则很可能存在利益输送、虚增业绩等风险。

渠道体系（经销商体系）：包括一级经销商、二级经销商……"N"级经销商，是厂商直接连接终端的模式，称为扁平化模式，需要消耗的厂商资源较多。

终端体系：消费者能够买到白酒的地方，比如商超、烟酒店、餐饮、团购等。

在计划经济时期，白酒的流通与采购均受到糖酒公司的统一管理与调控，市场长期处于供不应求的状态，酒厂的主要职责仅限于生产。然而，自1988年白酒行业逐渐摒弃了价格管制，以市场经济为主导，酒厂开始主动拓展渠道网络。1996年以后，随着餐饮渠道的迅速崛起，经销商的地位日益凸显，买方市场逐步形成。在这一阶段，酒厂更倾向于采取以经销商为主导的低成本扩张策略。

然而，进入2004年后，以经销商为主导的渠道模式开始侵蚀厂商的利益，为此，厂商不得不采取直接干预和控制终端市场的策略，以重新夺回市场的主导权。自2011年至今，随着商业模式的不断创新，厂商开始通过股权绑定经销商的方式，实现双方更紧密的合作关系，这不仅使经销商能够赚取产品差价，还能分享到股权增值所带来的收益。目前总结下来，中国白酒业的品牌渠道模式主要有：贵州茅台的小商模式、五粮液的"大商＋OEM"模式、泸州老窖的柒泉模式、洋河的

"1＋1"深度分销模式，而今世缘在吸取了同行的模式优点后，实际上最终独创了"1＋1＋N"的集成模式。

## 今世缘："1＋1＋N"深度协销＋直销试点

　　经销为主、直销为辅的模式也是白酒行业的一种常见策略。在这种模式下，厂家主要依赖经销商进行市场开发，同时也在部分重要区域实行直营，以辅助市场开发。这种策略在今世缘得到了广泛应用，今世缘通过"1＋1＋N"深度协销＋直销试点的模式，建立了从营销后台到终端门店的协同体系，实现了厂商联动和合作开发终端市场的目标，直销和分销相互支撑，大商与公司结成利益共同体，对渠道实行强管控。

## 渠道下沉，打通乡镇渠道，省内下沉，走向区域均衡

　　在江苏省这片富饶的土地上，公司的业务版图正逐渐铺展开来，然而，其发展态势呈现出一种不平衡性，其中，苏南与苏中这两个区域，市场潜力相对广阔，适合进一步探索和深耕。公司在淮安与南京两地的市场占有率已相当可观，淮安的市场份额预估已超过35％，而在省会南京，这一数字也达到了15％以上。然而，当我们目光转向南京周边的苏中地区，以及经济更为发达的苏南地区，便会发现，公司在这些地区的市场渗透仍有很大空间，2022年公司在苏中与苏南的市场占有率分别约为4％和10％。苏南与苏中，作为江苏省内经济发展水平较高、消费能力较强的区域，其市场容量与增长潜力不容小觑，未来仍有较大的下沉空间。

第八章／分销模式重构 "1＋1＋N"深度革新渠道

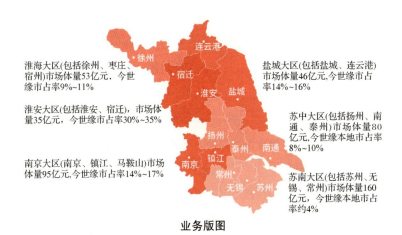

**业务版图**

**苏南、苏中区域具备国缘下沉的有利条件**

从产品和竞争格局的角度来看，国缘系列放量在苏南和苏中区域也非常具有优势；从产品角度来看，苏南与苏中地区的消费层次与品味，构筑了一片肥沃的土壤，特别适合国缘 K 系与国缘 V 系这类高端产品的生长。这些地区，消费群体对品质生活的追求，为国缘系列产品提供了广阔的舞台。尤其是在苏中，消费升级的东风正劲，国缘的核心单品需求扩张趋势明显，再看竞争格局，国缘与友商之间的较量，如同两艘航行在不同海域的船只，各有其航向与风向。竞争战略有一个要义，就是首先占领无争地带，在苏南与苏中，竞争却没有那么明显，这为国缘提供了一个难得的机会窗口，凭借地利人和的优势，国缘已经在这片市场上先行一步，稳固根基，逐步扩大自己的领地。

**核心市场重下沉，薄弱市场增投入**

自 2015 年开始，今世缘酒业在销售网络的构建上持续强化投入，起初，其销售策略由经销商主导模式逐步演变为"1＋1"深度合作模式，随后又取消了营销中心，实现了办事处与大区经理的直接沟通，渠道结构更加扁平化，公司对销售渠道进行了持续的革新与优化，以"网格化、扁平化、精细化"为指导原则，精心规划每一个区域市场。今世缘的营销模式的主动变革，有效促进了公司在省内市场的深入拓展，加大了对未开发市场的渗透力度，对公司近年来的迅猛发展起到了关键性作用。

**1. 厂商"1＋1"深度协销，助力渠道下沉**

"1＋1"深度协销中的"1"代表厂商，负责市场运作方案的制定和政策的出台；另一个"1"则是经销商，承担物流配送、资金流转以及客户关系维护等职责。厂商对经销商团队进行系统培训和专业指导，确保双方合作的高效与顺畅。在今世缘的每个办事处，平均有3～5名业务员，他们分别对接1～2家经销商，形成了一套分工明确、协作紧密的深度协销体系。这一体系不仅实现了全渠道的营销管控，而且推动了渠道的扁平化和精细化管理，公司在省内市场的布局也经历了从市区到县区的下沉。近两年，公司提出了"县县是重点"的口号，对县级市场进行深耕细作，力求在每个县区都能实现品牌的影响力和市场占有率的提升。

随着省内市场的不断深耕，今世缘的经销商数量也在稳步增长。从2015年末的270家，到2018年第三季度末的310家。同时，公司销售人员的数量和占比也在2017年有了显著提升，占到了总员工的23%。

**2. 渠道进一步扁平化**

经过重组，原营销中心已被撤销，现由各办事处直通大区经理，这一调整旨在深化品牌运营，促进渠道管理的精确化，对旗下今世缘、国缘、高沟等品牌矩阵，定制了专属的市场拓展路径，涉及传播渠道的选择、目标消费者的锁定及营销资源配置，每一步都力求精准匹配。今世缘秉持"一县一商、一品一商"的原则,精心筛选合作伙伴,确保每个品牌都能在其最适合的市场环境中茁壮成长,进而细化终端管理,国缘聚焦于商务领域,通过团购渠道深耕市场;今世缘则以婚庆市场为主战场,在流通环节中绽放光彩;而高沟品牌,则是从城镇酒店渠道出发,逐步扩大影响力。

自2016年起,今世缘深刻洞察市场脉络,明确提出了"品牌与渠道并进"的发展战略,并坚定不移地践行至今,对于地方性酒企及正迈向全国化的中高端白酒品牌而言,渠道实力无疑构成了核心竞争力的关键一环。因此,今世缘持续精耕细作,优化渠道运作机制,稳固既有优势,随着市场环境的演变,渠道架构也进行了灵活调整,深度分销模式日益精细,这不仅彰显了今世缘对市场趋势的敏锐捕捉,更为实现公司的跨越发展愿景注入了坚实的信心与动力。

**采取直分销,设立分公司与13个区级办事处**

自2016年起,今世缘启动了一场旨在提升市场敏捷度与渠道效能的革新之旅。以往,省内市场被划分为13个营销中心,覆盖各行政区域,下属市县办事处紧随其后。然而,为了优化渠道管理,加速决策流程,今世缘果断取消了市级营销中心,71个区县办事处直接与六大区经理沟通无阻,此举显著增强了市场反馈的速度与精准度。

2018年,今世缘再度迈出改革步伐,对大区划分进行了合理化调整,实施"大区制",以适应更精细化的市场运作需求,六大区——苏南、南京、苏中、淮安、盐城、徐州,各自覆盖特定城市集群,取消原有的13个营销中心,实现渠道扁平化管理。模式调整后,市县办事处与大区经理直接对接,赋予销售大区更多自主权,全面提升了组织的灵活性与效率,伴随渠道运营的不断深化,今世缘对经销商网络和销售团队进行了扩容升级，2019年，引入了"厂商1+1+N"的新模式，在原有厂商合作的基础上，将区域内20%的核心终端纳入准经销商体系，构建起更为完善的客户分类分级管理体系。此举不仅强化了对优质终端的支持，还将渠道服务的触角延伸至终端消费者，逐步形成了B端与C端一体化的联动机制。

正是得益于今世缘公司对渠道运作的持续深耕，经销商网络与销售队伍也在蓬勃发展，从2014年至2020年，销售人员数量由624人跃升至1 074人；经销商数量亦从2016年的525家增至2020年的948家。其中，省内经销商从280家增长至400家，省外则由245家扩张至548家，这一系列变革与增长，不仅展现了今世缘对市场趋势的敏锐把握，更体现了公司持续优化渠道管理、增强市场竞争力的决心与成效。

| 2015—2016年 | 2017—2018年 | 2019—2020年 |
|---|---|---|
| "1+1"深度协销为主<br>厂家+经销商，通过厂家承担开发风险，经销商负责物流和资金周转，同时承担部分开发费用，公司销售团队指导、协助和监督经销商的进度 | "1+1"深度协销，向"经销商+直销+线上销售"的模式转变<br>通过分产品、分区域进行管理除了经销商外，公司也基本完成"1+5+新零售"的线上渠道网络建设 | "1+1+N"模式，向"经销商+直销+线上销售"的模式转变<br>厂商主导的地位不变，变化的是终端商纳入经销商的服务体系。公司通过分品牌、分产品、分区域进行管理,线上线下渠道发力 |

"1+1+N"深度协销进发积极性，强化团购优势

从"1+1"到"1+1+N"，今世缘的渠道战略演进见证了公司成长的每一步。早年间，面对较为有限的市场规模，今世缘创新性地推行了厂商深度协销模式，即"1+1"。在此模式下，公司全面掌控销售策略、费用投入及终端管理，而经销商则专注于物流配送、产品输送与资金流转。双方紧密合作，确保渠道快速渗透，有效激发了市场活力。与传统

的经销商主导模式不同,"1+1"模式促使渠道扁平化,激活经销商参与的热情,同时,它强化了公司对终端市场的控制力,确保能够即时响应市场需求变化,优化渠道管理。

2019年,今世缘的战略再次升级,进化为"1+1+N"的深度协销模式,不仅保持了厂商的主导角色,更显著增强了对终端商的影响力,将区域内20%的核心终端纳入准经销商体系,进一步深化了服务建设。随后推出的"控价分利"模式,更是致力于维护经销商权益,尤其是在疫情挑战下,公司出台的"缘九条"举措,主动向经销商让利,共克时艰。随着战略的持续优化,公司对渠道的掌控力显著提升,渠道网络不断向基层延伸,直至乡镇一级,终端掌控深入至店面层面,实现了全方位的渠道协同。在此过程中,公司扮演着利益分配的主导者,精心平衡经销商、终端与消费者之间的关系,确保各方利益得到妥善保障,营造出一个健康公正的销售生态。

2017—2021年公司省外经销商数量及占比情况

着眼长远,今世缘积极谋篇布局,力求突破地域局限,尤其在省内市场趋于饱和的背景下,公司果断将视野投向省外,开启了一段崭新的征程。自2018年起,今世缘选定山东作为省外拓展的先行示范区,倾力打造,同时,北京、上海两座一线城市被定位为示范市场,浙江、安徽、河南、江西等周边省份被视为环江苏的重要辐射区域,进行持续的重点培育。在这一战略布局下,山东大区在2019年交出了亮眼的成绩单,地级市覆盖率高达93%,县级市也达到了40%的覆盖水平。为加速省外市场的拓展步伐,今世缘采取了多项有力措施,包括加大招商力度,构建高管与省外市场一对一帮扶机制,以及与多省大型经销商建立深度合作关系,这些举措共同推动了省外市场的快速成长。值得一提的是,至2020年,省外经销商数量首次超过省内,2021年占比更是攀升至60.51%,同期省外市场贡献收入4.47亿元,同比增长36.1%,充分验证了今世缘省外扩张战略的有效性和前瞻性。

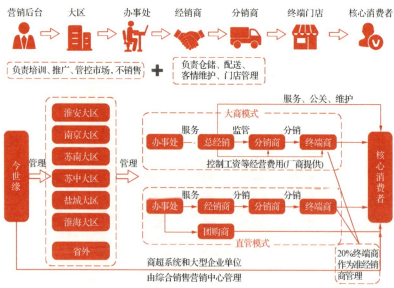

今世缘"1+1+N"深度协同渠道管理模式总结

从"大区制"到"厂商1+1",再至"厂商1+1+N",今世缘的渠道模式随着市场环境的变迁而不断迭代升级,每一次调整都凝聚着公司对市场脉搏的精准把握与深思熟虑的战略布局。

## 团购带动整体,"控价分利"保障渠道生态健康

审视今世缘的渠道销售策略,团购渠道始终占据核心地位,其成熟的打法与流通渠道的同步强化,共同构筑了公司市场拓展的双轨动力。团购模式的成熟,源于两大关键因素。

首先,团购业务起源于服务政府机构与团体客户,依托地方资源优势。今世缘从政务领域起步,逐渐转向商务市场,这一转型不仅确保了客情关系的持续稳固,也为公司积累了一批忠诚度极高的团购客户群体,即便在行业面临深度调整之际,今世缘对团购客户的关怀与维护从未松懈,这为今世缘赢得了宝贵的市场口碑。

其次,面对行业变革,今世缘不断创新,积极开拓新的商务消费场景,如"4S"店与商超等新兴团购渠道。这些努力进一步巩固了今世缘在团购领域的竞争优势。

此外,通过精心培育意见领袖,成功引领消费潮流,打开了市场大门,南京市场的崛起便是最佳例证,经过多年的深耕细作,国缘品牌,尤其是四开产品,在南京政商界赢得了广泛赞誉,树立了良好的口碑。行业调整阶段,当竞争对手的团购渠道收缩时,今世缘迅速填补空缺,借助核心圈层的影响力,逐步扩大品牌知名度,最终引爆南京市场,实现了爆发式增长。

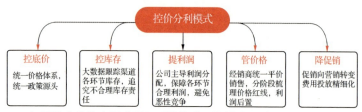

2020年开始今世缘在渠道导入"控价分利"模式保障流通渠道健康发展

在流通渠道的拓展上,自2020年起,伴随着销售网络的广泛建立,部分热销单品的渠道价格逐渐趋向透明,导致渠道的盈利空间受到挤压,面对这一挑战,今世缘迅速响应,灵活调整策略,推出"控价分利"方针,实施了一系列精准措施:"控底价、减促销、稳库存、管价格、增利润",旨在通过调整价格机制,将利润后置,激励经销商自发维护价格体系的稳定。与此同时,公司发挥主导作用,精心设计经销商、终端零售商与消费者之间的价值链分配,确保各个环节的利益得到合理保障,以此维系渠道的良性循环和经销商的积极性。

## 商业模式创新的辩证法

归根结底,商业模式创新其实可以总结为四个字"兵无定法"。这四个字,饱含着辩证哲学的智慧。在商海沉浮中,高端与低端并存,正如硬币的两面。在浙江县级市的用餐体验,便是生动例证。首日,米其林星级餐厅的奢华晚宴;次日,街边大食堂的热闹午餐,菜品现炒现卖,物美价廉。商业世界里,无分贵贱,唯有成败论英雄,有效与否才是衡量标准。

同理,封闭与开放,两种截然不同的商业模式,各自绽放光彩。苹果手机坚守封闭生态,丝毫不逊于开放阵营。管理学与企业实践亦应审慎思考,开放并非万能钥匙,特定情境下,封闭亦有其独特魅力。

快与慢,速度之争从未停歇。Zara以迅雷不及掩耳之势,每周新品迭出,而另一些品牌,则以年为单位,精雕细琢,同样赢得市场的青睐。有的企业追求"多",产品线繁复多样;有的则坚守"少",专注单一或少数产品。复杂与简单,亦是商业模式的两极,各有拥趸。线上与线下,"O2O"的融合,"B2C"与"B2B"的对决,乃至"C2B"的反向定制,商业形态百花齐放,无一不是市场经济大舞台上,万木丛中的一抹亮色。

在这片自由无垠的商业沃土上,商业模式创新犹如春日繁花,争奇斗艳,生生不息。"故者未厌,而新者已盛",旧模式尚未退出历史舞台,新模式已蓄势待发,共同编织着商业世界的绚烂图景。

--- **结 语** ---

> 营销渠道力是指一个特定渠道成员控制或影响另一个成员行为的能力。渠道五力模型将其划分为报酬力、强制力、合法权力、参照力、专业知识力。这五力可被视为渠道中个人与个人间的相互作用,也可被视为组织与组织之间的相互作用,具体实施时,都要通过个人实现。
>
> ——弗兰茨(French)、兰文(Raven)

今世缘"1+1+N"深度协销本质上是一种商业模式的集成式创新。谈及商业模式,清华大学的朱武祥教授与北京大学的魏炜教授将其定义为一个包含交易结构、参与者、规则与方式在内的综合体系,旨在描述商业活动如何展开。中国人民大学的黄卫伟教授则着重指出,商业模式的核心在于其创造价值的过程,也是其相互之间资源能力的重新配置,交易之所以发生，就在于相互之间资源能力的互补，唯此，方能发挥最大的交易价值。很多资源能力在企业甲发挥不了用处，却可能跟企业乙交易，创造新的价值，这时候未必是联合最强大的合作伙伴，而可能是最需要这个资源能力的合作伙伴。

商业模式既然是"利益相关者的交易结构"，那么什么是好的商业模式呢？就是让参与这个交易结构的人，获得更大的利益。商业模式是否能让所有人都获利呢？答案是可以。只要这个交易结构创造出了一个"全局性的增量"，它一定利用效率的优势、组织资源的方式、创新的办法等，创造出了增量，这是商业模式的真正价值所在。而今世缘的"1+1+N"模式实践下来，创造了一个"全局性的增量"，实现了厂商、经销商、渠道终端共赢的局面。

# 第九章

# 营销范式重构
# 国缘 V 系 "C 端思维" 引领行业

在传统观念中,"B"端(商家)与"C"端(消费者)市场泾渭分明,各守一方,然而,技术浪潮与市场风云的交织,正悄然抹去两者间的界限,企业虽面向"B"端,实则服务于一个个鲜活的个体,为精准对接企业需求,洞悉并尊重最终用户的心声,成为品牌制胜的关键。

近年来,一股革新风潮在全球蔓延,倡导以"to C"的视角重构"to B",微软将 GPT 融入 Microsoft 365 Copilot,以每位用户每月 30 美元的统一价格,开辟了 AI 商业化的新路径,通过赋能个人用户,间接提升了 Office 在企业市场的竞争力,稳固了微软的 B 端地位,员工私下对 Office 的偏爱,无形中助推了其在企业间的普及,C 端的胜利反哺 B 端,共创商业辉煌。

以 ChatGPT 为例,其商业化首秀即面向个人用户,付费版的推出迅速聚拢人气,海量数据的积累加速了 AI 模型的进化,这一"C"端先行的策略,不仅夯实了技术基础,更铸就了品牌优势,为后续"B"端市场的开拓铺平道路,国内的文心一言、通义千问、讯飞星火等 AI 助手,亦沿袭此道,先以 C 端 App 吸引用户,再将成果反哺 B 端应用,如营销、客服、数据分析系统,形成良性循环。

放眼全球,一个鲜明的趋势跃然纸上:众多顶尖 B 端企业,无不脱胎于 C 端,微软、亚马逊、谷歌云、阿里云、腾讯云、百度云,无一不是从服务个人用户起步,而后雄踞"B"端市场。这些例子告诉我们,C 端业务不仅加速了用户与数据的积累,更为 B 端技术与市场的腾飞奠定了基石。

从用户角度来看,C 与 B 的本质相通,无论是微软、金山办公,抑或其他巨头,其 B 端成就皆源于对 C 端用户的深刻理解。人,始终是服务的核心,当 C 端思维融入 B 端实践,这不仅是方法论的革新,更是商业哲学的升华。

## 国缘 V 系荣获江苏省职业经理人第五届创新大赛特等奖

以消费者为中心的 C 端思维,正成为传统行业又一轮发展的营销密码,被中国众多优秀的消费品企业学习,深度实践,而国缘 V 系就是其中优秀的代表,也是今世缘羊栋副总经理一直挂在嘴边、想在心里的高端白酒破局之道:谁来卖?卖给谁?怎么卖?这些看似简单的问题,却是第一性原理,蕴涵着今世缘对高端白酒增长本质的重新思考。2023 年 3 月 24 日,由今世缘副总经理羊栋代表今世缘酒业参赛的"基于 C 端思维的国缘 V 系营销体系建设"荣获江苏省职业经理人第五届创新大赛特等奖,这是一个很好的佐证,证明国缘 V 系的 C 端营销实践探索已经有了成型的 1.0 版本。

这个奖项也是属于全体今世缘人的荣誉,今世缘聚焦高质量发展,在创新中谋发展,以营销理念创新、营销模式升级作为第一追求,继续探索出具有今世缘特色且符合今世缘发展道路的营销模式,而国缘V系产品是今世缘参与白酒头部竞争的利器,是今世缘高质量发展的核心引擎,坚持高端化战略引领,以C端思维,奋力攻坚,打造新的增长极,全力拥抱今世缘双百亿未来。

## 国缘V系C端营销体系的系统搭建

国缘V系挺进800元至2 000元高端价位区间后,面临的核心议题是如何在这一领域稳扎稳打,实现品牌与市场的深度融合。为此,今世缘展开了多轮内外部研讨与学习,最终达成一项关键共识:传统次高端市场的营销策略已难以为继,必须构建以消费者为核心的C端营销体系,这一体系的构建,以"品牌+渠道"双轮驱动为核心,辅以"激励优先、利益共生"的保障机制,形成了独具特色的"一体两翼"创新模式,在具体营销策略上,今世缘的重心转向了核心消费者,通过深度洞察、精准挖掘与高效转化,致力于从商品经营向消费者经营的转变,即从依赖商品本身创造价值,转向以消费者为中心,挖掘消费者潜在价值,实现价值共创的新营销理念。

据国缘V系事业部总经理刘竹青介绍,国缘V系的营销动作,从线下到线上,从大屏到小屏,做到了聚焦C端、精准营销;从洞察到挖掘,从吸引到转化,做到了聚焦资源、系统培育。在品牌内容输出方面,通过商务社交、朋友相聚、家庭团聚、高端婚宴等多样化场景,生动演绎和诠释了"高端舒适型白酒"的价值内涵,有效激发了消费者与品牌间的情感共鸣,成功地将潜在消费者转变为品牌的忠实"酒友"。这种创新的营销实践,不仅加深了用户对国缘V系品牌的认知,也为整个白酒行业的营销模式提供了新的思路和方向。

**革新营销体系,树立以消费者为中心的新发展理念**

在新消费浪潮下,消费者的角色正发生深刻变迁,这一变化源自两股力量:一是代际更替引发的消费人群结构性变化,二是社会消费力的攀升与消费习惯的革新。如今,C端消费者已然成为商业逻辑的中心,引领着市场风向标。

以消费者为中心,打造入口、重构关系、重建场景。国缘V系深谙此道,正致力于构建多元化渠道体系,通过圈层活动赞助、品鉴会等互动形式,吸引潜在消费者,拓宽品牌触达范围,不仅提炼产品的核心价值,强化品牌文化共鸣,更通过社区运营,与消费者建立深层次的情感连接,同时,创新消费场景,优化沟通策略,旨在为消费者提供沉浸式体验,放大品牌口碑效应。

构建系统化培育模式,实现对消费者培育的闭环管理。国缘V系的C端培育之道,根植于品牌根基之上,以消费者为圆心,融合品牌与消费者双向培育,对目标消费者进行细致分类,实施系统化、精准化管理,实现C端运营的精细。这一过程始于陌生顾客的引流,经由激活尝鲜,培育重构,直至裂变种子顾客。种子顾客扮演着关键角色,引导新顾客步入品牌怀抱,形成良性循环,激发"飞轮效应",最终实现消费者培育的完整闭环。

**推动组织变革,组织"再升级"强化目标落地**

推动事业部制,垂直管理市场销售工作。为了适应市场新态势,今世缘营销架构经历了一场深刻变革,成立独立的国缘V系事业部,作为营销后台的核心,全权负责国缘V系的品牌推广与市场拓展,对营销前线和中台实行垂直管理,确保战略执行的连贯性和效率。在销售大区层面进一步细化分工,特别设立了V系推广中心与V系推广处,从原有销售组织中剥离出来，专注于市、县两级的市场深耕，这些专门团队将承担起市场推广、消费者培育以及销售促进的重任，通过精准策略与高效执行，推动国缘 V 系在各地市场的稳健增长。

优化市场投入，协助商家专职团队招募。为优化国缘 V 系市场布局，全面着手调整资源配置，重点加强经销商团队建设的支持力度，通过完善经销商业务人员的绩效奖励机制，有效缓解经销商组建国缘 V 系专属团队的财务压力，激发其积极性，此举旨在鼓励经销商建立专业的国缘 V 系业务小组，为产品渠道的精细化管理和消费者服务的深化提供坚实的保障。

升级厂商分工，打造 V 系推广的排头兵。在产品导入初期积极探索厂商分工的升级路径，提升厂家团队在国缘 V 系推广中的作用与效能，实现从"配角"到"主角"的转变，厂家团队化身 V 系产品推广的先锋力量，担当起市场开拓的重任，通过与经销商的紧密协作，共同将国缘 V 系推向市场前沿。这一变革，打破传统"单兵作战"的局限，构建厂商"双剑合璧"的新型推广模式，合力驱动国缘 V 系品牌影响力与市场份额的双重提升。

**优化产品结构，差异化产品体系共筑品牌"护城河"**

以需求为导向，打造差异化品质。国缘 V 系立足于消费者需求，匠心独运，承袭国缘系列 42％ vol 的醇厚底蕴，与传统 52％ vol 高端浓香型白酒形成鲜明对比，彰显苏派美酒的独特风味，致力于向核心消费者传递低度、适口、健康的生活方式，倡导理性饮酒文化，吸引偏好高度酒的消费者，引领其品味国缘 V 系的中度舒适醇香，开启健康饮酒新风尚。

以竞争为导向，布局系列化产品。汲取全球视野，国缘 V 系以独立高端品牌姿态，与国缘开系的中高端定位形成互补，构建差异化的品牌矩阵，通过精心策划的产品系列，实现次高端至高端白酒市场的无缝覆盖。其中，52％ vol V9 至尊版定位 2 000 元价格段，树立品牌形象的巅峰；42％ vol V9 商务版则深耕 1 000 元价格区间，满足商务精英的品味需求；V3 稳守 700 元价格带，为高端市场增添更多选择。

**升级营销打法，品牌渠道合力实现对目标的"精准打击"**

**升级品牌打造策略，提升品牌影响力**

聚焦公司资源，保障品牌投入。在资源分配的棋盘上，今世缘公司将品牌预算重兵集结于国缘 V 系，倾力打造高端品牌形象，国缘 V9，作为 V 系家族的旗舰，早期投入费用占 V 系的 70％以上，其身影遍布全国性媒体、高铁、机场、路网，乃至城市地标与高端社交场所，构筑起一道品牌传播的立体网络。其中新媒体与自媒体的融合运用，更是锦上添花，与腾讯、今日头条、百度等平台的深度合作，实现了精准触达；国缘 V9 的微信公众号、视频号、抖音号、头条号等自媒体阵地，正成为与消费者对话的新窗口，通过软性传播，拉近品牌与目标群体的距离。

聚焦品牌文化挖掘，创立差异化认知。一方面，品牌文化的滋养，是国缘 V 系的灵魂工程，"成大事必有缘"贯穿于品牌传播的每一环节，成为与消费者心灵契合的桥梁，将这一文化精髓，通过系统的诠释与持续的传播，转化为市场的强劲推力，驱动销售增长。另一方面，围绕"酱香新经典"的品质主张，国缘 V 系聚焦奇楠沉香、健康因子、舒适体验等核心元素，借助短视频、图文、海报等多样化媒介，生动讲述清雅酱香的工艺故事与独特价值，在用户心中烙下"清雅酱香"的独特印记。

聚焦大事件营销，提升品牌高度。秉持"与大事结缘，同成功相伴，为英雄干杯"的品牌理念，国缘 V 系的足迹遍布国内外重大舞台，携手新华社民族品牌工程，冠名首颗商业品牌卫星；与奥运精神共舞，成为江苏奥运健儿的庆功佳酿,见证荣耀时刻;与中国国家高尔夫球队结缘,挥洒绿茵上的优雅风采;远赴联合国总部、法国巴黎、纽约时代广场,国缘Ⅴ系以"飘香世界的中国白酒名片"的身份,向世界展示东方韵味。

**升级渠道建设策略,提高市场覆盖率**

国缘Ⅴ系的渠道战略,犹如一张精心编织的网,以稳固的价格体系和有序的市场环境为基石,通过"多元化+精准化"的双轮驱动,深耕高端消费者市场,深度构建了多层次的经销商体系,融合传统与新兴渠道,辅以灵活的市场投入策略,全方位覆盖目标消费群体。

多元化的主体布局和投入模式。一是"经销商+团购商"协同作战,特别是注重异业团购商的挖掘,拓宽高端消费者触点;二是"核心烟酒店+新渠道"并重,积极拓展高端社群、会所酒店、团购经纪人等非传统渠道,深化消费者连接;三是"高利润+好客情+强培育"三箭齐发,确保产品价格稳定,同时强化客情关系,通过品鉴、赠酒、旅游、会员服务等多样化手段,培养忠诚消费者。

精准化的终端选择和量化管理。在终端选择与管理上,国缘Ⅴ系秉持"精耕细作"的原则,以销量为标尺,淘汰低效渠道,聚焦资源于高潜力客户,采用"一店一策""一客一策"的个性化策略,优化投入结构,确保每一份资源都能精准触达目标,实施"盯店营销"与"盯人营销",关注关键卖酒人与买酒人,实现精细化运作,通过量化管理,将渠道建设、客情维护、团队管理等环节数字化,提升市场运作的可衡量性与效率。

试点"S2B2C"新零售模式。上海市场成为国缘Ⅴ系新零售模式的试验田,"S2B2C"项目通过国缘新零售商城,结合线下新型终端与线上社群营销,培育企业团购业务,推动线上线下融合,积累会员数据,进行精细化管理,增强会员黏性与回购率,深度分析营销数据,构建会员画像,利用互联网触点精准触达潜在消费者,实现双向引流,相互赋能,开启新零售时代的共赢局面。

**升级销售场景,提升产品的转化率**

建立国缘 V 系会员体系。以会员的激活、互动、保留与增值为核心,围绕会员的真实需求,精心设计了一套全面的运营蓝图和活力机制,旨在科学调控会员的生命周期,确保每位会员都能享受到量身定制的服务,这不仅是一套体系,更是与消费者之间情感纽带的见证。"V 享荟"会员体系,针对不同层级的会员特性,提供专属且周到的礼遇与特权,致力于在每一次接触点传递品牌温度,通过个性化体验的不断迭代,与消费者建立深厚的情感链接,激发口碑传播,催化复购意愿,吸引新用户加入,从而深化用户黏性,推动国缘 V 系产品的重复购买,同步提升品牌的社会评价。

打造国缘 V9 高端鉴赏荟。品鉴会,作为高端白酒市场快速启动的前瞻之举,不仅是一场味觉盛宴,更是一次深度的文化交流,通过精心筹备的品鉴会,国缘 V9 得以向目标消费者直观展现产品的卓越品质与品牌内涵,构建起品牌与消费者之间的认知桥梁。国缘 V9 高端品鉴荟,邀核心消费群体,置身于一场集社交、品鉴与文化体验于一体的盛会,在此过程中让品牌印象、品牌魅力、品牌精神和文化得到进一步传播。

建设国缘 V9 体验馆。鉴于国缘 V9 作为超高端白酒的市场定位,以及目标客群对品质与格调的极致追求,传统的烟酒专卖店显然难以承载其独特的消费培育使命。国缘 V 系深谙于此,以体验馆为载体,开创性地拓展了品牌文化的展示空间,构建起与消费者深度互动的桥梁。体验馆,不再仅仅是产品陈列的橱窗,更是一个集文化沙龙、品鉴交流、运动休闲与思想碰撞为一体的多功能平台。体验馆的每一寸空间都被赋予了灵魂，从精心布置的展示区，到氛围浓厚的品鉴区，再到充满活力的运动休闲区，以及静谧的文化交流区，营造出一个全方位的品牌体验生态圈。

**建立激励机制，多方利益捆绑保障营销体系高效运转**

今世缘精心构建了一套以激励为核心，深度整合各方利益的营销保障机制，旨在激发内部潜力，强化外部协作，共同推动国缘V系的繁荣发展。

"股权激励"保障营销体系良性运作。为激发核心团队的创新与奉献精神，今世缘将股权激励的覆盖范围延伸至销售体系的办事处经理层级，尤其侧重中层管理者，占比高达84.18%。在设定的考核目标上，今世缘提出了2022年至2024年间相较于2021年分别实现22%、51.3%以及90.6%的增长目标，且不低于20家白酒企业75%分位的增幅，至2024年，收入目标对应的年复合增长率预计为24%。这一"利益共享"的激励机制，旨在凝聚团队力量，为公司的长远发展注入强大动力，确保营销体系的健康运行。

"专项考核"驱动V系市场业绩增长。为了加速国缘V系的市场扩张，今世缘精心设计了公平透明、科学严谨的专项考核体系，针对不同层级与岗位的员工，实施差异化考核，既注重业绩成果，也考量过程表现，确保考核目标的针对性与实效性，在确保人均年薪稳步提升的基础上，这一机制有效激发了一线员工的工作热情，总部的"指挥棒"角色得以充分发挥，重大项目得以顺利推进，业绩增长势如破竹。

"V99联盟体"助力厂商协同发展。为确保市场秩序稳定，保障经销商的合理利润，国缘V系创新性地成立了"V99联盟体"，构建起厂商协同发展的坚实平台。联盟体包含由厂家主导的经销商群体与区域经销商领导的核心终端商两大板块，成员享有优惠政策与优质服务，以及年终销售分红等额外福利，共同营造健康、可持续的市场生态环境。

## 国缘 V 系营销体系建设的效益

### 管理效度增强，管理效益初显

清雅酱香的企业标准成为团体标准。2020 年 2 月 17 日，中国酒业协会团体标准审查委员会宣告了《清雅酱香型白酒》团体标准（T/CBJ2107—2020）的正式发布，这一标准涵盖了术语界定、产品分类、技术规范、卫生准则、检测方法及检验规程，为清雅酱香型白酒的行业推广铺设了坚实的基础。它不仅为酱香白酒的品质创新开辟了新路径，更促进了生产、检验与销售的规范化进程，标志着清雅酱香迈入了标准化发展的新阶段。

国缘 V 系在 B、C 两端实现快速增长。得益于品牌深耕与消费者精耕的双重策略，国缘 V 系在短短两年间，实现了消费群体（C 端）的迅猛增长，特别是在企业合作领域，每年新增白酒销售伙伴逾万家。与此同时，多元化渠道体系的构建，促使 B 端（经销商、团购商、终端商）的数量与质量齐升。尤为值得一提的是，2022 年 V99 联盟体（核心终端商）的规模已突破 1 400 家，彰显了国缘 V 系在市场拓展上的显著成效。

市场推广的成效显著提升。V 系事业部的垂直管理模式，有效精简了组织架构，赋予市场一线团队充分的决策权，确保营销策略与销售政策能够迅速响应市场变化。厂商团队的紧密协作，以厂家 V 系专职团队为主导，商家 V 系销售团队为辅，共同推动品鉴会、旅游、文化沙龙等市场活动的高效执行。2022 上半年，累计组织钓鱼、采摘、野炊、射击、疫情慰问等一系列圈层活动342场，聚焦意见领袖与核心消费者；开展即时赠饮活动711场，显著提升了市场推广的成效与影响力。

**业绩高速增长，经济效益显著**

国缘V9作为今世缘酒业首创的清雅酱香高端白酒，自2019年上市以来，得到了广大消费者的认可，拉动国缘V系的整体产品逐年攀升。2019年V系实现销售3.028亿元，2020年实现销售5.958亿元，增幅96%，净增2.93亿元；2021年，在江苏大本营市场遭受疫情影响的情况下，仍然实现销售8.916亿元，增幅49.7%，净增2.958亿元。同时，V系产品销售的快速增长，给企业带来了更大的利润空间，2020年度今世缘净利润15.7亿元，同比增长7.5%，至2021年净利20.29亿元同比增长29.50%。

**践行社会责任，彰显企业担当**

传播今世缘经验。近年来，今世缘酒业敞开胸怀，迎接来自五湖四海的行业同仁，包括习酒、劲牌、河南仰韶、青稞酒业、陕西西凤、贵州董酒，以及上海市、河南省、泸州市的酒类行业考察团，通过深入的交流与探讨，共同探索中国白酒业的未来之路，彰显了开放合作的精神风貌。

2022年9月17日，今世缘酒业获评"江苏省省长质量奖"，这一奖项不仅是对"品牌铸魂、质量为本、文化引领、数字赋能、人才兴企"战略实施成效的高度肯定，更是对其综合实力、管理水平、发展质量和品牌影响力的权威认可。今世缘酒业以实际行动为全省制造业的创新发展与转型升级提供了宝贵的经验借鉴，发挥了质量标杆的引领作用。

获得行业认可。自2018年起，今世缘酒业屡获行业嘉奖。在中国食品工业协会主办的白酒国家评委年会上，荣获"2018年度中国白酒感官质量奖"；凭借"固态发酵浓香型白酒智能酿造关键技术的研发及应用"

项目，摘得"中国酒业协会科学技术进步奖"；在白酒国家评委年会上，经专家评审，荣获"2019年度中国白酒酒体设计奖"。这一系列荣誉，见证了今世缘在技术创新与品类多元化方面的不懈追求与显著成就。

致力公益事业。2018年和2022年，今世缘两次获评"江苏慈善奖"最具爱心慈善捐赠单位；2018年，国缘水晶V系隆重上市，首批拍卖认购款100万捐赠江苏省扶贫基金会；2019年，向江苏省扶贫基金会、江苏省妇女儿童基金会捐赠200万元；2020年，今世缘酒业捐赠1 000万元助力淮安疫情防控；2021年，今世缘酒业捐赠1 000万元助力南京疫情防控；与上海宋庆龄基金会合作启动"为山区留下好老师"公益项目。讲善惜缘是公司品牌核心价值观，主动承担社会责任，将公益慈善事业纳入企业发展战略，公司的慈善事业自开创以来从未止步。

## 国缘V系C端置顶，体育分层爆破

2023年，国缘V系作为今世缘角逐高端白酒市场的利器，肩负着驱动企业高质量发展的核心使命，在高端化战略的引领下，国缘V系以C端置顶思维为核心，致力于打造新的增长引擎，全力冲刺百亿目标，为"双百亿"愿景的实现奠定坚实的基础。

国缘V3，作为今世缘酒业的明星产品，精准锚定城市精英这一核心消费群体，以"超越时代，成就未来"的品牌文化为旗帜，吸引并凝聚了一批批追求卓越的时代弄潮儿。2023年初，国缘V3精心策划了"V3贺岁，缘分加倍"春节主题营销活动，进一步深化了"城市精英品质之选"的品牌印象。

4月15日，国缘V系事业部倾力打造的"超越巅峰，成就未来"国缘V3城市精英垂直马拉松巡回赛，在上海圆满落下帷幕。这一赛事不仅是对城市精英生活方式的致敬，更是国缘 V3 品牌文化与目标消费群体深度对话的桥梁。通过精准化、差异化、品质化的活动营销，国缘 V3 与城市精英之间建立了更为紧密的情感纽带，文化渗透力与品牌价值得到了显著提升，在更高维度上塑造了国缘 V3 独有的精神内核。

4月19日，一场别开生面的"五湖四海　V行天下"国缘 V3·城市精英哈雷全国行（云南站）在西双版纳画上了圆满句号。此次活动以哈雷重机骑行的炫酷方式，不仅引领了都市时尚的新潮流，更成为国缘 V3 品牌文化与消费者情感共鸣的催化剂。通过独特的营销创意，国缘 V3 成功吸引了众多目光，传递了其作为城市精英首选品牌的文化内涵。

不难发现，国缘 V3 的营销策略始终紧扣精英消费群体的脉搏，不断创新互动形式，实现跨圈层的广泛传播。聚焦 C 端，精准营销，系统培育，国缘 V3 的每一步都旨在与目标消费者建立深度链接，不仅停留在表面的视觉冲击，更致力于在消费者心中种下品牌文化的种子，让每一次互动都成为品牌故事的一部分。

**V 爱 C 端，情感破圈**

在 2023 年母亲节，国缘 V3 再度以其独特的主题活动，深化了品牌与消费者之间的情感纽带，彰显了品牌的人文关怀，同时也标志着其"C 端置顶"营销战略的纵深推进，为品牌发展注入了新的活力。

2023 年 5 月 14 日，一场名为"时光美人　V 爱绽放"的国缘 V3 母亲节主题时光酒会在江苏扬州温馨启幕。在这场专为母亲而设的盛宴上，30 对母子（女）共聚一堂。通过一系列精心设计的环节，国缘 V3 不仅传递了品牌温度，更点燃了一场情感营销的破圈之战。

国缘 V3 在母亲节营销中，线上线下同步发力，构建了一个全方位、多层次的情感营销网络。在线上，国缘 V3 构建起全链路覆盖的传播矩阵,成功引爆了母亲节话题,让品牌热度持续升温。而在线下,国缘V3更是创意十足,不仅组织了温馨的"时光酒会",还通过户外LED大屏展示了母亲节主题海报,发起"陪伴她一小时"公益活动,以及在省内核心商圈派发象征母爱的康乃馨。每一项举措都充满温情与创新,有力地提升了品牌的影响力和美誉度。

国缘V系品牌展开了一系列精心策划的活动,旨在触动人心,增进用户参与度,展现品牌深厚的人文情怀,同时开启品牌影响力的新篇章。这一系列主题活动,不仅是国缘V系深化"C端置顶"营销策略的生动实践,也是品牌与消费者之间情感桥梁的有力构建。

**线上线下联动,国缘V3演绎母亲节活动专辑**

在"C端为上"的品牌理念引领下,国缘V3于2023年的母亲节,精心策划了一系列线上线下融合的营销活动,通过多维度、多层次的策略布局,展示了品牌创新的活力,增强了与消费者之间的情感互动,构建了品牌与消费者之间的深度链接。

前期,国缘V3选择微博、公众号、自媒体等平台作为宣传的主战场,率先释放活动信息,迅速吸引了广泛关注。期间,一款名为"最美合照·定格时光"的小程序上线,瞬间引发了全民互动的热潮,一张张珍贵的合照,不仅记录了与母亲的美好时光,也成了品牌与消费者情感共鸣的见证。

与此同时,国缘V3在抖音平台发起的"时光美人 V爱绽放"挑战赛,成为本次营销活动的亮点之一。这一挑战赛不仅吸引了全网用户的积极参与,总播放量更是超过了1.6亿次,参与人数高达1.8万,百万粉丝的达人也纷纷加入,以热情互动的形式向母亲表达爱意,进一步引爆了话题的热度,与品牌产生了强烈的共鸣。

在各大媒体平台，国缘 V3 母亲节主题的微电影首播，邀请四位不同年龄、不同身份的母亲出镜，通过真挚的对话，触动观众内心最柔软的部分，引发了广泛的情感共鸣，视频曝光量高达 1 600 万次，江苏热门、扬子晚报等多家媒体纷纷转发，掀起了一波又一波的传播高潮。

活动中期，国缘 V3 进一步整合资源，利用省内户外大屏上线母亲节主题海报，并通过广播电台在全省范围内播送母亲节祝福，将活动的热度再次推向新高潮，为品牌与消费者之间的情感链接增添了更多温馨与感动。

国缘 V3 母亲节主题活动的成功，不仅得益于线上全链路覆盖、全网络发力和全维度推广的策略，更在于其线下活动的精心策划与实施，二者相得益彰，共同营造了浓厚的节日氛围，有效激发了消费者的参与热情。

在线下，国缘 V3 以实际行动诠释了品牌对母爱的崇敬与感恩。在"陪伴她一小时"公益行动中，国缘 V3 团队走进敬老院，为老人们送去精心准备的康乃馨花束和节日礼品，这份来自国缘 V3 的爱意祝福，不仅温暖了老人的心房，也让在场的每一个人感受到了时光里的温情与美好。通过倾听老人们的故事，国缘 V3 不仅传递了品牌的人文关怀，也加深了与消费者之间的情感链接。

作为国缘 V 系旗下备受瞩目的主力产品，V3 精准锚定了高净值人群，通过一系列富有创意与影响力的活动，迅速在目标消费群体中建立起广泛的认知与深厚的情感链接。无论是激情四溢的马拉松赛事，还是风驰电掣的哈雷骑行，抑或是智慧与娱乐并重的掼蛋大赛，以及星光璀璨的明星演唱会冠名，国缘 V3 都以独特的方式，深刻触及城市精英的内心世界，彰显了品牌的魅力与品位。如今，国缘 V3 已成为家庭聚餐、朋友宴饮等重要场合的首选饮品，不仅因为其卓越的品质与口感，更因为它所代表的那份对生活的热爱与追求，对美好时光的珍视与共享。

## 国缘 V6，高端婚宴"新西兰舒适之旅"

在白酒消费领域，婚宴市场无疑是最具活力与价值彰显的舞台，各大酒企无不视之为必争之地。江苏，这片经济回暖与消费复苏的热土，正见证着一场前所未有的婚宴热潮，而国缘 V6，作为今世缘酒业的精心之作，恰逢其时地满足了这一市场的需求，成为婚宴消费场景下的璀璨明星。

国缘 V6，不仅是一款美酒，更是对幸福时刻的深刻诠释。它以卓越的品质与独特的文化内涵，完美贴合了当代新人对婚礼仪式感与个性表达的追求。由国缘 V6 引领的"新西兰蜜月舒适之旅"活动，自上线以来，便迅速席卷线上线下，精准触达了备婚人群，引起了广泛的关注与热烈反响。这场融合了浪漫与品味的甜蜜之旅，不仅为新人的婚礼增添了一份难忘的记忆，更助力国缘 V6 在江苏婚宴市场中稳坐"王者宝座"。

**线上千万量级触达、线下全场景占领**
**国缘 V6 携手千对新人踏上舒适之旅**

2024 年 4 月 20 日，江苏的徐先生与倪女士步入了婚姻殿堂，国缘 V6 不仅成为他们婚宴上的佳酿，更带来了一份意想不到的惊喜——"V 爱新西兰　舒适新旅程"大奖。这份来自国缘 V6 的祝福，不仅为他们的新婚生活添上了浓墨重彩的一笔，也成为他们心中最珍贵的回忆。

在江苏市场，国缘品牌早已深入人心，尤其是国缘 V 系，凭借其卓越的品质与深厚的文化底蕴，成为中高端消费群体的首选。徐先生对国缘 V 系的评价颇高，认为其不仅品牌响亮，更有品质保证，而国缘 V6 的"新西兰旅游大奖"更是锦上添花，令他们的选择毫不犹豫。

倪女士对这份特别的祝福兴奋不已,她表示:"我俩都非常热爱旅行,这次能通过国缘 V6 的活动前往新西兰度蜜月,无疑将成为我们一生中最难忘的经历之一。"她还透露,未来无论是家庭聚餐还是宴请亲友,国缘 V 系都将是他们的首选,这份信任与喜爱溢于言表。

国缘 V6 的"钻石之恋,爱耀全球"婚恋"IP"活动,自 2024 年 2 月 1 日启动,将持续至 2024 年 11 月 30 日,旨在为新人们提供一次难忘的新西兰蜜月之旅。中奖的幸运儿将分批次踏上旅程,亲身感受新西兰的风土人情与美食。这一空前的活动力度,在线上线下引发了巨大反响,国缘 V6 与婚宴市场的"强绑定"效应愈发明显。

据业内观察,自活动上线三个月以来,"V 爱新西兰 舒适新旅程"的话题热度持续攀升,在抖音平台上获得了上千万次的曝光和二十余万次的互动,在小红书上也收获了上百万次的曝光和万余次的互动,频频登上婚宴话题的"热搜榜"。

抖音与小红书作为当下年轻人最青睐的社交平台,均以高互动性著称。"V 爱新西兰 舒适新旅程"活动充分调动了备婚人群的喜悦与期待,吸引了众多备婚人群、情侣及旅游爱好者自发参与,评论区热闹非凡,形成了品牌与消费者间的情感共鸣。

平台达人的主动"牵手",不仅为国缘 V6 注入了新鲜的活力,更在婚恋市场掀起了一股幸福的热潮。这一合作,不仅激活了达人们强大的"粉丝"黏性与圈层影响力,更将平台的公域流量高效导入国缘 V6 的私域池,极大地提升了品牌的声量与影响力,实现了品牌与消费者的深度聚合。

国缘 V6 凭借精准的营销策略,成功引爆线上流量,而其卓越的品质,则赢得了线下渠道的广泛认可。其馥郁细腻的香气、醇厚协调的口感以及慢醉快醒的舒适体验,正迅速成为婚礼酒桌上不可多得的品味之选与价值之选。随着营销攻势的持续展开,国缘V6在酒店、婚纱影楼、终端门店等婚宴市场相关场所的曝光度与占有率显著提升,其品牌影响力与市场份额呈现出明显的增长态势。

从市场反馈来看,国缘V6在南京、淮安、盐城、扬州、泰州等多个城市的婚宴预订量持续攀升,如此强势的表现,正是其全新婚宴营销模式的成功实践,仅仅三个月的时间,国缘V6便凭借千万次级别的线上声量与全方位的线下渠道布局,彻底改变了江苏婚宴市场用酒的格局,重新定义了白酒品牌在宴席中的角色与玩法。

国缘V6的成功,不仅在于其对市场趋势的精准把握,更在于其对消费者情感与需求的深刻洞察,通过一系列富有创意与情感的营销活动,国缘V6不仅深化了与消费者之间的情感链接,也构建了更加丰富多彩的品牌体验,让每一位消费者都能在国缘V6的陪伴下,见证并庆祝生命中的每一个重要时刻。

### 国缘V9,围绕意见领袖缔造顶级体验

2019年8月18日,南京东郊宾馆见证了国缘V9的诞生,一场名为"从胜利走向胜利"的国缘创牌15周年暨国缘V9上市联谊会在此盛大举行。今世缘酒业宣布国缘V9正式面世,其拍卖会环节中,国缘V9献礼新中国70华诞纪念酒以499 999元/瓶的价格成交,成为业界热议的话题。

历经两年,国缘V9清雅酱香不负众望,从初露锋芒到稳固根基,再到如今的蓬勃发展,每一步都走得坚实而自信。自上市以来,国缘V9收获了无数赞誉,被誉为中国酒行业的一次"地震"。中国酒业协会

理事长宋书玉更是盛赞其为"中国白酒个性化表达的创领者"。

作为苏酒产区的佼佼者,国缘 V9 清雅酱香在黄淮名酒带上独树一帜,稀缺性不言而喻。面对酱酒核心产区品牌的市场冲击,国缘 V9 凭借其独特魅力,展现出较强的抵御能力和市场造势潜力,为本土品牌在酱酒风潮中开辟出一片新天地。对于今世缘酒业而言,国缘 V9 清雅酱香是继传统浓香之后的又一王牌,构建起了"浓香+清雅酱香"的双品类"护城河",使其成为黄淮名酒带上屈指可数的多品类酒企,展现了企业多元化的战略布局与创新实力。

2021 年,"华樽杯"评选揭晓,国缘 V9 荣获"2021 年度华樽杯全国十大爆款新品名酒品牌",其品牌价值评估高达 271.2 亿元,跻身全球酒类产品百强榜单,彰显了其在国内外市场的非凡影响力。

2023 年,国缘 V9 作为今世缘酒业的旗舰产品,被赋予了新的历史使命——做大清雅酱香品类,实现战略引领。不久之后,国缘 V9 的品牌定位迎来了一次重大升级,被誉为"新一代酱香标准制定者",这一称号不仅是对其品质与创新的认可,更是其市场地位的象征。4 月,国缘 V9 与苏商会携手,正式成为"苏商唯一指定接待用酒",国缘 V9 在商务高端人群中持续强化引领地位,带动国缘 V 系为今世缘百亿目标提供强动能。

## 国缘 V9 携手胡军,以"敢为精神"与高端人群心灵对接

2024 年初,今世缘酒业的市场攻势未曾停歇,一系列精妙的布局再次彰显了这家高速增长企业的非凡实力,也让公众目睹了其蕴藏的无限潜能。

2023 年 12 月 29 日,江苏南京,今世缘发展大会如期召开,国家一级演员胡军的亮相成为大会亮点。当天,今世缘副总经理羊栋代表今世缘酒业与胡军正式签约,胡军正式成为国缘 V9 品牌形象代言人。这一

合作不仅标志着国缘 V9 品牌传播的新阶段，也预示着国缘 V9 品牌影响力的进一步提升。胡军将以其独特的个人魅力，向世界传递国缘 V9 的品质与实力，开启国缘 V 系品牌崛起新纪元。

此次携手，是国缘 V9 品牌发展历程中的重要里程碑，也是今世缘酒业在快速发展时期的标志性事件。自此，"高端酱酒，独爱国缘 V9"这句响亮的口号，不仅将成为行业内外认识国缘 V9 的鲜明标识，也将成为消费者领略清雅酱香这一独特品类的最佳窗口。

**"品质实力派"与"演技实力派"的双向奔赴**

在今世缘发展大会开幕前，这份"品质实力派"与"演技实力派"的碰撞已引起广泛关注。

胡军，荧幕上的硬汉，凭借《天龙八部》中的乔峰、《长空之王》中的张挺等角色，赢得了观众与业界的双重赞誉。三十年的演艺生涯，见证了他从青涩到成熟的蜕变，每一次演出都是一次对自我的超越，每一项荣誉都是对专业精神的肯定。

大会上，胡军分享了他对国缘 V9 的深情厚谊，他是一位爱酒之人，对中国酒文化的热爱溢于言表。"国缘 V9 的清雅酱香独一无二，它不仅征服了我的味蕾，更触动了我的内心，'敢为人先，永不止步'的品牌精神与我内心深处的追求不谋而合。"胡军的话语中，饱含了对国缘 V9 的认可与期待。

伴随签约仪式的落幕，国缘 V9 新品牌形象宣传片首次公开，胡军的加入为品牌注入了新的活力。"棱角不光要隐于内，有时还要展于外"，这句简短而意味深长的台词，勾勒出国缘 V9 的独特性格，也映射出胡军本人的气质，二者间的共鸣，仿佛是在讲述一个关于勇气与坚持的故事。

在白酒行业的激烈竞争中，国缘 V9 选择亮出"棱角"，是对自身品质与精神的一次勇敢宣言，胡军与国缘 V9 的完美融合，不仅是一次商业合作，更是一次精神层面的深度对话。通过胡军的影响力，国缘 V9 得以触及更广泛的消费群体，为高端市场带来一场舌尖与心灵的双重盛宴。国缘 V9 与胡军的合作，是一次品牌与艺术的美妙邂逅，它超越了简单的代言关系，成为一次关于品质、精神与文化共鸣的探索之旅。

**大手笔背后的初心与恒心**

2019 年，国缘 V9 犹如一颗耀眼的新星划破白酒行业的星空，以其独特的"清雅酱香"品类，迅速在高端白酒领域占据一席之地。短短几年，它已成为推动今世缘酒业高质量发展的旗舰产品，其背后的秘诀在于精准的品牌战略与不懈的品质追求。

自诞生起，国缘 V9 秉持"与大事结缘，同成功相伴，为英雄干杯"的理念，聚焦关键圈层，把握重要时刻，以卓越品质与品牌实力，赢得市场的青睐。一系列高光时刻见证其非凡历程：2019 年，国缘 V9 冠名的卫星随新华社民族品牌工程升空；2022 年，它成为中国国家高尔夫球队的官方合作伙伴；2023 年，国缘闪耀全球外交官中国文化之夜向世界展示中国美酒的魅力。

2023 年，今世缘酒业以百亿目标为指引，加速品牌价值攀升，国缘 V9 作为高端化战略的先锋，致力于塑造清晰的消费认知，增强千元价位段的市场影响力，以高品质、高品位、高品牌效应，彰显大国品牌的实力。近年来，国缘 V9 销售势头强劲，超出预期，受到高净值人群追捧，稳扎稳打，在高端酱酒赛道中崭露头角。

**匠心隐于内：二十年酿就胡军独爱的酱酒**

传统，是时间的沉淀，亦是创新的基石。当传统与极致匠心相遇，便能孕育出新的价值典范。胡军，这位从舞台走向银幕的艺术家，以其对演艺事业的赤诚之心与不懈追求,将角色的精髓融入自身,为观众呈现了一幕幕感人至深的视觉盛宴,他那份对艺术的执着与勇于突破的精神,恰与国缘 V9 的品牌哲学不谋而合。

国缘 V9 的诞生,源于对中国白酒传统的深刻理解与大胆革新,在中国白酒界泰斗沈怡方、庄名扬的悉心指导下,吴建峰博士率领的今世缘酒业研发团队,匠心独运,历时二十余载,探索出一条全新的酱香之路。这款清雅酱香之作,摒弃了传统酱香白酒的固有模式,大胆采用 80% 黑曲为基底,辅以创新的续糟工艺,不仅提升了酒体的优雅香气,工艺实现了酱香型白酒品质和产能的双突破,凭借独创的"6S"清酿工艺,从"曲、水、粮、酵、净、藏"六大维度,全面升级酱香品质,全方位优化了酱香白酒的品质,赋予国缘 V9 醇厚绵长、细腻圆润、诸味协调、回味悠长的独特风味。

**清雅藏于心:诠释"敢为人先,永不止步"的品牌精神**

2020 年,一个重要的里程碑在白酒行业树立——《清雅酱香型白酒》团体标准正式发布:色如黄钻、香如奇楠、细腻柔滑、舒适自然,同时具有慢醉快醒、舒适留香的饮用感受,国缘 V9 成为了新一代酱香标准制定者,收获了"液体钻石"的美誉,充分诠释了"敢为人先,永不止步"的品牌精神。

胡军在接受新华社采访时,曾深度解读这种品牌精神:它是一种追求卓越、个性鲜明的态度,是在追求理想的路上,既保持自我坚持,又不拘泥于现状,勇于突破的勇气。这与吴建峰博士所阐述的国缘 V9 品牌理念不谋而合——创新突破与品质追求的完美结合,正如国缘 V9 的每一滴酒液,外表展现出棱角分明的个性,内心则藏着匠心独具的灵魂,以及对清雅意境的无限追求。

## 结 语

"范式转移",又称典范转移,是指一个领域里出现新的学术成果,打破了原有的假设或者法则,从而迫使人们对本学科的很多基本理论做出根本性的修正,也是思维方式和行动方式的深刻变革。

——托马斯·库恩(Thomas Samuel Kuhn),
美国科学史家、科学哲学家

顾祥悦曾这样描绘国缘 V 系的发展蓝图:

第一,信心是基石。公司坚定地将 V 系定位为战略核心产品,这一决策背后是对品质的高度自信,也是对市场潜力的深度挖掘,V 系的卓越品质,在经过一系列市场整顿后,迎来了全新的市场机遇,这要求所有合作伙伴,从经销商到终端商,都要对 V 系抱有坚定的信心,共同期待并创造它的辉煌未来。

第二,目标明确,是行动的指南。国缘 V9 的目标是跻身江苏千元价格段前三名,而国缘 V3 则以与市场主要竞争者平分市场的雄心壮志为己任,这不仅仅是数字上的较量,更是品牌影响力与消费者认可度的综合比拼。

第三,措施务实,是实现目标的关键。品牌建设需脚踏实地,通过引入外部专家,构建专业团队,深入挖掘 V9、V3 产品的内在价值与品质优势,为其注入更强的生命力。同时,深化与地方政府及社会团体的合作,让品牌活动下沉至县市级层面,贴近消费者,增强品牌亲和力,积极参与地方慈善公益活动,塑造企业良好形象。严格筛选经销商与团购商,强化渠道管理,确保市场秩序稳定。V99 联盟体的建设和 V 系联盟的推进,将成为 V 系市场拓展的重要抓手,强化队伍建设,商家与厂家携手,共同打造专业化V系团队,优化品推品鉴策略,聚焦问题解决,提升活动效果。

第四,方法灵活,是市场竞争的制胜法宝。要加大对家宴、喜宴等消费场景的支持力度,精准对接消费者需求,完善名酒进名企的工作流程,提升服务效率,针对不同圈层与协会,采取差异化的市场策略,公司高层亲自参与区域市场的企业开发活动,强化品牌渗透力,充分利用品鉴店、体验店,深耕消费者教育,培育忠实"粉丝"。

第五,管控严格,是保障市场健康发展的必要手段。以坚决的态度,实施市场管控,建立逐级追责机制,确保每一环都严格执行,维护市场公平竞争环境。

这五点不仅是一份战略部署,更是一次对V系未来的更高期许,也指引着国缘V系在品牌建设、市场开拓、渠道管理等方面的全面升级,预示着一个更加辉煌的未来。

第三部分 延伸思考
## 深维度"模式进化"三问

❶ 商业模式如果用系统论定义,本质上是一个价值循环系统,从这个角度看,你所在的企业创造什么价值?

❷ 企业又在交付什么价值?

❸ 企业获取什么价值?又如何分配这些价值?

第四部分

# 创新百亿
# 不断进化的战略密码

从行业趋势看,白酒行业已经迈入新的战略机遇期,正在形成以产品创新、品牌塑造、渠道变革等为核心的新战略格局。对今世缘酒业而言,2024年今世缘酒业将进入较高基数爬坡过坎的关键期和未来三年跨越发展的窗口期。干成事,信心是第一位。要科学预判,坚定信心,不盲目悲观,主动抓存量竞争下的市场机遇。

对于未来,今世缘坚持立足当前与着眼长远相结合,加强顶层设计,坚定"十五五"期间加快迈入营收"双百亿时代"不动摇。第一个阶段,企业的基本硬实力、软实力更加全面,机制体制更完善,现代企业制度基本成熟。第二个阶段,从2026年到2030年的"十五五"发展阶段,从今世缘创牌30周年开始,向新的更高目标攀登,开启让人向往的新征程。到那时,今世缘要建成文化更加丰满、品牌更加响亮、品质更加优良、人才更加充盈、员工更加幸福的全国化白酒企业。驰骋江苏大地,省内引领竞争格局基本形成,辐射能级全面增强。打开全国化进程的缺口,基本实现省外周边化板块化目标,以更加昂扬的姿态冲击行业第一阵营。

| 第十章 |

## 抓住根因
## 大国缘品牌重塑战略定位

如果说今世缘是江苏白酒军团的一顶皇冠，那么国缘品牌一定是皇冠上最耀眼的明珠。国缘从 2014 年开始崭露头角，增速明显加快，而关于国缘品牌的重新定位，在 2015 年也成为今世缘企业领导层高度重视的战略要务。随着核心战略定位的确定，国缘也迎来了指数型增长的拐点。真理往往是最简单、最显而易见的，但也是最容易被忽略的，白酒的度数其实蕴含着江苏白酒军团结构性的优势，也包含国缘一个看似"显而易见"，但又不容易被觉察的有力定位。

### 白酒中低度化已是消费大势所趋的"新现实"

白酒，昔日因其烈性口感与高酒精度，素有"烧刀子"之称，传统酒精浓度普遍维持在 60% vol 左右，直至 20 世纪 70 年代，一场降度革命悄然兴起，旨在节约粮食资源、拓宽国际市场。各大酒企积极响应，降度实验如火如荼。

1987 年，国家政策导向明确指出，酒业发展应遵循"高酒精度向低度转变、蒸馏酒向酿造酒转型、粮食酒向果酒过渡、普通酒向精品升级"的原则，倡导优质、中低度、多样化的产品策略，以此作为产业前行的灯塔。

伴随改革开放的深入，民众生活水平显著提升，饮酒风尚亦随之演变，市场需求悄然重塑。现今，酒精度介于 52％ vol～55％ vol 的白酒，已取代过往 65％ vol 的烈酒，成为市场主流，北方偏好 45％ vol～50％ vol 白酒，而南方沿海及大中城市，则倾向于 28％ vol～45％ vol 的轻盈佳酿。展望未来，中低度白酒无疑将主导 21 世纪的消费潮流。顺应全球化趋势，拓展海外市场，发展中低度白酒亦成必然之举，既满足国内消费需求，亦迎合国际品味，展现中国白酒的多元魅力。

中国酒业协会理事长宋书玉曾强调："高度白酒适宜品鉴，小杯慢饮，细细品味酒之神韵；中低度白酒更适宜欢聚一堂，频频举杯，品味酒之酣畅。"据他披露，2017 年，50％ vol 以下的降度白酒与低度白酒已占据消费市场九成份额，42％ vol 以下产品更逼近总产量的半壁江山。

从技术层面考量，中度白酒的研发难度与价值超越高度酒。首要挑战在于如何在降低酒精度的同时，不减损风味与口感。为达成这一目标，需精选优质基酒与调味酒，配合更长的陈酿周期与更优的储存条件，以确保酒体清澈、风味浓郁。

2004 年，国缘品牌应运而生，彼时恰逢高度浓香酒盛行之际。然而，今世缘酒业副董事长吴建峰，洞察到了中度浓香酒的潜在市场与消费倾向。面对降度不降口感的技术难题，吴建峰在白酒泰斗庄名扬、沈怡方的指导下，率领团队潜心钻研，融汇各类香型与酒曲酿造技艺，结合黄淮地域特色，终破中度酒研发瓶颈。

《天工开物》第十七卷载:"凡燕齐……曲药,多从淮郡造成,载于舟车北市,南方曲酒,用曲与淮郡所造相同,但淮郡市者打成砖片,而南方则用饼团……"由此可见,淮安制曲的技艺源远流长,底蕴深厚,且在历史长河中不断革新,并在历史演变中改变了传统酒曲的制作方法。

吴建峰带领今世缘技术团队,主攻方向就是采用多粮复合制曲,巧妙融合多种谷物香气,令酒香层次更为丰富。经历无数次试验与调整,他们系统掌握了高端中度白酒的核心酿造技术,于是,国缘四开——一款风味独特、酒体平衡的高端中度白酒应运而生,集"高低优势"于一身,既保留了高度酒的醇厚口感,又不失低度酒的柔和舒适,堪称今世缘酒业 42% vol 白酒差异化创新的典范之作。

"低而不淡,幽雅醇厚",这一口感升级,不仅巩固了今世缘酒业在高端中度白酒市场的先发优势,更引领了行业对中度白酒品质的新认知,彰显了品牌在传承与创新之间的深厚功底。

## 引领白酒健康趋势,国缘提出"中国高端中度白酒"定位

2018 年,"新时代、新定位、新选择——国缘品牌战略发布会"上,今世缘酒业掷地有声地宣布,国缘品牌战略定位从"江苏高端白酒创导品牌"升级为"中国高端中度白酒",并同步发布了国缘品牌全国化策略。

今世缘酒业副总经理胡跃吾解读了国缘品牌新战略,他认为市场营销的终极战场不在工厂,不在市场,而在顾客心智。随着时代变迁、商业理念模式的变化以及消费方式、消费水平的持续升级,在中产阶层"酒要喝少、喝好"的普遍心态下,"舒适酒度,更高品质"成为未来趋势。在此背景下,国缘坚定践行"长期主义"价值,持续精耕中度酒赛道,聚焦"42 度"这一"黄金酒度",顺势将国缘从"江苏高端白酒创

导品牌"升格为"中国高端中度白酒",区别于传统高端高度白酒品牌,以"高舒适度、高性价比、低醉酒度"的品质口碑认知,引导新时代新中产精英阶层轻松化和健康化的消费理念及趋势。

自 2010 年以来,国缘品牌销售额稳健增长,对公司总营收贡献率逐年攀升,已渐渐成为公司的第一品牌,贡献了 60% 以上的营收。

基于此,今世缘进一步明确了走出江苏、全国化发展的战略蓝图,并积极响应"一带一路",探索中国白酒的全球化。

对于国缘进军全国的具体实践路径,也在内部被归纳为四种操作策略:

### 其一,区域拓展策略

为实现全国化布局,将秉持"重点突破,周边辐射,梯次开发,滚动发展"的省外市场策略,有序执行"2+5+N"的区域推进计划,聚焦北京、上海等具备较高品牌认知度的市场,开展深度培育。

省内市场,未来三年,制定年均增长不低于 20% 的业绩目标,持续夯实江苏高端白酒第一品牌的市场领导地位,确保本土市场稳固且持续增长。

此外,加速江苏周边地区的渗透,推进泛全国化发展战略,以华东为战略支点,向外延伸至周边省份及经济发达区域。国际市场,紧跟国家"一带一路"倡议,积极探索中国白酒的全球化路径。

### 其二,产品价格策略

观察全国白酒市场价格带分布,400~600 元的价格区间,尚缺乏一线名酒的强势产品布局,是一片充满潜力的蓝海市场,国缘四开,就位于此价位段,未来将致力于填补全国市场该价位段的空白。

### 其三,品牌传播策略

在全国化进程中,国缘将进一步加大广告投放力度,与央视、凤凰新闻等媒体合作,优化布局高端人群触媒场景,包括城市户外、高速路牌、高铁、机场及院线广告。

**其四，渠道建设策略**

渠道上，增设今世缘·国缘专卖店将成为品牌推广的关键举措，尤其在省外市场。当前，国缘品牌的省内市场布局已趋完善，省外布局正稳步推进，关于已有经销商主体的市场，将优先支持现有经销商开设今世缘·国缘专卖店，强化团购渠道，吸引优质渠道商加盟。

## 行业专家肯定"高端中度"战略定位

在今世缘 2018 年战略规划以及国缘新战略会议上，"高端"与"中度"成为两大亮点。在消费者传统印象里，"高端高度"往往被视为衡量美酒的标准，而国缘以"高端中度"为差异化策略，鲜明地提出"中国高端中度白酒"的定位，众多行业专家表达了对国缘这一新定位的看好。

中国酒业协会副理事长兼秘书长宋书玉指出，2017 年中国白酒业表现优异，各项指标均超越前一年，步入 2018 年，中国酒业迎来前所未有的发展机遇，消费升级驱动下，品质与品牌升级成为主旋律，消费者期待更优质的服务与体验，顺应这一趋势，较低酒精度搭配卓越品质的白酒，无疑将赢得更广泛消费者的青睐。

事实上，对于国缘而言，追求"高端中度"意味着在技术层面提出更高标准，江南大学副校长、教授徐岩博士强调，国缘之所以能在品质上保持领先，得益于其拥有一支业内罕见的专业技术团队，将工匠精神与科学方法相结合，国缘在长达十余年的实践中，锻造出了独具特色的优雅醇厚酒体风格，这正是其能够在竞争激烈的白酒市场中独树一帜的关键所在。

相关行业专家也指出，任何企业、品牌的成功，离不开天时地利人和。在地理空间上，江苏的人口规模与消费水平在全国首屈一指，庞大的人口基数与高端消费力的叠加，创造出广阔的市场容量；而同时国缘是江苏市场最早涉足次高端领域的品牌之一，这一先发优势为其奠定了坚实的市场基础；并且，近年来，今世缘保持了稳定的增长态势，这背后是团队战斗力的体现，亦是管理层持股制度带来的内在动力。

"高端"进一步聚焦价位段，"中度"则与高度形成反差，也非常契合中国健康饮酒观念方兴未艾的大趋势，如此，形成了国缘独特的破局起手式。

## "中国高端中度白酒"六度三感体系

**国缘"六度三感"，高端中度白酒的黄金法则**

美酒，虽酿于物却造于心，它是"天地人和"的智慧结晶，更源自生态的原粮、纯净的水源、芬芳的酒曲、百年的窖池、技艺精湛的酿酒大师……环环相扣，造就传世佳酿，汲取天地之精华，承袭古法工艺，成就国缘六度品质标准。

**中度之基：土地**

高沟镇，坐落于江苏省淮安市涟水县，地处苏北平原中心地带，紧邻黄海岸边。得天独厚的地理位置和生态环境，孕育出国缘美酒独有的风味。尤为值得一提的是，高沟地区特有的红色黏土，土壤中富含多样的微生物群落，为酿酒提供了宝贵的天然资源。

**中度之利：气候**

联合国粮农与教科文组织认定北纬 28°～34°为世界最佳蒸馏酒酿造区，高沟位于神奇的名酒带，有世界美酒特色产区之称。这里气候温和，光照充足，微生物群丰富多样，十分有利于酿酒生产，产生更多风味物质。

**中度之源：天泉**

酿造国缘佳酿的"天泉"之水，源自西藏冰川、雪山，历经

2 500公里的旅程，历时40年的冰川岩层的天然过滤，经高沟汇入大海，水质天然呈弱碱性，富含对人体有益的锶、偏硅酸、硒、锌等矿物质及微量元素。

据权威专家评估，"天泉"之水中的源中锶、偏硅酸含量显著，其珍稀程度在中国近5 000个天然矿泉水源地中位列前十。因此以"天泉"之水酿造的国缘美酒，不仅口感绵甜醇厚，适量饮用更有益于身体健康。

### 中度之术：工艺

国缘秉持"老五甑"传统酿造技法，精取五谷精华，历经五轮蒸煮，五次投料，使粮食香与酒香浑然一体。在最重要的摘酒工序，需倚仗30年以上资深酿酒师的慧眼与巧手，凭经验观色品香，掐准时机，去粗取精，专取酒液之精华，成就国缘非凡品质。

### 中度之艺：勾调

从高度原浆到入口舒适的中度美酒，其间需历经品尝、勾兑、静置、过滤等一系列工艺，让酒分子与水分子完美紧密地融合，让口感更丰满，让余味更悠长。这一系列工艺，环环相扣，耗时良久，方能成就一瓶优质中度美酒。相较于高度白酒，中度酒的生产更显精细与复杂。

### 中度之道：窖藏

每一滴国缘佳酿，皆源自恒温恒湿的地下酒窖，依托传统陶坛储藏技艺，酒液与天然微生物群落和谐共生，自然呼吸，交融互动。这一过程促进酒体自然陈化，风味物质渐趋均衡，小分子杂质悄然消散，成就酒质纯净与醇厚。经年累月的静置酝酿，国缘酒体口感柔和温润，品质卓越。

### 国缘"三感"，降度不降口感，品味一杯中度好酒

一感：香气幽雅细腻

窖香、粮香、甜香、花香，诸香协调，幽雅飘逸。

二感：口感醇厚饱满

酒体醇厚丰满，入口清爽，甘洌适口，余味悠长。

三感：饮后自然舒适

中度舒适，慢醉，快醒，回酣。

**技艺与科技的融合**

国缘品牌在秉持并传承着深厚传统酿造工艺的基础上，巧妙地融合了先进的智能酿造技术，借助大数据分析，对"六度"指标进行精准优化，以确保每一批次的产品都能达到"三感"和谐统一的卓越品质。这种"守正创新"的核心理念，正是国缘品牌能够在竞争激烈的市场中独树一帜、脱颖而出的关键所在。

**文化与市场的共鸣**

国缘品牌通过精心策划的高端鉴赏活动以及"缘结国球"等跨界合作项目，不仅成功推广了白酒文化，而且深刻地将"六度三感"的核心理念根植于消费者心中，此举不仅显著提升了国缘品牌的形象，而且有效拓展了市场版图，尤其是与淮扬菜等地方菜系的结合，彰显了中度白酒与美食文化间的和谐共融。

"国缘六度三感黄金法则"不仅是国缘品牌对白酒品质极致追求的集中体现，更是其对于传统与现代、技术与艺术精妙融合的深刻诠释，展望未来，这一法则将在白酒行业中继续发挥其风向标的作用，引领中国白酒文化迈向更为宏阔的天地。

## 高端中度的科学基石——今世缘首创白酒风味轮系统

在吴建峰博士与江南大学生物工程学院专家共同完成的《浓香型白酒风味轮的建立及其对感官评价的研究》论文中，通过对不同风格特色的浓香型白酒进行品评，统计相关描述语共计166个，其中嗅觉描述语120个，味觉描述语46个，通过提炼筛选，删除近义词（如：鱼腥、土腥和腥味，只保留腥味）、反义词（如：浓郁、寡淡，保留寡淡）、享乐性的描述语（如：好的、舒服的等）和定量性术语（如：较强、较差等）。最后获得嗅觉描述语87个，味觉描述语13个，共100个风味描述语。参照国外酒类风味轮归类法，经感官评价小组讨论，将风味描述语进行归纳分类，建立浓香型白酒风味轮如下图所示：

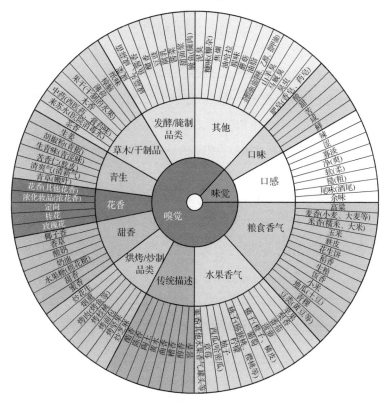

**浓香型白酒风味轮**

**白酒风味轮实验测试**

白酒，其香气层次丰富，香味多样，涵盖了浓香、酱香、谷香以及花香等多种风味，这些香气特性被业内专家形象地称为"白酒风味轮"。其中，浓香型（strong aroma-type）白酒尤为受到消费者的青睐，其独特之处不仅在于窖香，更融合了强烈的果香与菠萝香气。这种窖香带有一种类似于烧烤和发酵过程中散发的泥土气息，成为高品质浓香型白酒的标志性特征。

据相关文献资料记载，白酒中蕴含的风味物质高达2 000余种，使其成为蒸馏酒中香味物质最为丰富的品类。以往对于白酒风味的分析，主要依赖于对唾液成分的研究，然而这种方法并不能完全模拟和反映口腔环境的复杂性。而现在，吴建峰团队采用了先进的直接进样PTR-TOF质谱仪技术。该技术能够通过呼气模块直接采集口腔或鼻腔中的气体样本，实现白酒在食用过程中影响感官体验的组分变化的实时监测和分析。这种实时采样的方式不仅避免了传统采样和存储过程中可能出现的活性物质损失或副反应，而且相较于传统的GC方法，PTR-TOF质谱仪在检测含氧、含氮及含硫等风味物质时展现出了更高的灵敏度和更广泛的覆盖范围。一般将饮酒过程分为"风味爆发阶段（burst-stage）"和"余味阶段（after-taste）"，两个阶段之间有离子峰的转折点，今世缘将风味进行了深度细分，使用了分层聚类分析（HCA）来评估白酒香气的主要挥发性香味物质（表10-1）：

表10-1 风味描述语参比样

| 具体描述语 | 参比样 | 浓度（μg/L） |
|---|---|---|
| 米香（A糯米，大米） | 2-甲基吡嗪 | 121 927.01 |
| 玉米 | 2，3-二甲基吡嗪 | 10 823.70 |

续表

| 具体描述语 | 参比样 | 浓度（μg/L） |
|---|---|---|
| 生粮 | 糠醛 | 44 029.73 |
| 果香（其他水果香气） | 十二烷酸乙酯 | — |
| 窖香 | 己酸乙酯 | 55.33 |
| 醇香 | 乙醇 | — |
| 酯香 | 乙酸-2-甲基丙酯（乙酸异丁酯） | — |
| 烤坚果 | 3-甲基丁醇（异戊醛） | 16.51 |
| 烟熏 | 4-甲基愈创木酚 | 314.56 |
| 蜜香 | 苯甲酸乙酯 | 1 433.65 |
| 甜香 | 2，3，5，6-四甲基吡嗪 | 80 073.16 |
| 水果糖/棉花糖 | 乙酸香叶酯 | 636.07 |
| 奶油 | γ-壬内酯 | 90.66 |
| 香草 | 香兰素（香草醛） | 438.52 |
| 椰子香 | γ-辛内酯 | 2 816.33 |
| 玫瑰花 | 2-癸乙醇 | 28 922.73 |
| 桂花 | γ-癸内酯 | 10.87 |
| 丁香 | 丁子香酚 | 21.24 |
| 浓化妆品味（浓花香） | 2-本乙酸乙酯 | 406.83 |
| 花香（其他花香） | 乙酸-2-苯乙酯、香草酸乙酯 | 908.83、3 357.95 |
| 青草（嫩叶） | 己醛 | 25.48 |
| 清爽气（清新气） | 庚醛 | 409.76 |
| 苦杏仁（胶皮） | 苯甲醛、5-甲基糠醛、2-乙酰基-5-甲基呋喃 | 4 203.10、466 321.08、40 870.06 |
| 生青味（青涩味） | γ-十二内酯、正庚醇、2，5-二甲基吡嗪 | 60.68、—、3 201.90 |
| 胡椒粉（青椒） | 2，3，5-三甲基吡嗪 | 729.86 |
| 来苏水（医院消毒水） | 苯酚 | 18 909.34 |

续表

| 具体描述语 | 参比样 | 浓度（μg/L） |
|---|---|---|
| 中药（西医药、膏药味） | 2-己醇、丁二酸二乙酯（琥珀酸二乙酯） | 353 193.25 |
| 木香 | 癸醛 | — |
| 樟脑 | 萘 | 159.30 |
| 咸菜 | 二甲基三硫、二甲基二硫 | 0.36、9.13 |
| 咸蒜头、咸蒜苗 | 3-甲硫基-1-丙醇 | 2 110.41 |
| 醋香 | 乙酸 | — |
| 焦酱香 | 愈创苯酚 | 13.41 |
| 泥臭（汗臭） | 丁酸、戊酸 | 964.64、389.11 |
| 糠味（糠杂） | 戊酸 | 725.41 |
| 油哈拉 | 己酸、庚酸 | 2 517.16、13 821.32 |
| 蘑菇 | 1-辛烯-3-醇 | 6.12 |
| 油脂 | 十二酸 | 9 153.79 |
| 杂醇油（油漆味、乙醇、指甲油） | 2-丁醇、3-甲基丁醇（异戊醇） | 179 190.83 |
| 山羊臭 | 辛酸、癸酸 | 2 701.23、13 736.77 |
| 马厩臭 | 4-乙基苯酚 | 617.68 |
| 臭虫 | 正壬醇、2-壬醇、正癸醇 | — |
| 肥皂（香皂、药皂） | 苯乙醇、壬醛（正己醇、正戊醇） | 122.45 |
| 酸 | 柠檬酸 | — |
| 甜 | 白砂糖 | — |
| 苦 | 奎宁 | — |
| 咸 | 氢化钠 | — |
| 鲜 | 味精 | — |
| 涩 | 单宁 | — |
| 尾味（酒尾） | 酒尾 | — |

## 中国白酒风味轮对新时代中国酒业的引领

"白酒风味轮"的构建,源于对白酒感官科学的深入探索与研究。在感官认知的规范化和表达语言的精确性方面,详细论证了国际酒类风味轮术语的制定过程,并搜集整理了上千条专业品酒师在品评白酒时所使用的术语,同时,也深入研究了消费者对白酒的描述用语和认知习惯,以更全面地理解白酒的感官特性。

"白酒风味轮"的形成,是专业品评用语与消费者习惯认知的完美结合。从中筛选出了一系列特征描述术语,如"酱香、粮香、焦香、酸香、甜香、果香、花香、米香、油脂味、生青味"等,这些术语涵盖了香气、口感、口味三大核心品评维度,为白酒的品鉴提供了更为丰富和精准的参考。

在香气方面,根据呈香物质的来源,整理了原料香、发酵香、陈酿香三大类27个典型香气特征。我们常说的粮香、高粱香、大米香、豆香、药香、米糠香、曲香都属于原料香。醇香、清香、窖香、酱香、米香、焦香、芝麻香、糟香、果香、花香、蜜香、青草香、坚果香、木香、甜香、酸香属于发酵香。枣香、酒海味、油脂香、陈香属于陈酿香。

在口感方面,分为柔和度(辛辣、醇和)、丰满度(浓厚、平淡)、谐调度(谐调、粗糙)、纯净度(爽净、涩口)、持久度(悠长、短暂)等五大口感维度、十大口感细分。

在口味方面,分为鲜、咸、苦、酸、甜五大口味特征。

同时,在白酒典型风格方面,将白酒分为酱香型、清香型、浓香型等十二种典型风格(表10-2)。

表 10-2　白酒口感及典型风格

| 口感 | 典型白酒风格 |
|---|---|
| • 柔和度/Softness<br>　醇和、柔和、平顺、平和/Soft, Mellow<br>　辛辣、爆辣/Pungent<br>• 丰满度/Fullness<br>　浓厚、丰满、醇厚、饱满、丰润、厚重/Rich, Heavy, Complex<br>　平淡、清单、淡薄、寡淡/Thin, Light, Poor<br>• 谐调度/Harmony<br>　谐调、平衡、协调、细腻/Harmonlous, Balanced<br>　粗糙、失衡/Inharmonious, Unblanced<br>• 纯净度/Purity<br>　爽净、劲爽/Clean, Pure<br>　涩口、欠净/Astringent<br>• 持久度/Lasting<br>　悠长、绵长/Long<br>　短暂/Short | • 酱香型白酒/Jiang-flavour style<br>• 浓香型风格/Strong-flavour style<br>• 清香型风格/Mild-flavour style<br>• 米香型风格/Rice-flavour style<br>• 豉香型风格/Chi-flavour style<br>• 凤香型/Feng-flavour style<br>• 浓酱兼香型风格/Nongjiang-flavour style<br>• 老白干香型风格/Laobaigan-flavour style<br>• 芝麻香型风格/Sesame-flavour style<br>• 特香型风格/Te-flavour style<br>• 董香型风格/Dong-flavour style<br>• 小曲清香型风格/Xiaoqu mild-flavour style |

很多人认为中国的白酒必须遵循古法传统，但是如果没有相应的创新，又怎么会有中国白酒产业的蓬勃发展，百花齐放？

正如国缘的诞生，创新是其发展的底色，也体现在国缘对品质的不懈追求。一直以来，今世缘酒业以绿色、健康为导向，坚持守正创新。今世缘率先开发的白酒风味轮就把一个相对模糊的传统，进行科学的分解、量化，从此让中国白酒的口感、香型有了一个更精确的标准，从而确保每一瓶酒的品质如一，也能随着时代不断迭代进步，这构成了国缘强大的品质核心竞争力和制胜密码。

## 国缘自成一派的白酒"中度哲学"

在浩瀚的世界酿酒技艺长河中，中国白酒独树一帜，其酿造艺术蕴含着一套深邃而独特的开放式哲学。这一酿造方式的核心在于其开放性——无论是制曲还是发酵，都采取开放式操作，这使得白酒的酿造过程宛如一首与自然共鸣的交响乐，每一个音符都紧密呼应着天地间的节律。换言之，对于中国白酒而言，遵循自然之法则，即是掌握酿造之精髓。

溯古追今，中华文明的智慧结晶中，儒、释、道三足鼎立，共铸华夏思想的辉煌。三者虽各有千秋，却皆将"中"视为宇宙万物运行的根本法则，这一观念深深植根于中华民族的文化土壤之中。儒家学说以其"允执厥中"的理念，强调精诚专一、秉持中正之道，认为这是通往真理与和谐社会的必由之路。道家宗师老子，倡导"守中"之道，主张少言寡欲，以内心的宁静与平衡抵御外界的纷扰，正如他在《道德经》中所言："多言数穷，不如守中"；而庄子在其著作《庄子·则阳》中进一步阐述，"中道"不仅是个人修养的境界，也是顺应自然、与万物共生的智慧。佛教文化中，亦融入了"中"的思想，展现了佛教与中国本土文化的深刻交融。《牟子理惑论》一书中，作者从孔子"无可无不可"的哲思出发，提炼出中庸之道的多元包容性，倡导以"中"为核心，灵活应对世间万事万物。

探究儒、释、道三家哲学为何均以"中"为轴心，其根源在于"中"字蕴含着自然变化的奥秘，是朴素唯物主义哲学的基石，这一思想不仅在哲学领域熠熠生辉，亦在酿酒艺术中找到了共鸣。

今世缘酒，以其独特的"中度哲学"，在品质的追求上开辟了一片新天地，这一哲学理念具体体现在四大维度："产区之中""工艺之中""风味之中""健康之中"。

①**"产区之中"**。今世缘酒厂坐落于江苏省淮安市涟水县,地理坐标处于北纬32°43′00″至34°06′00″之间,这片土地被联合国粮农组织和教科文组织誉为全球最佳蒸馏酒酿造区。中国南北跨度广阔,北至漠河黑龙江主航道中心线,南达南海南沙群岛中的曾母暗沙,纵贯50个纬度,南北气候环境的显著差异,造就了白酒风味的地域特色。北方地区,气候寒冷,酿酒微生物的种类和数量相对有限,酿出的酒体清澈甘洌;而南方,因温暖湿润的环境,酒体风格偏向浓郁芳香。今世缘酒,恰好处在这片南北交融的宝地,集南北之长,酒体既保留了北方的清洌甘醇,又融合了南方的馥郁芬芳,形成了甘美而不失层次,香气淡雅而回味悠长的独特风格。

在这一酿酒圣地,今世缘酒汲取了天地之精华,将自然的馈赠与匠人的智慧巧妙融合,创造出既符合"中度哲学"理念,又满足现代人健康饮酒需求的佳酿。这片土地不仅赋予了今世缘酒独特的地理标识,更使其成为连接南北风味的桥梁,承载着对传统与创新的完美平衡,以及对品质与健康的不懈追求。

②**"工艺之中"**。国缘系列佳酿的诞生,凝聚了中科院成都微生物研究所、江南大学等国内顶尖科研机构的智慧结晶,历经数年潜心钻研,专家团队博采众家之长,匠心独运,将酱香的幽雅细腻、浓香的醇厚绵长、清香的甘洌清爽,巧妙融合于一瓶之中,成就了酒中之珍品。

在工艺上,国缘酒采用了独具匠心的红曲复合发酵技术,结合双层底串蒸工艺,这一创新之举,不仅保留了传统酿造的精髓,更赋予了酒体前所未有的层次感。通过精心控制的分层发酵、量质接酒、分级储藏等一系列严谨而精细的酿制过程,国缘酒成功调制出国际主流的42% vol中度健康白酒,不仅满足了现代人对健康饮酒的追求,更将传统与创新完美结合,开创了白酒品鉴的新篇章。

③ "**风味之中**"。在华夏饮食文化中,五谷孕育了五味,而白酒,作为粮食精华,亦蕴藏着酸、甜、苦、辣、咸的丰富层次,与舌尖上的味蕾对话,讲述着自然的奥秘。国缘系列深谙此道,运用前沿的智能勾调技术,对微量成分进行精准对比与调和,每一滴酒液都在科技与匠心的双重呵护下,达到味觉上的和谐统一。这一过程,更有 8 位国家级白酒评委与 20 位省级白酒评委的严格把关,他们以专业敏锐的感官,确保酒体五味调和、恰到好处,让每一口都成为味蕾的盛宴。国缘酒在风格上的把握,如同一位娴熟的指挥家,将幽雅与醇厚、爽净与绵柔的旋律编织在一起,既不喧宾夺主,也不失个性风采,完美诠释了"中"的哲学,即平衡之美。这种恰到好处的调和,不仅让酒体层次分明,更创造了"高舒适度、低醉酒度"的饮酒体验,让人在品味美酒的同时,感受到身心的愉悦与放松,仿佛置身于一场味觉与心灵的双重盛宴。

④ "**健康之中**"。探讨饮酒的乐趣与健康之间的平衡,是一个历久弥新的议题,其渊源可追溯至古代典籍《尚书·酒诰》。这部承载着悠久历史的文献,不仅记录了先民的生活智慧,更集中体现了儒家对于酒德的深刻见解,告诫世人"禁沉湎",倡导适度饮酒,以维护身心的和谐与健康。

就白酒而言,平衡饮酒之乐与健康的关系尤为重要。不同于其他酒类,白酒属于蒸馏酒范畴,其酒精浓度远超一般酒品,对饮用者的身体构成了直接且强烈的刺激。在这一前提下,酒精度数的高低,直接关联着人体所能承受的刺激程度。简而言之,度数越高,意味着身体将承受更多的酒精负担,这对健康的影响不容小觑。

此外,白酒的醇香与风味,与其酒体中的酒精含量息息相关。诸多构成白酒香气的关键成分，诸如乙酸乙酯、己酸乙酯等，皆依赖于酒精的溶解性，一旦酒体中的酒精比例下降，这些芳香物质便可能析出，导致酒液失去原有的风味特色。面对这一挑战，今世缘国缘系列凭借其系统化的控制技术，巧妙地将酒精度数锁定在 42% vol，既守护了传统白酒的风味精髓，又有效降低了酒精对人体的刺激，实现了口感的绵柔升级与健康饮酒的双重目标。这种位于健康与风味之间的微妙平衡，不仅让每一口酒都成为一场味蕾的温柔邂逅，更满足了现代人对健康生活方式的追求。

随着时代的发展，高端白酒的消费趋势正悄然演变，向着满足更深层次、更精致的生活需求迈进。马斯洛的需求层次理论为我们揭示了这一现象背后的逻辑——当人们的基本生理需求与安全需求得到满足后，内心便会自然而然地萌生对更高层次需求的渴望。这些需求依次递进，涵盖了社交地位的追求、被尊重的渴望，以及自我实现的向往。

在这一背景下，国缘品牌以其深厚的"中庸之道"文化为根基，不仅精准对接了高端白酒消费者对于品质、品味的高级需求，更深刻回应了他们在社会交往中对于处世哲学与生活态度的追求。

马斯洛需求层次理论

在探寻中华文明的深邃内涵时，我们常被一个质朴而深邃的概念所吸引——中庸。

在社会的洪流中，每个人都身处"中"的位置，面对内外世界的平衡，如何在个人修为、家庭角色与社会责任间找到黄金分割点，中国哲学中的"中度"智慧便显得尤为重要，它如一盏明灯，照亮前行的道路，引领我们走向孔子"随心所欲，不逾矩"的至高境界。

以今世缘为例，其"中度哲学"根植于道法自然的酿造技艺，从物质的醇香升华为精神的共鸣，诠释着中国人的处世智慧。这是一种内心深处的共鸣，展现了人们在随性与自律间的微妙平衡，是品牌文化中不可忽视的力量，深深触动着中高端消费者的心弦。

从市场竞争的视角审视，当前高端白酒品牌多聚焦于彰显尊贵与尊重，这些诉求虽居于马斯洛需求金字塔的高端，却也映射出改革开放以来精神文明与物质文明发展的不平衡。随着人们对精神世界认知的深化，雅致、内敛、富含哲思的品牌文化正逐步成为主流需求。今世缘"中度哲学"的独特魅力，恰在于此，它不仅是对更高层次消费需求的满足，更是对传统文化智慧的现代诠释。

再者，国缘品牌的"中度哲学"，实为今世缘"缘"文化的延展与深化。佛家《缘起赞》中提及："缘起则有，缘灭则无，不陷绝对之论。"这不仅是佛教智慧的体现，亦折射出"中"的思维方式——在无限广阔的世界里，人与人、家与家、国与国之间，皆因缘而聚，因缘而散，恰如生命轨迹的交错，构成一幅幅生动的画面。"中度哲学"便是在这交织中寻求平衡，正如"缘"之奥义。这便是"中度哲学"的魅力所在，不偏不倚，正合其时。

## 结 语

> 企业存在的唯一目的就是创造顾客,所以企业只有两个基本功能:营销和创新。
>
> ——彼得·德鲁克(Peter F. Drucker),现代管理学之父

"高端中度"和"极致品质"其实可看作是国缘战略的一体两面。

迈克尔·波特在《什么是战略》中把战略分为三个层次,即定位(positioning)、取舍(trade-offs)、配称(fit)三部曲。第一是定位:战略就是创造一种独特、有利的定位,涉及各种不同的运营活动。第二是取舍:战略就是在竞争中做出取舍,其实质就是选择不做哪些事情。第三是配称:战略,就是在企业的各项运营活动之间建立一种配称。

迈克尔·波特指出,"定位选择不仅决定公司应该开展哪些运营活动、如何设计各项活动,而且还决定各项活动之间如何关联。竞争优势来自各项活动形成的整体系统(或价值链),各项活动之间的配称可以大幅降低成本或者增加差异性。"

因此,"高端中度白酒"的鲜明定位,就是国缘大品牌抓住根因的战略抓手,也是对未来战略机会点的聚焦把握,而国缘引以为傲也一直常抓不懈的卓越品质,包括在智能化酿酒、绿色生态链以及在文化、营销、广告、公关、组织上的一系列投入,则是国缘高端中度定位能够持续占领心智,推动国缘销量保持持续高速成长的关键密码。

## 第十一章

## 坚定高端
## 国缘 V 系成为增长新杠杆

关于战略，古今中外细细数来有几百种定义：

克劳塞维茨在《战争论》中提出了战略是为了达到战争目的而对战斗的运用；

利德尔·哈特在其著作《大战略：间接路线》中探讨了战略的应用；

《孙子兵法》中的"先胜而后求战"体现了先胜思想；

明茨伯格在《战略历程》中认为战略是一个动态过程，从计划到实施的流动变化……

追溯"战略"一词，其源自古希腊的伯罗奔尼撒，最初是Strategos，意为将军；接着演化为Strategicon，意为将之道，称为"将道"；其后演化为Strategy，即"战略"。西方对将军强调的不是官位，是什么呢？是"将道"，是"战略"。当我们讲"岂将军食之而有不足"的时候，西方强调"岂将军筹之而有不足"，将军是一个筹划的位置，是一个管全盘、管总体、管大局、开展战略谋划的位置。

因此,战略就是关于全盘、总体、大局的谋划全景图,战略就是关键时刻的重要选择。对于一个企业来说,本质上企业家在"无中生有"创造他的世界,也在不确定的环境创造出一种确定性。对今世缘来说,百亿之路是一个充满荆棘的前行之路,而在这个历程中,国缘坚定占位次高端和高端的前瞻布局是成功的关键因素。尤其近两年国缘V系高端舒适型白酒的横空出世和高歌猛进,在今世缘百亿征程中,起到了非常关键性的助推作用。

## 国缘V系布局千元价格带,V3成为又一战略大单品

今世缘的V系产品线自推出以来,便以"V9做形象,V3做销量,V6做补充"的营销方针,完成市场梳理,提升V系势能。2020年设立V9事业部,2021年成立V99联盟体,重视团购渠道运营,产品快速导入市场,驱动业绩攀升。然而,2022年市场环境的变化暴露了V系产品的培育不足和渠道价差问题,促使公司启动内部革新。

在此背景下,2022年中,在顾祥悦董事长的引领下,公司启动内部改革。① 组织改革:成立V系事业部,提升V3的战略地位,资源倾斜,聚焦V3发展;② 价盘梳理:更加重视市场规律,控货稳价,整顿市场秩序;③ 重视培育:加强消费者培育,深耕商务场景,拓展宴席市场,推动V3升级路径;④ 提升费用效率:通过事业部改革,费用权力下放至大区,优化费用投放节奏和方式,更多引入直接投向消费者的费用。

一系列动作后,改革成效显著,V3价格体系回归健康,渠道压力缓解,省内核心城市如南京、淮安销量回暖,苏州等地加速布局,环太

湖市场高端化培育与渠道拓展同步推进，V3 品牌提升空间广阔。

600 元的价格区间，竞争相对较少，为 V3 提供了广阔的提升机遇，这一价位是高端白酒价格上调后形成的市场空白，也是国内消费者在次高端领域升级消费的关键价位。从市场竞品来看，主要集中在浓香型和酱香型产品，其中酱香型白酒在市场热潮的推动下，如"窖藏 1988""摘要"等产品已经实现了销量的显著增长，而浓香型方面，"梦 6+""古 20"等产品，均被企业视为战略性重点产品进行推广。

从产品生命周期的角度分析，国缘品牌的市场影响力正从南京、淮安等优势市场向全省扩散，并逐步向长三角地区扩展，V3 作为新兴产品，正处于市场培育期，借助国缘品牌的影响力，未来将有巨大的成长空间。

华东地区的消费能力较强，市场拓展的潜力巨大，江浙沪地区是国内经济发展水平较高的区域，居民收入水平较高，消费能力强劲，白酒消费的升级趋势在全国领先。在这些地区，600 元的价格区间已经成为商务消费的主流选择，从消费习惯来看，华东市场更倾向于浓香型白酒，而茅台之外的酱香型品牌在该地区的影响力相对较弱，600 元价位的主要竞争者均为浓香型白酒。

目前，V3 的市场份额尚小，但在改革红利的推动下，其市场潜力巨大，未来通过组织架构的改革、战略部署的调整、渠道推广的加强以及品牌宣传的投入，V3 的增长潜力将会得到持续释放。

## 八大经销商的心声直播："品质第一，我没有理由不选择 V 系"

自推出以来，国缘 V 系以其"更舒适的高端白酒"为定位，精准捕捉并满足了新一代中高端消费群体对健康、轻松、舒适饮酒体验的追求。

以 V3 为例，它在基酒中好中选优，再历经十年陶坛贮存，酒体中醇、酸、酯等各种有益微量成分协调平衡，低而不淡、醇厚甘美、细腻幽雅，放香更飘逸，入口更绵软。

**国缘 V3**

作为浓香型白酒的代表，V3 的珍贵之处在于其独特的舒适感，这一点得到了常州金坛九九久商贸有限公司总经理陈春洪的肯定，"喝个半斤也没有问题，而且慢醉快醒，体验感很好。"基于对 V3 品质的高度认可，陈春洪毫不犹豫地拿下了经销权，并表示："我没有理由不选择 V 系。"

V9 则在白酒领域开辟了清雅酱香新赛道，这款产品由中国新一代白酒大师、中国白酒首席品酒师吴建峰博士领衔研发，历经二十余年的精心打磨，为消费者提供了全方位的感官高级享受：看，点点"清澈剔透"；听，滴滴"雅音悠长"；闻，杯杯"酱醇浓郁"；尝，瓶瓶"香韵绕梁"。

**国缘 V9**

V系家族各有千秋，V6同样独树一帜，酿造国缘V6的水基，是地下深井水，富含人体所需的锶、钠、钙、硒等多种微量元素和矿物质活性成分；酿造国缘V6的基酒，产于300多年的古窖池，不仅口感风味独特，更对人体健康大有裨益。

**国缘 V6**

回顾历史，从"今世缘"品牌打响振兴苏酒第一枪，到"国缘"品牌首开江苏高端白酒先河，直至V系以卓越品质赢得南京市场赞誉，今世缘每一次战略新品的成功推出，都与南京经销商的鼎力支持密不可分，每一历程都辉映着品牌与市场的共鸣。

以下是一些真人实例的评价：南京顺溜商贸有限公司的总经理罗永胜称V系为"喝不醉的神酒"。南京达而雅酒业有限公司的总经理周书明则根据消费者的反馈，对V系进行全面评价："V3陈香幽雅、绵甜醇香；V6清爽圆润，余香悠长；V9酱香清淡、细腻优雅；水晶切割瓶的包装金光闪闪、精致典雅"，作为今世缘的全渠道经销商，他对国缘的品牌价值和V系的品质优势给予了高度评价。

正是这份品质，成为市场青睐V系的关键因素，也是国缘创牌18年来，持续焕发活力的内生力量。

**消费者为王——"帮我们打动消费者就是王道"**

在白酒这一高度竞争的行业中，消费者的培养和争夺始终是企业竞争的焦点。谁能更贴近消费者，触动其内心深处，谁就能在竞争中占据优势，促成销售转化。

国缘以"基础投入要柔、配套措施要实"为路径，通过做强后台、做实前台，厂商协同"打动消费者"。

2022年上半年，国缘在江苏省内各大区和办事处分别组建V系推广中心、V系推广处，通过专职团队建设，强化营销策略和终端管理，落地了一系列消费培育项目。

据经销商们反映，国缘落地了如高端客户品鉴会、酒厂游、户外游及高尔夫、羽毛球、乒乓球、掼蛋比赛等圈层活动，还有直接面向C端如V3产品"再来一瓶"、扫码赢取现金等活动，以及高端酒店婚宴合作的"每桌赠送一瓶"等B端活动，更有国缘V9体验馆这样的营销载体……这些举措共同创造了"V系氛围很好，让消费者十分满意"的局面。

国缘不仅在市场培育上倾注了大量心血与资金，更以真金白银的方式为经销商团队提供薪资补贴。

常州豪耶烟酒的朱亚中总经理感慨万分："厂家的扶持力度很大，不仅为我承担了员工的基础薪酬，还给了丰富的营销资源，这无疑是我们赢得消费者的关键。"

当配套政策足够鼓舞人心，终端推广积极性自然被激发起来。据了解，朱亚中在常州的业务年增长率稳定在20%，而南京的周书明团队更是实现了业绩的飞跃，上半年的销售额相较于去年同一时期激增80%。

在江苏淮安，陈百杰率领的V系推广团队发起了"大干一百天"的挑战，目标是在百日内实现1 500万元的销售额。采访之际，两个月已过，陈总的销售额已破千万，面对即将到来的中秋销售旺季，他信心满满："一切尽在掌握之中"。

创业之路充满艰辛，不是每位经销商都能像陈百杰那样一帆风顺。徐州铜山的缪杰就提到，囿于当地经济状况，V系高端产品的销售面临挑战，但在疫情等多重考验下，他的业绩仍保持稳中有升，这让他倍感欣慰。缪杰还经营着一家餐厅，国缘的精准营销，如消费者促销与品鉴活动，为他的餐厅带来了客流量，实现了跨界双赢。

这种细致入微的市场耕耘，离不开厂家深入一线市场的勤力付出，陈春洪赞许道："今世缘的团队经常下沉基层调研，连我都能和顾董事长一年见面多次。"

在国缘的持续、高品质服务下，成效斐然。苏南、苏中等关键市场对V系的接纳度不断提升，市场份额逐步扩大，国缘正蓄势待发，准备迎接一场更为宏大的市场战役，书写新的辉煌篇章。

**共商、共建、共赢——"V系做得更好，我们的未来就会更好"**

谈到厂商未来的发展，罗永胜动情地表示，"同气连枝，V系做得更好，我们的未来就会更好"。

2022年上半年，国缘以稳健的步伐推进了一系列战略性举措，双管齐下，一方面加强奖励、推广力度，强化对经销商的支持，确保库存健康与利润空间，延长V系产品市场生命力；另一方面厘清经销队伍，对危害V系市场秩序、市场运作水平低的经销客户进行优化调整，以此维护V系的市场纯净度与高效运作。

这一系列动作已见成效，目前国缘已有多家渠道商、团购商或被降级或被终止合作。陈春洪也表示，身边确有经销商，因不善经营或私下低价促销而被V系优化。

有惩必有赏，陈百杰团队自2021年9月加入V系，迅速从团购商晋升为渠道商，这得益于他完美契合了国缘的3个期待：一是对品牌有足够的认知和认可；二是团队具有一定的规模；三是拥有强大高质的团购资源。

同样是国缘的新伙伴，泰州的徐孟辉，当初被国缘的专业服务所吸引，带着"凡事讲究缘分，就做吧！"的真诚心声，随即成立了泰州市众森商贸有限公司。在国缘的扶持下，公司只做V系，发展迅猛，正着手拓展下一级经销商网络。

一直以来，国缘坚持整合资源、量质并举，提高招商标准和考核指标，聚焦于与优质经销商的精诚合作，以可持续发展的心态"招好商，拒差商，清劣商"，打造共商、共建、共赢的新型厂商关系，进一步提升了渠道力，为品牌长远发展注入强劲动力。

## 成立V系事业部，头部培育，头部竞争

**改革推进：强调品牌资源聚焦，利于品牌打造**

今世缘深入推进事业部制改革，重塑品牌矩阵，强化资源集中效

应。自 2020 年起，公司新设 V9 事业部、市场督察部及省外事业部，其中 V9 事业部统筹国缘 V9 与 V 系其他产品运营。2022 年 6 月，今世缘启动"分品提升，分区深耕"战略，调整内部组织结构，实施品牌事业部制，市场部转型为品牌管理部，销售部升级为销售管理部，国缘 V9 事业部更名为国缘 V 系事业部，省外工作部升格为省外事业部，并新增国缘事业部、今世缘事业部与效能办。

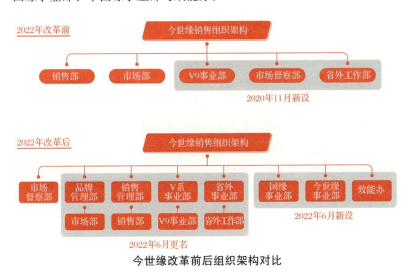

今世缘改革前后组织架构对比

**改革效果：聚焦三大品牌，打造差异化运作模式**

公司分品牌运作后对产品层面的总体规划主要是，坚持国缘 V9 高端化战略引领，优化品系矩阵，坚守错位竞争策略，借助产品差异化与高性价比优势，提升品牌影响力与市场竞争力；国缘 V3 则在优势市场与核心区域，加速构建与对手势均力敌的竞争格局；国缘四开作为全国性超级单品培育，目标是提升市场覆盖率，夯实基本盘；今世缘品牌则致力于塑造"中国人的喜酒"，延展消费场景，明晰长线主销价格带及主推品项,培育大单品;高沟品牌则力求个性化表达,精心规划中长期发展路径,旨在成为黄淮名酒带上高端光瓶酒的典范之作。

目前,今世缘具备多品类、多品牌的特点,不同品牌定位和所处价格带差异大,通过品牌细分,既能集中火力推进三大旗舰品牌,又能兼顾今世缘与高沟品牌的发展,确保品牌生态的均衡与繁荣。

**持续优化:优化调整步伐持续推进,积极布局省内外市场**

实行事业部制后,公司激发了团队潜能,增强了成员的主动性和创造力,同时深化了区域市场的精耕细作,整体改革方向明确,成果显著。然而,分事业部的运作模式下,公司仍在统合与分化、省内与省外市场、各事业部间的协调配合方面存在改进空间。根据今世缘2022年度业绩报告会议,公司高层正积极审视分事业部运行中的挑战,管理层与相关部门正紧锣密鼓地筹备优化调整的初步方案。随着事业部改革的优化措施全面实施,预计将进一步激活省内外市场的潜能,为公司带来新一轮的增长动能。

今世缘的品牌事业部制改革,结合高沟独立运营的探索,对提升公司效能与业绩至关重要。以下是对改革措施的进一步阐释和优化:

**第一,大部制改革。** 市场部转型为品牌管理部,销售部升级为销售管理部,这标志着企业内部管理架构的重大调整。原市场部,作为市场推广的先锋,如今升级为品牌管理部,更专注品牌价值的建设和传播,尤其强化了对国缘、今世缘等核心品牌的深度服务,预示着品牌价值的显著跃升。销售部的更名,象征着战略职能的重塑,从单一的销售执行转变为销售管理部,更侧重于后台管理与支持,而前线的销售与经营职责,则进一步委托给各品牌事业部,确保了品牌运营的专注与高效。

**第二,品牌事业部。** 今世缘股份这次品牌事业部制裂变是一次公司发展到一定阶段之后战略业务单元（SKU）重组，让公司整个经营态势为之一振。

其一，国缘 V 系事业部将深度经营超高端、高端与次高端产品序列，并形成以国缘 V9 清雅酱香为龙头，国缘 V3 为基础，国缘 V6 为骨干的全新战略格局。这有利于扩张国缘 V 系在股份公司战略引领功能，为公司清雅酱香与高端全国化蓄积能量。其二，省外事业部升格。将省外工作部更名为省外事业部很显然是一种组织升级，这标志着公司全面加速省外市场的拓展与深化。省外市场将迎来更多资源倾斜，有望实现业绩的飞跃式增长。其三，新成立国缘事业部。强化浓香型核心次高端产品在基地市场以及泛区域市场战略地位。一直以来，作为公司的现金流与利润基石，对开国缘、四开国缘等大浓香次高端产品，是公司行稳致远的基础性产品，这一次通过独立国缘事业部的运作，有利于强化该品系在基地市场扎根深耕，同时在苏鲁豫皖等浓香重度市场进一步扩张，寻求更多市场份额。其四，新成立今世缘事业部。实际上，在过去的若干年，今世缘这个品牌经营地位有所弱化，设立今世缘事业部对于品牌而言是一次新生。伴随去年推出的兼香型 D 系产品，公司重启今世缘品牌的意图明显，新事业部的成立将助力品牌在 100～300 元价格区间与中档酒市场实现健康、可持续的成长。

**第三，组织裂变/人才建设。** 股份公司最小存量单位（stock keeping unit，SKU）裂变不仅将为企业培养更多面向未来的人才，也给人才铺设了更广阔的职业路径。实际上，当企业达到一定体量规模，事业部制的转型便成了发展的必然趋势。随着今世缘 2021 年突破 60 亿营收，2022 年向 80 亿冲刺，2023 年剑指百亿，组织架构的优化与人才队伍建设成为迫切需求。特别是公司本身就是一个多品类（浓香、酱香、兼香、芝麻香）与多品牌（国缘、今世缘、高沟）平台型公司，组织裂变有利于以最大化资源价值应对消费多元化与市场多元化竞争格局。

今天，中国白酒行业的核心逻辑正经历深刻变革，一个价值多元、情境多元、酒种多元、香型多元与消费多元时代已经到来，今世缘股份组织变革，恰逢其时地响应了白酒行业多元化的浪潮，相信在以顾祥悦董事长为首的公司新一届领导班子引领下，百亿今世缘的明天更加值得期待。

## V99联盟体，共筑厂商同心圆

"勇闯蓝海市场，以创造顾客为中心，把握聚焦、差异、精准。""厂商携手打一场硬仗，把国缘V9打造成江苏市场高端白酒前三甲。""我们有信心把V系产品的营销推广工作做得更好。相信通过联盟体凝心聚力，必将让V系发展如虎添翼。"……

在2022年2月15日的今世缘酒业V99联盟体研讨会上，一股激昂的号召力回荡在会场，标志着联盟体向着其宏大的愿景迈出了坚实的一步。作为今世缘酒业于2022年发展大会上，正式宣告发起组建的V99联盟体，目前成员由核心经销客户组成，上限99家，意在追求构建"长长久久，相伴永远"的厂商命运共同体。它的作用不仅为成员提供了参与营销决策的平台，还提供了政策支持、一对一市场指导、点对点营销服务以及专业培训和交流机会，为高质量发展奠定了坚实的基础。

作为今世缘角逐高端市场的关键武器，国缘V9肩负着实现V系十年内突破百亿收入的宏伟愿景。为了达成这一目标，联盟体需要深刻理解战略核心，即以消费者需求为导向，实施聚焦、差异化及精确营销策略。

会上，呼吁强化责任意识，坚持"价格政策要坚定、基础建设要灵活、辅助措施要务实"的原则，V99联盟体应建立健全机制，采用高标准准入、宽松退出的管理方式，营造出一个良性竞争的环境，激励成员相互追赶，共同进步。同时会上进一步阐述了V99联盟体的成立意义，强调这是一个创新举措，旨在推动V系产品在市场上的攻坚克难，助力今世缘实现跨越式发展，将国缘V9打造成为江苏市场高端白酒的领军者。

V99联盟体的成立，标志着今世缘酒业在高端市场布局上迈出了关键一步，也预示着在厂商共同努力下，国缘V系产品将展现出更加强劲的市场竞争力，共同绘就高质量发展的美好蓝图。

## V行天下，缘结世界，"内外兼修"高端新范式

目前，我国白酒消费场景和消费群体广阔，加之党的二十大报告提出要进一步扩大内需，将持续释放国内市场消费潜力，以国内市场为主导的白酒产业将继续受益；与此同时，中国白酒在国际市场上的份额尚处于起步阶段，蕴含着巨大的成长空间，昭示着白酒产业的全球化布局正当时。

面对得天独厚的发展机遇，国缘V系以"V行天下，缘结世界"精心打出了一套"内外兼修"的组合拳。

向外看，国缘V系以国际化的视角、开放的心态、绿色的理念，致力于让更多世界各地的朋友了解并喜欢中国白酒，理解并认同中国的"国缘"，锻造中国名酒全球影响力。

向内观，国缘V系致力于提供从品质到品牌的优质体验感，通过产品创新、文化赋能，塑造人文化、个性化、差异化白酒品牌。

唯有内外兼修，方能引领风潮，同时破解国际化与全国化的难题，也将是国缘 V 系赢得未来的关键。

**国缘 V 系亮相进博会：锻造中国名酒全球影响力**

作为全球最大的烈性酒生产和消费国，中国白酒在国际烈酒版图上占据着举足轻重的位置。然而，长久以来，"中国白酒国际影响力不足""海外市场有待开发"的现状，一直是行业面临的挑战，如何加速中国白酒的国际化进程，已成为全行业共同追求的未来目标。

2022 年 11 月 5 日，第五届中国国际进口博览会在上海国家会展中心隆重开幕。这一全球首个以进口为主题的国家级盛会，再次吸引了世界的目光。众多中国白酒领军企业也携旗下明星产品亮相，展现中国白酒的魅力与实力。

在庞大的参展阵容中，清雅酱香的代表——今世缘酒业的"国缘 V9"，再度成为进博会的焦点，凭借其清雅飘逸的香气、细腻柔滑的口感及饮后舒适的体验，赢得了广泛赞誉与关注。

每一口"国缘 V9"都是醇厚的"中国风味"，它不仅向全球宾客展现了中国白酒的非凡品质与文化底蕴，如同一座桥梁，加深了中国与世界各国的情感联结；更借助进博会这个平台，希冀寻求更多商机，为全球经济复苏注入更多新能量。

2018 年，今世缘荣膺"新华社民族品牌工程"成员，双方就一直围绕品牌建设与传播开展全方位合作，尤其是在"缘"文化的深入研究和"国缘"品牌全球推广合作层面。

今世缘酒业党委书记、董事长、总经理顾祥悦在接受"进博时刻品牌对话"访谈时表示，伴随经济全球化的深入发展，中国品牌正不断走向世界舞台中央，展示中国人的文化自信，也为中国白酒扬帆出海创造了时代机缘。中国白酒凝聚着东方智慧，是中华文化最具代表性的液态符号之一，也是最具民族精神的飘香名片之一。中国白酒走向世界，首先要推动中国文化走向世界。弘扬传播"缘"文化，促进文明交流互鉴，不仅是构建人类命运共同体的需求，也是讲好中国故事的使命担当。要用国际化视野，以更加开放的理念，在对话与交流中，让更多的国际友人喜欢中国白酒，认同中国的"国缘"，真正实现"品牌，让世界更美好""美酒，让世界更快乐"。

进博会期间，今世缘受邀参加"V行天下，缘结世界"中外品牌交流联谊会，在"交流、共享、共融"中积极寻找中国品牌与世界互联的缘分。在进博会配套活动"品牌，让世界更美好"中外品牌论坛上，今世缘亦与商界领袖共话品牌建设、共商中国品牌世界发展之路，全方位展现了"中国国缘，缘结天下"的品牌底蕴。

今世缘酒业的掌舵人顾祥悦董事长在联谊会上的视频中致辞道："今世缘作为'新华社民族品牌工程'的一员，愿与全球品牌伙伴携手同行，以开放合作的精神共克时艰，共创未来，奔向美好的明天。"

今世缘酒业副总经理羊栋强调：国缘V9将以其前瞻性的国际视野、包容开放的心态以及绿色可持续的理念，致力于让全球更多的朋友领略中国白酒的独特魅力，增进对中国"国缘"文化的认同与欣赏。国缘V9将身体力行，传播"品牌，让世界更美好"的理念，通过品牌的力量促进文化交流与全球和谐，展现中国白酒的国际影响力与文化软实力。

从品质、品牌，到风格、香型的创新，国缘V系已蜕变为中国"品味"标志的典范之作。2022年7月，在由中国酒业协会主办的第十七届中国国际酒业博览会上，52% vol 国缘V9（商务版）在"2021年度

'青酎奖'酒类新品颁奖盛典"中锋芒毕露,获"青酎奖"酒类新品荣誉。

品牌的征途,实则是一场品牌与消费者的寻缘之旅。在全球经济一体化的背景下,伴随着中国国力的增强,民族品牌正阔步迈向世界舞台,向全球展示中国名酒的文化传承与创新精神。

不论是国际进口博览会,还是国际酒业博览会,皆是国缘 V 系提升全球影响力、探索国际合作新天地的黄金"跳板"。如何助力白酒品类登上更广阔的世界舞台,国缘的未来之路,依旧任重而道远。

## 品牌发力,品质唯上,保持韧性增长

有观点认为,白酒产业正处于下行周期。

然而回顾过去几年,即便在疫情的冲击下,消费与渠道的变革依然蓬勃,白酒产业结构持续优化,市场活力得以有序释放。这一过程中,市场份额逐渐向头部酒企聚集,这一信号在白酒行业总体增速和白酒龙头企业增速上已经得到充分印证,名优酒企表现抢眼,均保持了两位数的增长。

值得一提的是,国缘系列作为今世缘的主打产品,是公司的主要营收、利润的主力。

再进一步讲,V 系作为国缘的"大将",更是发展的重点,是今世缘参与头部竞争的一个重要利器,肩负着今世缘酒业强起来的重任,是今世缘做得更强、更大的增长极。

2022 年 10 月,今世缘发布的"2023 年营销工作计划公告"也侧面体现了 V 系的重要地位。依据战略布局,结合当前的经济状况和发展趋势,今世缘公司设定了 2023 年营业总收入达 100 亿元的目标。为实现

这一经营目标,今世缘酒业将重点在以下几个方面开展营销工作:

(1)做大 V9 清雅酱香品类,实现战略引领;(2)升级国缘品牌战略定位,提升品牌价值,打造国缘大单品;(3)推动今世缘中高端产品的突破,根据不同消费场景创造独特的氛围体验,联动培育主导产品;(4)构建全国化营销模式;(5)升级营销组织管理体系,加速团队的转型,进一步激发团队的创新活力。

透过这份年度营销计划,可以看出几个关键词:"100 亿元""V9""大单品""培育""全国化"。

当下,在消费升级环境下,白酒行业正从规模扩容转向一场关于品质、文化与消费体验的综合演变。当国缘 V 系身披"水晶"新衣闪亮登场,以"更舒适的高端白酒"锁定千元价格带,也彰显出今世缘酒业发力千元以上价格段的高端大单品志向。

自上市以来,V 系以品质说话,靠口碑立身,在深得消费者青睐的同时,也逐步形成了极具辨识度的品牌标签。

在第 106 届全国糖酒商品交易会上,国缘 V 系尤其是 V9 产品,以其卓越的品质和口感,赢得了与会者的一致好评,许多品尝过的消费者纷纷表示:V9 口感更好,饮后更舒适,且不上头。

品牌、品质都如此"给力",接下来,继续深挖白酒内涵,进一步推动行业创新升级,为今世缘百亿征程中的市场开拓和品牌价值提升持续赋能,将是国缘 V 系的更高追求。

## 破局全国化道路上,V 系是头部占位重要增长极

作为公司"十四五"发展战略指导原则,"三化战略"(差异化、高端化、全国化)发挥了重要作用,今世缘在未来发展战略布局蓝图与具

体实施路径战术决策方面逐渐清晰化。

**坚持聚焦突破，促进"三个转变"**

差异化最显著的表达是缘文化，而品类创新、产品差异是今世缘国缘品牌差异化的另一个重要方面；高端化是今世缘参与头部竞争必然的一种战略选择，目前，今世缘正在聚力打造国缘V9清雅酱香独立品牌，培育未来重要增长极；全国化是今世缘差异化、高端化的战略目标和市场成果。对于"三化方略"，今世缘会根据整体实际，统筹推进，务求实效。

全国化扩张道路上，省外市场份额之小是今世缘心中之痛，2022年今世缘省内份额占到93%左右，省外只有7%左右，全国化更是高质量发展必须跨越的坎。

如何走向全国化？今世缘董事长顾祥悦认为，最关键的一点，是增加对全国化的理解、认识和把握，征途漫漫，全国化首先是周边化、样板化和板块化。

为实现这一目标，顾祥悦在实现全国化战略的过程中，强调了聚焦的重要性。聚焦大单品、大客户、大样板、大板块，成就大市场。他提出，第一，从游击战向阵地战转变，集中打造周边样板市场和板块市场，形成以"盆景"点缀百花园；第二，从广招商向重育商转变，培养扶持大商，注重榜样引领，使之成为大板块、大样板的硬核支撑，或者说经营主体；第三，从多品牌运作向重点品牌、重点产品运作转变，环江苏市场围绕国缘四开走出去，长三角用国缘V系走出去，其他周边市场，执行今世缘和国缘品牌双品牌运作，以"分流""汇聚"追求适销对路。

为打好省外市场攻坚战，今世缘成立了省外事业部，主动在7个省份进行布局，目前已经形成一定的市场规模。

## 优化产品结构,致力"好中求快"

今世缘品牌多年来秉承"好中求快"的工作总基调。对此,顾祥悦强调"好中求快"的一个重要特征就是产品结构不断优化,在继续坚持打造大单品、培育明星产品、优化产品结构方面不动摇,今年重新明确 8 个大单品,并且分品分类制定战略战术,促进产品结构持续优化。

做大做强国缘 V 系列,V 系列是战略性品系,也是参与头部竞争的利器,是未来最重要的增长极,积极融入重大事件传播平台,例如与国家高尔夫球队建立战略合作伙伴关系,在长三角地区举办高端精英高尔夫球赛事;同时积极融入地方文化,在各个区域市场核心商圈都建立了 V9 文化体验馆,协同开展了"名酒进名企"等活动,取得了明显效果,V 系产品正在赢得更多消费者的青睐。

面对百元以下和五十元以下价格带产品的短板,今世缘组建了专业团队进行市场调研和产品审视,并进一步成立了高沟酒销售公司,独立运营高沟品牌,同时对今世缘的 B、C 类产品线进行了优化。今世缘将采用差异化理念和专业化运作,重新定位并布局潜在市场份额,以实现品牌的全面发展。

## 矢志跨越赶超,扬帆"百亿征程"

当前,国缘 V 系千元价格带产品价格已直逼茅台、五粮液等头部酒企的头部产品价格,今世缘如此定价信心在何处?这主要源于两大支点:"首先来自对品质的自信,国缘 V9 是今世缘历经 20 年独立打造的新品类,并且是这个品类的团体标准制定者,'男人的香水''V3 是喝不醉的神酒'这些俗语都是民间消费者总结出来的,在一定程度上得到了广泛的认可和口碑传播,所以,国缘对品质充满自信;其次来自品牌的自信,国缘品牌自 2004 年上市以来,已经积累了很好的势能,有了相当规模的销售群体,关键是我们国家宏观经济向好的基本面没有变,中产阶级扩容、消费升级的大趋势没有变,'少喝酒、喝好酒'已经成为广大消费者的共识,这一点给了我们极大的信心。"

同时在"十四五"期间,今世缘将投资近百亿,增加产能近 4 万吨,储存能力超过 40 万吨,这一决策基于以下几个核心考虑:

一是产品质量保障之需。品质是今世缘的生命线,今世缘、国缘品牌在江苏省内占的份额主要是品质赢得广大消费者的青睐、赢得社会各界的肯定。要继续保障产品品质、提升品质,就必须有充足的产能,酿好酒,原酒要好、贮存时间要长,所以今世缘把产能和贮能全面扩大,其目的就是进一步使产品品质不断提升。

二是市场扩张之需。今世缘对于走向全国化充满信心,也是坚定不移的,只有拥有充足产能、优质的品质,才能使走向全国化底气更足、胆子更大、步子更稳,更重要的一点,也是今世缘实力之足的表现,有了雄厚的资金实力和良好的盈利能力,就足以支撑今世缘百亿投入。

对于今世缘"十五五"期间实现"双百亿"目标,今世缘全体满怀信心,蓄势待发。信心来自哪里?信心来自今世缘科学的战略目标引领,有良好的发展基础,来自有一支敢打硬仗、善打硬仗的战斗团队,更来自"讲善惜缘、实干争先"的企业文化氛围,这是今世缘不可估量的软实力财富。

## 结 语

战略不是研究未来做什么,而是研究现在做什么才有未来。

——彼得·德鲁克(Peter F. Drucker),现代管理学之父

顾祥悦刚开始执掌今世缘时,尽管感到沉甸甸的压力,但他依然充满信心,他深知,企业的繁荣昌盛,乃是对传统智慧的承袭与创新精神的融合,顾祥悦将创新视为企业发展的生命线。

在他的引领下,管理体系正经历从垂直到扁平的革新,赋予基层更多自主权,促进决策精准与执行高效;营销机制将从一元化向多元化转变,分品运作,增强运营的专业性和精准性;考核方式将从以岗定薪酬向以效定薪酬转变,全面激活团队的潜力和活力。秉持"市场即前线"的理念,以顾客需求为核心,构筑厂商、门店共赢生态圈;遵循"人才是第一资源"的信条,强化队伍建设,广纳贤才,培育新秀,完善激励机制,锻造一支积极向上、拼搏进取的团队,为今世缘的高质量发展保驾护航。

淮水岸边,喜看麦熟千重浪,酒香缘盛万家欢,顾祥悦表示,"方向对了,就不怕路远,没有退路,就是胜利之路。"

| 第十二章 |

## 品类升级
## 从"香型时代"进化到"舒适时代"

中国白酒,传承了几千年的文化瑰宝,然而直到新中国成立后才正式步入产业化之路。1952 年到 1989 年间,五次全国评酒大会的召开,为白酒制定了香型标准,评选出了"四大名酒""新八大名酒"和"老八大名酒",奠定了现代白酒产业的基础。这一过程中,白酒分类经历了三次重要的演变,也可视为白酒饮用的三次革命性升级。

### 1979 年,第一次白酒业革命:香型分类时代

**八大香型标准建立,三大香型交替引领**

1979 年,第三届全国评酒会成为中国白酒史上的一个重要转折点。会议首次系统性地将白酒分为清香、浓香、酱香和米香四大香型,其初心意在解决之前两次评酒会中因不同香味混合评比导致的公正性问题。起初,这一分类并未立即在消费者中产生广泛影响,但随着时间的推移,通过行业不断宣传,它逐步渗透到了大众的认知中,对白酒产业的

早期发展起到了至关重要的指导作用。

然而,随着白酒行业与市场的日渐成熟,原有的香型标准开始显露出其局限性和滞后性,不再能够充分满足现代消费者日益多样化和个性化的品饮需求。这一现实挑战促使行业意识到,有必要对现有的评价体系进行革新,以适应新时代的消费趋势,引领白酒产业与市场走向更为广阔的发展前景。

首先,香型体系的固化在强化白酒地理特色的同时,也为行业创新设置了门槛。一方面,它加深了各产区的独特印记,如贵州酱香的正宗、四川浓香的卓越、山西清香的纯净,形成了市场共识。以酱香酒为典型,"12987"工艺、限定的核心产区、专用的红缨子糯高粱、赤水河畔的水源及大曲坤沙技术,这些共同构成了贵州酱酒的品牌故事,揭示了高品质酱酒的奥秘。

然而,这一套成熟的叙事模式也隐含着创新的枷锁。它似乎预设了一条通往优质酱酒的唯一路径,任何背离传统标准的探索,都可能遭遇市场认知的壁垒,挑战着新兴品牌的突破与成长。因此,如何在坚守品质的同时,打破固有框架,寻求创新与个性化的平衡,成为白酒行业面对的新课题。

再者,不论何种香型,品质始终是白酒立足市场的根本。在探讨"香型"概念时,我们应更深入地认识到它在促进公众理解白酒品质内涵方面扮演的关键角色。以酱香型白酒的杰出代表——茅台酒为例,它不仅是将白酒行业与有机健康理念紧密结合的先驱,更是超越了传统酒精饮品属性的界限,进化为健康生活态度、环保意识与卓越品质追求的代名词。

这一转型,深刻地重塑了消费者对白酒价值的认知框架与期待阈值,使之不再局限于口感享受,而是延展至对生活品质提升的整体考量。

茅台集团前任领导人季克良曾精炼总结茅台酒的品质核心："香不腻人、吞不刺喉、醉不打头"，即便饮用过量，也能迅速恢复，避免了其他酒类常有的宿醉不适感。这番阐述，恰如其分地体现了茅台以人为本，致力于打造极致舒适饮酒体验的品牌理念。无论时代潮流如何变化，品质始终是茅台最坚实的根基，远超香型标签所能赋予的价值意义。

如今，中国白酒行业已超越了单纯以香型评判优劣的时代，步入了一个以全方位品质展现、多维度价值创造及深度消费体验的新时代。在这个阶段，决定企业市场成败的关键，在于是否能以品质为核心，不断创新、丰富产品内涵，真正满足消费者对高品质生活的多元期待与精神寄托。

## 2002 年，第二次白酒业革命：口感分类时代

### 风味创新与白酒本质的双重回归

在全球酒业趋势与消费者偏好双重推动下，中国白酒正步入一个后香型时代，从香型主导转向口感为中心的多元化变革。这场转型不仅在国内催生了全新的消费观念，也呼应了全球酒类市场中口感创新的潮流。

国际上，瑞典的 Absolut 伏特加通过独到的连续蒸馏技术，打造出纯净且层次分明的口感，赢得了全球市场的青睐；日本獭祭（Dassai）清酒，通过对精米比例的精密调控，创造出从轻盈到浓郁的不同风味，满足了消费者对个性化口感的渴望；而国内的锐澳（Rio）鸡尾酒，以缤纷色彩、多样口味及新颖饮用方式，刷新了消费者的感官体验。这些实例证明，无论是新兴酒类还是传统佳酿，都能通过技术创新和风味探索，实现口感的升级与多样性。

回到白酒市场，酒企也在积极探索"味"的无限可能，呈现出"和而不同"的独特魅力。2002 年，洋河酒厂首开先河推出"绵柔型白酒"，

打破了传统浓香型白酒口感的边界；2010 年前后，国窖 1573·中国品位登场，对中国白酒"风味化"进行了更为极致的演绎。与此同时，今世缘旗下高端品牌国缘，历经二十年潜心研究，专研白酒降度工艺，成为高端中度白酒的典范之作。

然而，我们应清醒地意识到，虽然白酒口感与风味的探索已触及适饮度的层面，但相较于消费者追求的"舒适体感"，仍显得力有未逮。白酒给人的终极意义，远不止于舌尖的欢愉，更是饮后身心的自然舒适，这才是衡量白酒"高端"与否的真正标尺。

正如一位资深酱酒爱好者所言："你的鼻子可以欺骗你，你的嘴巴可以欺骗你，但唯独你的身体不会欺骗你。"这意味着，消费者对白酒舒适度的真正需求还远未得到满足。白酒的终极探索之旅，将继续沿着舒适的脉络，在历史与未来的交汇点上延伸。

## 2004 年，第三次白酒业革命：体感分类时代

**历史终将交汇：舒适，是起点，也是终点**

在中国传统文化中，白酒被誉为天人合一的结晶，其酿造过程强调人与自然的和谐共融。酿酒师恰如大地上的艺术家，他们细致观察万物，与自然对话，探索与之和谐相处的智慧。这种"天人共酿"的哲学思想，要求白酒企业在生产过程中既要尊重传统，又要顺应自然，只有这样，才能酿造出真正符合"舒适"理念的美酒。

受限于传统酿造技艺，白酒的风味与酒精浓度往往成正相关，高浓度酒精虽带来丰富的风味物质，却也伴随着更强的刺激性和潜在的健康风险，这与西医观点中嗜酒、醉酒有害健康的警示不谋而合。然而，如何在降低酒精度的同时，依旧保持风味的丰富性，或是寻找酒精度、风

味与健康之间的黄金平衡点,成为行业探索的重要议题。

今世缘国缘系列主打 40％ vol～49％ vol 的中度酒,巧妙地平衡了风味与酒精度,引领了中国白酒香型融合的新浪潮。特别是国缘 V3、V6、V9 三款产品,作为高端舒适型白酒的典范,遵循"喝酒的高级感,就是饮后的舒适感"的品质理念,致力于探索并实践"香感舒适、口感舒适、体感舒适"的"舒适三段"体验,为消费者开启了舒适品饮的新时代。

**国缘 V 系首创"舒适三段"法则**

当香型不再是划分消费者的界限,而是成为丰富"舒适"体验的多彩旋律;当品质不再是冷冰冰的数字与规范,而是转化为触动消费者心灵的舒适篇章,每一滴酒液都将成为开启美好生活的钥匙,引领消费者踏上一段段愉悦、惬意的饮酒之旅。

今天,中国白酒行业正迈入一个以消费者为中心、以舒适体验为主导的全新发展时期。这一转变预示着中国白酒行业将孕育出一批具有全球影响力的领军企业。他们不仅将成为推动白酒产业深度转型和创新升级的强大动力,更是增强产业核心竞争力的关键,也将为我国白酒产业在国际舞台上展现雄厚实力,谱写辉煌成就,打下坚实的基础。

**白酒业三次革命**

中国白酒作为世界"四大蒸馏酒"之一,与法国白兰地、苏格兰威士忌、俄罗斯伏特加并驾齐名。然而,新中国成立初期,中国白酒的酒精度普遍在50%vol~60%vol之间,远高于国际烈酒标准的40%vol左右。自20世纪70年代始,中国白酒行业便致力于研究降度技术,旨在缩小与国际烈酒度数的差距,加速白酒的国际化进程。

历经数十年的探索与实践,中国高度酒的低度化取得了显著进展,低度白酒市场在2019年前持续扩张。步入后疫情时代,消费者饮酒心态发生微妙转变,倡导适度饮酒、享受微醺的风尚悄然兴起,为中低度白酒开辟了崭新的市场机遇。中国酒业协会理事长宋书玉曾指出,理性、健康的饮酒理念将主导未来消费者的选择,低度酒与优质风味的结合,将是行业发展的必然趋势。

中度酒,作为未来白酒消费的潜力股,目前市场尚缺领航品牌,尽管江苏、河南、山东等地的酒企积极布局中度酒产品,但在品牌影响力与知名度上，与行业巨头尚存差距，加之长久以来的营销导向，部分消费者形成了酒度与价值成正比的固定思维，这对中度酒的高端化进程构成了一定挑战。当前，中度酒市场主要以中高档价位为主，定价多在500元以下区间，更高价位的精品尚属稀缺。

中度酒市场欲求长远发展，亟需重塑消费者对中度酒价值的认知，推动产品结构向高端化升级，方能拓宽市场边界，实现可持续增长。这不仅需要酒企持续创新，提升产品质量与风味，更需借助品牌营销的力量，引导消费者建立正确的饮酒观念，从而开拓中度酒市场的广阔蓝海。

## 舒适的根因是中度，国缘已是高端中度白酒的隐形冠军品牌

2022年，中国规模以上酒企的产品销售收入达到9 509.0亿元的高位，中国酒业总体市场正式迈入"万亿时代"，迎来了史无前例的大繁荣。

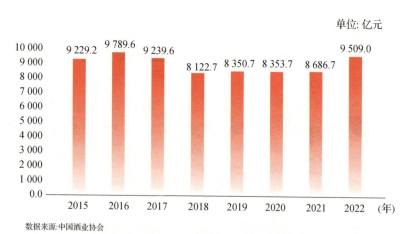

2015—2022年中国酿酒行业营业收入情况

同时,伴随人口结构变迁与环境演变,中国酒业正步入一个消费者觉醒的年代。公众的消费观念正经历深刻转型,从过往的产品主导、渠道为王、品牌至上,逐步进入到消费者主权时代。

这一转变在酒业中表现为对品质消费的追求,涵盖了对新酒种的探索、新消费场景的创造、新体验的提供以及新文化表达的尝试。消费者对品质的觉醒,呼唤着中国酒业不仅要坚守传统工艺、匠心精神和文化传承的同时,还要勇敢创新、注重技术及理念的革新。其中,中度酒为中国酒业突破品类边界、创造更多可能性奠定了基础。

**四大表现,揭示酒水主力消费人群开始觉醒**

中国酒业协会发布的最新报告《2023年中国白酒行业消费白皮书》,揭示了白酒消费者结构的演变,指出了市场正在经历一场代际的交接。

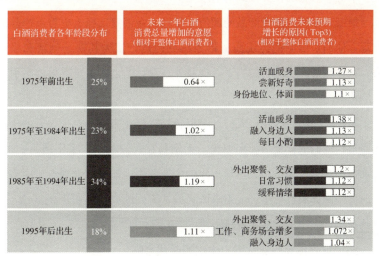

白酒消费者结构演变

数据显示,1985年至1994年出生的群体正成为白酒消费的中坚力量,占比为34%,而"95后"群体(不含未满18周岁的人群),也显示出18%的显著比例。另外,"95后"职场新人、1985年至1994年出生的白领人群具备高增长潜力,然而高度酒的辛辣口感,以及高度酒所形成的酒桌文化等让年轻消费人群逐渐远离。

探其原因,年轻人对高度酒的偏好度下降,第一主要是因为其高酒精度和难以适应的口感,对他们来说,所谓的"醇香"和"回味"往往只是"苦辣"的同义词。与上一代追求"不醉不归"的饮酒文化不同,这一代年轻人更倾向于享受轻松愉悦的微醺体验。

第二,年轻人对酒桌上的权力控制和不平等社交方式持反感态度。一方面,他们中的许多人已经无需通过酒局来建立社会联系;另一方面,他们反对那些损害尊严和平等的社交行为。这反映出年轻一代对健康、平等、尊重的社交方式的追求。

第三,年轻人注重产品的颜值。年轻人在消费选择上更看重产品的外观,他们对白酒的传统商务形象感到疏离,认为其缺乏创新和吸引力。在"颜值即正义"的当下,产品外观设计的创新能更有效地吸引年轻消费者。

第四,高度酒与年轻人的社交消费场景存在脱节,对于今天的年轻人而言,他们的社交活动多样化,无论是在餐娱场所、家中还是户外,只要他们喜欢,无负担、不易上头的中低度酒,都可以少喝点。而高度酒的传统商务属性与年轻人追求的轻松、多元的社交方式存在差异,导致其在年轻人中的受欢迎程度下降。

**消费觉醒传导行业觉醒,中度酒时代来临**

这些变化意味着年轻一代的饮酒观正在经历显著转变,他们对酒品的选择不再仅仅基于传统习俗或社交压力,而是更多地考虑个人偏好、健康意识以及追求独特体验。这种趋势推动了酒类消费的场景正在急速扩展和扩大。

对于高度酒而言，尽管品牌已经意识到年轻消费者的重要性，并尝试通过包装设计、营销传播和推广方式来吸引他们，但这些努力尚未能从根本上改变年轻人对高度酒的负面看法。一方面，高度酒的辛辣口感和品质认知仍然难以满足年轻消费者的需求；另一方面，高度酒在品牌塑造上过于说教，缺乏与年轻消费者的情感沟通和个性化表达。

对于饮酒而言，当代年轻消费者倾向于轻饮酒，追求微醺的自由感，同时保持对生活的掌控。《2023年中国消费者调研报告》显示，越来越多的受访者更注重自我满足，"我喜欢、我愿意、我需要"成为他们做出消费决策的关键因素。

**必须重新、精准认知中度酒**

首先，要全面理解"中度酒"概念，我们要将视野放到全球酒类市场，如此才能对当下中国酒市场的"中度酒"攻势和机遇，进行科学、理性的判断与分析。

近年来，全球酒类消费市场展现出了向中度酒倾斜的显著趋势。以日本为例，自1963年至2023年的六十年间，高度数酒饮的市场份额从46.2%锐减至26.1%，而低度数及具有创新口味的酒饮则异军突起，占比跃升至73.8%。在这一降一升市场份额的转移中，中度酒（非单一品类）保持了可观的增长，并呈现三分天下的态势。

今天，中度酒能否引领潮流，开创中国酒市的"中度酒"全新时代？答案无疑是肯定的。

从行业看，中国酒行业正从高速增长阶段转向高质量发展阶段，表现为不断涌现的新酒种、新场景、新体验、新文化表达等。这标志着，中国酒业不仅需要传承技艺与匠心，更需要重视技术创新与升级迭代，以促进产业生态的多样化繁荣。中度酒的异军突起，正成为中国酒业跨越品类界限，实现转型与升级的关键一环。

从消费者看，市场规律昭示着世代更迭的必然，新一代消费者的崛起正成为推动中度酒发展的强劲动力。行业报告显示，酒精度数已成为年轻人区分酒类的关键指标，直接影响他们在不同场合、与何人共饮的选择。

尤为重要的是，消费者的觉醒正催生着中国酒业的深刻变革，无论是独酌对饮、商务应酬还是婚宴、生日宴等消费场景里，中度酒正逐渐成为消费者的首选，它巧妙融合了高度酒的清爽纯净与低度酒的细腻柔和，实现了酒感与口感的完美平衡，并通过工艺创新、设备创新以及勾调复配等技术创新，在保证酒体品质和充分"微醺"的同时，精准解决当代消费者的饮用痛点。

若将目光放得更长远，中度酒承载的，不仅是国内酒类消费多元化的必然趋势，更是无数酒业人心中的共同愿景——中国酒的全球化征程。

## 国缘高端 V 系提出"高端舒适型白酒"，逐鹿千亿品类格局

**香型、口感、体感，三分天下有其一**

在全球酒业格局和消费者需求深刻变革的当下，作为"高端舒适型白酒"的代表，国缘 V 系列其创新实践不仅引领了中国白酒产业转型升级的方向，更在战略层面上重塑了白酒的价值定位，为江苏白酒的创新发展树立了标杆。

秉承着"喝酒的高级感，就是饮后的舒适感"的理念，国缘打造 V 系"一系三香"高端家族：国缘 V3 甜雅浓香，40.9% vol 黄金酒度，

舒适没负担,赢得"喝不醉的神酒"赞誉;国缘 V6 醇雅兼香,浓香之中融入清雅酱香,"浓头酱尾"口感绝妙,舒适更醇厚,开展大兼香策略;国缘 V9 清雅酱香,以"液体钻石"品质,荣膺绿色食品 A 级认证,被誉为"健康舒适好酱酒"。

在消费趋势与健康意识双轮驱动下,一个价值千亿的"舒适体验"市场正悄然兴起,亟待新锐力量的引领与开拓。国缘 V 系,以"高端舒适型白酒"为定位,以深厚的历史积淀、精湛的酿造技艺、独特的风味表达及对消费者身心健康的深度关怀,真正实现了"热烈"与"舒适"的巧妙融合,为全民开启了身心舒畅的饮酒新时代,也必将引领整个行业迈向更加广阔、更具包容性的"舒适"未来。

国缘 V 系

## 给世界酒业的中国答案:为什么舒适型、健康型白酒未来有机会成为世界主流

当下,在寻求饮酒体验与健康平衡的探索中,中国白酒以"舒适

型"概念开辟了新的篇章。这不仅是对酒精度数的简单降低,而且是围绕着提升品饮愉悦感的全方位工艺升级与品质飞跃。在此进程中,凝聚了无数酿酒工匠的心血智慧与不懈探索。其中,中国白酒大师吴建峰博士,作为白酒领域的首位博士及国缘V系"高端舒适型白酒"研发的领军人物,起到了关键推动作用。

早在20世纪90年代,吴建峰博士就敏锐地预见并倡导了中度酒度的白酒理念,通过引入智能化技术对古老的酿造技术进行了现代化革新。他的研究聚焦于制曲与酒醅发酵过程中的四甲基吡嗪(TMP)生成,揭示了这种化合物在改善人体循环系统、增强血管健康方面的潜在益处。吴建峰博士不仅阐明了TMP在白酒固态发酵中的独特合成路径,还设计了一套基于温度控制的高效生产方案,大幅提高了酒液中这类有益成分的浓度。

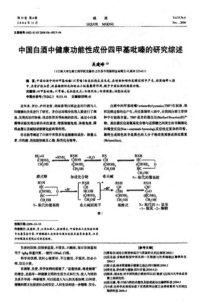

**吴建峰博士的研究论文**

这些前沿科研成果的成功应用，成就了国缘 V3、V6、V9 等系列酒品的卓越品质与健康特色。此举不仅塑造了江苏超高端白酒的崭新形象，也完成了从中度酒到舒适饮酒体验的华丽蜕变，为消费者带来了兼具传统魅力与现代科技感的舒适饮酒体验。

吴建峰博士曾分享过与白酒界泰斗沈怡方大师及茅台前董事长季克良先生的往事。那是 20 世纪 90 年代，吴建峰博士陪同沈怡方大师出席了在贵州召开、由季克良主持的技术研讨会。季克良在会上表达了对"国酒茅台，喝出健康"这一营销口号缺乏科学支持的忧虑。沈老随即提及吴建峰博士在江南大学攻读博士学位期间的论文恰好探讨了白酒，尤其是酱香型白酒中四甲基吡嗪（川芎素）有益健康的科学依据。季克良对此表示极大兴趣，并在研讨会上宣布，这一研究成果将作为茅台"健康饮酒"理念的科学基石，此次交流不仅加深了双方的友谊，也让"国酒茅台，喝出健康"的口号在全国范围内广为流传。

此后，吴建峰博士持续思考如何将这一科研成果应用于国缘 V 系的酿造工艺中，经过长达 18 年的不懈探索，吴建峰博士及其团队最终通过创新工艺，显著提升了酒体中四甲基吡嗪的含量，使其达到全球领先水平，是传统酱香型白酒的十倍之多，由此诞生了国缘 V9 清雅酱香，标志着新一代酱香白酒的诞生。

吴建峰博士还讲过一段与国际友人的趣闻。几年前，全球顶级威士忌品牌日本山崎的首席产品官访问了今世缘公司，吴建峰博士向他展示了多年前采用威士忌橡木桶陈酿的白酒样品，这款酒融合了木香与粮食的香气，令山崎总监赞叹不已，直呼过瘾，他幽默地告诉吴建峰博士："你们的'威士忌'实在太美味了，幸亏没有在日本销售，不然山崎日子可就不好过了。"

## 结 语

*聚焦就是预测未来,并让未来提前发生。*

*——艾·里斯(AL Ries),"定位理论"之父*

聚焦的前提是正确预测未来,而我们唯一要区分的是什么是事实,什么是观点。站在月球看地球,站在未来看现在,从国缘的高端中度引领,到国缘V系大舒适战略的全面升级,在"8 000亿的赛道"中,从传统的香型时代,寻找到口感、体感、舒适感的舒适时代,这么一个正在发生的未来——一个千亿级的心智赛道灯塔,正等待国缘去点亮,去创建。站在月球看地球,站在未来看现在,从国缘的高端中度引领,到国缘V系大舒适战略的全面升级,在"8 000亿的赛道"中,从传统的香型时代,寻找到口感、体感、舒适感的舒适时代,这么一个正在发生的未来——一个千亿级的心智赛道灯塔,正等待国缘去点亮,去创建。

# 第十三章

## 锐意突破
## 国缘 V9 "清雅酱香" 横空出世

2019 年 7 月 28 日，今世缘白酒在酿造工艺上的创新突破——"国缘清雅酱香型白酒酿造工艺研发"在北京成功接受了专家团队的权威鉴定。此次鉴定结果令人瞩目，项目的技术水平被一致认为已达到国际前沿标准。在紧接着的"国缘清雅酱香型白酒产品鉴评"活动中，汇聚了众多行业翘楚，包括中国工程院院士、北京工商大学校长孙宝国，中国酒业协会理事长王延才，副理事长兼秘书长宋书玉，中国食品发酵工业研究院副总经理宋全厚，中国科学院过程工程研究所研究员陈洪章，以及来自各大知名白酒企业的专家鉴评委员。他们对国缘 V9 清雅酱香型白酒进行了细致品鉴，并给予了高度评价，认为产品"微黄透明，酱香清雅，醇厚丰满，细腻圆润，诸味协调，余味悠长，空杯留香持久，具有清雅酱香型白酒的独特风格"。

专家鉴定

## 中国酱香的发展大势和独特工艺魅力

### 中国酱香型白酒的市场规模

中国白酒根据酿造的地域及工艺差异,形成了涵盖浓、清、酱等十二大主要香型的独特体系。其中,浓香型白酒以超过50%的销售占比,成为市场主导。酱香型白酒则占据约15%的市场份额,这一比例主要归因于其独特的产品特性。

酱香型白酒的生产过程复杂,成本高昂,特别是其核心产区的产能受限,导致其价格较高。早期,酱香型白酒的香气浓郁但后味略显苦涩,影响了消费者的接受度。随着生产工艺和产品特性的优化调整,酱香型白酒逐渐获得了消费者的认可和市场的扩散。

随着消费升级和消费者购买力的增强,高端消费趋势明显,推动了高端和次高端白酒市场的份额扩张,进一步提升了酱香酒的市场热度。茅台作为酱香白酒的领军企业,其强大的品牌影响力带动了新一轮的酱香白酒热销。郎酒、习酒等品牌的年增长率均超过 40%，酱香白酒的知名度和影响力持续上升。这些积极的市场因素和政策环境的叠加，共同营造了浓厚的酱香酒市场营销氛围，促进了酱香酒的快速增长，使得其利润占比超过了 30%。

此外，根据高端酒市场的数据显示，酱香型白酒的代表品牌茅台在高端白酒市场占据了超过一半的市场份额。这充分证明了酱香型白酒已成为中国白酒中高利润、高产值的代表性产品。展望未来，酱香型白酒有望进入新一轮的发展期，持续引领中国白酒市场的繁荣。

**中国传统酱香型白酒的酿造工艺**

传统酱香型白酒的酿造工艺极其精细且复杂，它遵循"两次投料，九次蒸煮，八次发酵，七次取酒"的严格生产流程。该工艺特点鲜明，具体体现为"四高一长"：高温制曲、高温堆积、高温发酵、高温馏酒以及长期的储存，确保了每一轮次的生产都历经一年的精心打磨。

在发酵的初期阶段，第一轮次通常不产酒，而第二轮次的酒体略显酸涩。这是为了促进酒醅中风味成分及其前驱物质的累积，为后续轮次，特别是第三、四、五轮次酱香酒的丰富产量和独特风味奠定基础。随着发酵的深入和高温反应的持续进行，第六、七轮次所产酒体会带有一定的焦煳味，这时需要精选窖池进行新一轮发酵，以保证传统酱香型白酒工艺的连贯性和产品质量的稳定性。

这一传统酿造工艺不仅体现了酱香型白酒的独特魅力，更凝聚了前辈们丰富的经验和深厚的智慧，是中华酿酒文化的重要瑰宝。

值得一提的是，我国白酒的品质与独特风味深受各地水源、风土、原料及自然生态等多元因素的影响。尤其是酿造过程中不间断地形成的特有酿酒微生态，这是白酒品质与个性化风味的核心所在，且其独特性

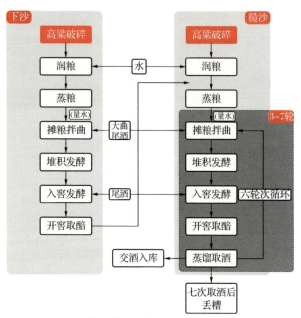

**传统酱香型白酒工艺流程**

难以复制。然而,随着城镇化步伐的加快和优势产区生态资源的过度开发,白酒酿造所依赖的自然生态和微生态正面临威胁,这无疑对酱香型白酒的产能提升及可持续发展构成了严峻挑战。

在酱香型白酒的生产过程中,我们不难发现,仅第三、四、五轮次的酒体质量较为上乘,这在一定程度上与现代生产模式及高质量发展的要求存在差距。

针对这些挑战与不足,中国亟须借助现代科学和生物技术手段,对传统酿造工艺进行创造性革新,并探索新型生产模式。这不仅有助于开发出更多风格独特、品质卓越的高质量酱香型白酒,满足消费者对美好生活的追求,更是推动酱香型白酒可持续发展的重要举措。

## 国缘 V9 高端舒适酱香，酱酒品类分化的引领者

衡量品类创新的成功与否，关键在于品牌能否在消费者心中占据特定位置，成为某一特性的代名词。比如，提及最安全的轿车、去头屑功效显著的洗发水或是销量领先的空调，品牌名自然而然地浮现在消费者的脑海中。这种现象，实际上反映了品牌已深入顾客心智，成为其决策链的终端分类。消费者在选择时，会直接指向"矿泉水""酱香酒"等，这便是品类创新胜利的标志。

白酒市场分化的首要维度在于"价格"。定价策略直接关联品牌定位，消费者往往通过价格形成对酒品的基本印象。"千元"价位不仅是高端的门槛，更是认知的分界线，因此企业集中核心资源，强化"国缘"品牌，特别是以 V 系引领高端价值，于省外市场培育千元级白酒的初步认知。

另外，"香型"是市场分化的另一重要维度，酱香在品质与价值感上，往往超越浓香，国缘 V9 也力图借助"清雅酱香"品类分化，向高端市场发起新一轮的挑战。

当然，"产地"作为第三个分化维度，对于国缘 V9 清雅酱香而言，可能构成挑战，江苏酒认知中清雅、柔和的特性仍然具有心智优势，但通过巧妙转化，仍能彰显出"清雅酱香"独特的品牌故事。

清雅的本质是舒适，舒适的本质是工艺革新、富含有益物质。几十年的工艺，几乎没人敢去轻易改变。江苏与贵州相隔千里，没有工艺的负担和束缚，才有了这次酱香酒的基因突变，也是清雅酱香应运而生的历史机缘，正应了国缘的文化口号，"成大事，必有缘"。

## 清雅酱香第一性原理思辨

"为何酱香酒难以下调度数?"——这一疑问曾长期困扰着白酒行业,然而,通过不懈努力,国缘 V9 终于攻克了酱香白酒降度后的口感难题,成功消除了酸涩与杂味,赋予中度酱香酒以崭新的生命力。

"历史不是枷锁,而是灵感的源泉。"——传统"12987"酱酒酿造工艺虽古老,却并非不可逾越,国缘勇于创新,调整工艺流程,实现了轮轮皆能产出优质酱酒的目标,打破了"墨守成规"的束缚。

"一切为了消费者的舒适体验。"——在发酵环节,大胆革新,采用黑曲为主导的用曲比例,不仅提升了酒体的香气浓郁度,更贴合了现代消费者对口感细腻、香气优雅的追求。

"学习经典,而非盲目模仿。"——我们深知,茅台是酱香酒的典范,但成功的道路不止一条,国缘汲取茅台之精髓,同时探索自身特色,证明了非赤水河产区同样能够酿造出卓越的酱香佳酿。

"让世界品味中国,让中国白酒接轨国际。"——面对洋酒的强势,国缘没有退缩,而是主动出击,调整中国白酒的固有度数,使之与全球烈酒的主流 40% vol 接轨,开启中国白酒国际化的新篇章。

## 国缘 V9,重新发明了酱香

国缘 V9 清雅酱香的产品开发,由新一代白酒大师吴建峰领衔开发,历时 20 年,并在其过程中得到已故白酒专家沈怡方和庄名扬的宝贵指导,终于酿制成功,并为市场带来了全新的酱香风味体验。

早在 20 世纪 90 年代末,吴建峰博士就踏上了研究酱香型白酒的征途,当时他与庄名扬和沈怡方两位行业泰斗合作,多次前往四川与贵州，深入各大酒厂学习。长达十年的时间里，每年不下十次的实地考察，每一次都让吴建峰博士受益匪浅，对酱香工艺的理解日益深厚。

至2001年前夕，吴建峰与沈老共同提出了新品的创新思路，吴建峰大胆创新，结合大曲与麸曲的优点，确立了以高温大曲为主的工艺路线，但针对传统酱香酒工艺中，前两轮难以产出上乘佳酿的问题，吴建峰博士考虑的是如何直接制出第三、四、五轮的好酒。

通过分析发现，酱香酒的风味是随发酵过程逐步累积的，于是借鉴续渣法工艺，以期达到这一目标。同时，研发团队也注意到传统酱香酒使用黄曲虽多，但实际上黑曲是酱香香气的主要来源，只是因其糖化能力较弱，发酵效率低，难以单独使用。基于此，吴建峰博士坚持走中度酒路线，通过减少高度酒的刺激感，并调和酱香酒过于浓郁的风味，使之更加平易近人；通过增加黑曲比例，创造一款香气优雅、口感舒适的中度酱酒。

黑曲的使用，为清雅酱香酒体赋予了独特的风味，而麸皮培养的酵母，即霉聚糖化酶，不仅提升了酒的香气，还保证了产量，麸皮特有的木质素在加热后释放出的木质香气，为酒体增添了别样风味，通过巧妙结合不同的曲种和原料，以及独到的工艺创新，包括续渣法、精细化的堆积与发酵控制，吴建峰博士一步步接近理想中的酒体风格。

为了成就清雅酱香的独特韵味，要坚持至少十年的长期储存，让酒香得以充分绽放，清雅酱香的工艺，凝聚了前辈们毕生的心血，对此吴建峰博士这样说："我们是在前辈的基础上，不断探索与前进。创新绝非盲目地尝试，而是有目标、有针对性地围绕着提升酒体的独特性进行，我们追求的，是一种'色如黄钻、香似奇楠、慢醉快醒、留香持久'，被喻为男人的香水，女人的最爱"。

企业技术创新的每一步,都是为了走在行业前列,引领行业的发展,在过去的二十多年间,今世缘人对品质的不懈追求,见证了这一段段探索与创新的旅程。

## 四大秘技,酿出清雅酱香味

国缘 V9 具有独特清雅酱香,主要是因为把握了以下几个创新的要点。

**要点 1:酿造用曲——高温黑曲为主,香曲为辅**

在酿造清雅酱香型白酒的工艺中,曲块扮演着至关重要的角色。根据曲块的大小、粉碎程度、含水量以及堆放方式的不同,形成了三类各具特色的曲种:黑曲、黄曲和白曲。黑曲,顶温可攀升至 65 ℃,虽糖化与发酵能力较低,却能赋予酒体幽雅细腻的酱香;黄曲,顶温介于 60~63 ℃,具备适中的糖化力,其酱香浓郁,香气四溢;白曲,顶温保持在 58~60 ℃,发酵力较高,但香味相对淡薄。

传统酱香型白酒的酿造,讲究曲种间的和谐搭配,通常黄曲担当主角,占比约 80%,辅以 15% 的黑曲,再加入 5% 的白曲。这一配比,加之 5~10 天的堆积发酵,有效增殖了环境中的酵母菌群,确保了充足的发酵活性。

而清雅酱香型白酒,在制曲环节则另辟蹊径,大胆采用黑曲为主导,比例高达 80% 以上,旨在强化酒体的幽雅与细腻感,在原料选择上,小麦、大麦与豌豆的组合,经由微生物酶系与热反应的协同作用,促进了呋喃类及含氮化合物的生成,极大地提升了白酒的风味层次。

为平衡发酵过程中的糖化与发酵效能,清雅酱香型白酒引入了高性能糖化和发酵微生物的纯培养技术，制成了富含功能性的香曲（麸曲），更进一步，通过添加能高效产生四甲基吡嗪的细菌，显著提高了酒体中功能成分的含量，使清雅酱香型白酒的品质达到新的高度。

**要点2：清蒸清烧，续渣发酵工艺**

清雅酱香型白酒的酿造，始于精心挑选的高粱、小麦与麸皮，这三者不仅构成了酒体的基石，更巧妙地提升了原料中的蛋白质比例。在堆积与发酵的双重魔法下，微生物酶与热动力学携手共舞，催化出丰富的含氮化合物及其前身物质，为酒液注入了生命的活力，为了避免原辅料中可能存在的异杂气味影响成品的纯净，清雅酱香型白酒采取了清烧工艺，它剔除了杂质，只留下最纯粹、最清雅的香气。

在酿造过程中，清雅酱香型白酒采用了独特的配醅清蒸法，每一轮，新鲜粮食与陈年母糟交织在一起，在蒸汽的作用下，原料得以充分糊化，释放出深藏其中的风味潜力。这种续渣发酵的工艺，不仅确保了酒醅中风味物质的丰沛产出，还巧妙地规避了传统酱香工艺中前两轮次风味富集的冗长过程，使得每一轮次的酒质均能达到卓越水准。值得一提的是，续渣发酵的另一妙处在于，它适度提升了入窖时的酸度，避免了温度骤升带来的负面影响，酒体中的高级醇含量能够得到有效控制，从而降低了饮后不适的可能性。

**要点3：高温堆积**

在清雅酱香型白酒的酿造工艺中，高温堆积堪称灵魂之笔。这一工序，不仅网罗并富集了周围环境中的微生物群落，还在酶的作用与热动力学的协同下，促进了风味成分及其前体物质的转化与累积，堆积的质量直接关联着酒液的产量与品质，其重要性不言而喻。传统的堆积工艺，多在露天场地上进行，外层空气流通，为酵母等微生物的繁衍提供了绝佳条件；而内层则因温度高、氧气稀薄，成为耐高温兼性厌氧或厌氧细菌的乐土。然而，长时间的堆积易受外界环境变化的影响，对堆积效果的可控性构成挑战。为了解决这一难题，清雅酱香型白酒引入了自动化堆积系统，将现代测控技术融入古老的酿造艺术，通过智能化调控，该系统能够精确掌握堆积过程中的温度、湿度和溶氧量，确保内外层条件的均衡一致，从而大幅提升堆积质量。这一革新还大幅缩短了堆积周期，由原先的48小时锐减至18小时，极大地提升了生产效率，同时也增强了产品质量的稳定性。

**要点4：高温馏酒**

传统浓香型白酒，其魅力源自低温慢发酵工艺，低温蒸馏旨在捕捉低沸点酯类，以增强其浓郁香气，成就独特风味。相比之下，清雅酱香型酒则独树一帜，采用高温蒸馏技术，严格控制冷凝酒液温度于37 ℃上下浮动3 ℃，此举巧妙摒弃了硫化物等刺激性挥发物质，显著减轻酒体的生涩感，促进陈贮过程中的自然熟化与风味融合。同时，通过降低取酒酒精浓度，更多地保留高沸点芳香成分，确保高温发酵中孕育的香气精华尽收瓶中，全面提升酒质，赋予空杯持久留香。

在酿造技法上，清雅酱香型酒大胆革新，巧妙结合高温黑曲与香曲，沿袭清蒸清烧的传统，辅以连续投料、高温堆置、高温取酒等步骤，并遵循长期陶罐陈放之道（如下图），精心打造出一款色若琥珀、清澈透明、香似沉香、清雅脱俗、口感醇厚甘甜、细腻绵长、诸香平衡、余韵悠长的佳酿，彰显出清雅酱香型白酒独有的韵味与格调（如表13-1）。

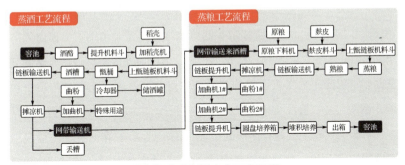

清雅酱香型白酒生产工艺流程

表 13-1 酒体感官评语

| 品名 | 酒度 vol(%) | 感官评语 | | | |
|---|---|---|---|---|---|
| | | 色 | 香 | 味 | 格 |
| 清雅酱香 | 52 | 色如黄钻 晶莹剔透 | 香如奇楠，清雅飘逸 空杯留香持久 | 醇厚丰满，细腻圆润 诸味谐调，余味悠长 | 具有本品独特风格 |
| 酱香型 | 53 | 无色或微黄 清亮透明 | 酱香突出，香气幽雅 空杯留香持久 | 酒体醇厚，丰满 诸味谐调，回味悠长 | 具有本品典型风格 |

## 独特清雅酱香，继承传统又敢于打破传统

清雅酱香，作为酱香白酒领域的一股清流，不仅在酿造工艺上推陈出新，更在品质与文化层面实现了全面升华，堪称白酒香型发展史上的里程碑式创举。2020 年，《清雅酱香型白酒》团体标准的发布，标志着这一创新成果获得了行业权威的认可，引领着白酒产业迈向新的高度。清雅酱香的核心工艺"四高两长"，即高温大曲与特制香曲的巧妙结合，加之自动化精准控制的圆盘堆积，以及泥底石窖的高温发酵，确保了酒体风味的丰富与纯净，长期陶坛陈藏于恒温恒湿环境，赋予了酒液"色如黄钻，香如奇楠"的非凡特质，以及"细腻柔滑，舒适自然"的品饮

体验,兼备"慢醉快醒,舒适留香"的健康特性,使其在众多白酒中脱颖而出。国缘V9,作为清雅酱香的典范之作,完美演绎了中国白酒的精髓所在——色、香、味、格浑然一体,由内而外散发出高端典雅的气息,它不仅是一款品质卓越的佳酿,更蕴含深厚的文化底蕴与历史积淀,触动人心,引发共鸣。

被誉为"新一代酱香标准制定者"的国缘V9,在面世之初便吸引了业界广泛关注,被视为白酒行业的一场"革命",其命名寓意深远,"V"代表胜利与对品质的不懈追求,"9"象征至高无上的成就,共同传达出国缘V9对极致品质与价值的不懈探索。通过高温黑曲与香曲的精妙配比,国缘V9酒体幽雅细腻;清蒸清烧工艺的运用,使其更加纯净清雅;续渣发酵提升了饮后舒适感;高温堆积与馏酒,则有效优化了酒质与留香。长期陶坛陈放,令酒液自然老熟,口感更加柔和温润,完美体现了"新、长、高、低、多"的高端酿酒技艺,成就了"色如黄钻,清雅飘逸,细腻柔滑,舒适自然"的国缘V9,其"醉得慢、醒得快、舒适留香"的饮酒体验,恰与江淮之地的清雅神韵相得益彰。

**新**:借鉴古法,融入现代科技,清蒸清烧技法的运用,确保了酒体的纯净与清香;混入与续渣的巧妙结合,为酒液增添了层次丰富的口感;自动化制曲与酿酒的引入,不仅提升了生产效率,更保证了品质的稳定性与一致性。

**长**:清雅酱香的发酵周期,远超常规,赋予酒体更加醇厚的底蕴;而陶坛陈藏,历经数载,让每一滴酒液在时间的洗礼下,愈发细腻圆润,香气馥郁。

**高**:高温制曲,激发酒曲的生命力,奠定酒体的芳香基调;配料,讲究比例的精确,确保酒液的纯净与平衡;高温堆积与发酵,加速香气物质的生成，提升酒质；高温馏酒，萃取精华，剔除杂质，留下醇厚甘美的灵魂。

**低**：清雅酱香，严格控制高级醇、己酸乙酯、糠醛等可能影响口感与健康的成分含量，确保每一口都是纯粹与健康的享受。

**多**：清雅酱香，依托多菌种共同作用下的糖化发酵，不仅促进了风味物质的丰富多样，还增加了酒体中的健康因子，让每一次品尝，都能感受到生命的活力与大自然的馈赠。

## 国缘 V9 的"清雅美学六观"

中国白酒兼具物质与精神双重特质，然长久以来，对其品评局限于"色、香、味、格"四维度的感官体验，却鲜少触及引发饮者心灵共鸣的深度探索，而国缘 V9 在此基础上融入"缘文化""清雅美学"，全面发掘白酒的多重价值，围绕白酒的物质四观和精神二观形成了自己的独特美学体系。

"色、香、味、格"为物质四观，侧重于白酒与饮者五官的互动，带来直观的物质体验。"缘、美"则深入精神层面，强调白酒与人心灵的交融，体现天地人和的饮酒之道。

酒之色，集色泽与形态于一体，是视觉的第一印象。清透的色泽，泛着微黄，均源自粮食的精粹与岁月的沉淀，酒体的微妙波动，如生命的律动，静谧中蕴藏着微观世界的奇妙排列，挂杯现象则直观反映了酒质的醇厚与成分的丰富。

酒之香，源于粮谷本香、发酵过程及陈年熟化。而实际上，鼻子的敏感度比味觉高出 1 万倍，能区分上千种气味，即使这些气味处于氤氲交融的状态，清雅酱香之所以说香似奇楠，是因为丰富的木质素，来源于较其他白酒 5 倍之多的黑曲，黑曲也是产生清雅酱香的风味来源。

酒之味，是口腔与酒液的亲密对话。温度唤醒酒中分子，跃动于舌间，酸、甜、苦、咸、鲜、厚、薄等感受——具象地表现出来，呈现人生百味、丰满愉悦的味觉体验，奇妙之处难以言喻，喝过三次就会彻底爱上它。

酒之格，亦为酒性，或温婉，或豪放，或优雅……这一切，是对白酒色泽、香气与味道的综合描绘，是从物质感官与精神层面过渡的桥梁，清雅酱香一如江苏人的性格，柔中带刚；一如淮扬菜的风味，清雅却醇厚。

酒之缘，倡导"成大事，必有缘"，国缘的成大事必有缘，非常适合 V9 的场景和地位，当一瓶酒融入因缘际会的人生哲学，"情缘、亲缘、友缘、商缘……"酒不再是简单的酒，展现了中国人的独特世界观、人生观、价值观和特有的生活态度和智慧。

酒之美，最高层次上升到美学的至高境界，此时酒中有人，人中有酒，人与酒交融，情感与酒香共鸣，超越物质，达到心灵契合，正如古语"醉翁之意不在酒，在乎山水之间也"，体味天地人和的和谐之美，正所谓"各美其美，美美与共"。

清雅六观，是一场从物质至精神的逐层递进之旅，始于物质的直观感知，终于心灵的深层触动，物质四观——色、香、味、格，与精神二观——缘、美，二者相融，相辅相成，让品酒超越物质追求，达至人酒合一的境界。

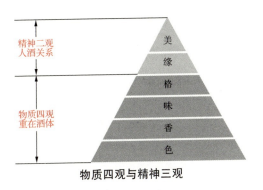

物质四观与精神三观

## 国缘 V9"敢为精神":敢为人先,永不止步

中国白酒是东方文化的瑰宝,承载着深厚的历史底蕴与人文情感。在这一领域,今世缘酒业以其"敢为人先,永不止步"的精神,不断探索与创新,立志用 20 年的时间,实现"三分天下有其一"的宏伟目标,不仅从香型上寻求突破,更注重体感上的极致追求。

进入 21 世纪初,当市场对健康饮酒理念日益重视,今世缘的研发团队敏锐地捕捉到了酱香型白酒的潜在趋势,决心打造一款度数适中而风味依旧浓郁的清雅酱香型白酒,以满足消费者日益多元化的口味需求。为此,他们踏遍千山万水,深入全国各地走访调研,虚心向行业前辈求教,历经数载磨砺,终得真传。

"敢为人先,永不止步"这八个字,不仅是今世缘品牌的灵魂,更是每一位酿酒人内心的灯塔。在研发国缘 V9 的征途上,"敢为人先"意味着勇于打破常规,敢于探索未知;"永不止步"则体现在面对困难时的坚韧不拔,以及对产品品质无止境的追求。正因如此,国缘 V9 不仅是一款白酒,它更是中国白酒文化与创新工艺融合的象征,一张向世界展示中国白酒魅力的闪亮名片。

## 结 语

> 创新就是一种新的生产函数的建立,即实现生产要素和生产条件的一种从未有过的新结合。
>
> ——约瑟夫·熊彼特(Joseph Alois Schumpeter),"创新理论"鼻祖

传统需要继承,但传统也是用来挑战的,如果没有创新精神,那么这个世界的发展就会陷入停滞,只有用不断持续的创新,才能用生产力的提升创造更多的资源,让社会、让世界更美好、更均衡地发展,大到国家,小到行业、企业都如此,而中国酱香白酒的工艺也正是需要在继承中不断创新。

当"清雅酱香"团体标准刚刚建立时,还会迎来业内的诸多质疑,但让人乐见的是随着时间的推移,更多的酱香分化标准被塑造出来,"绵柔酱香、醇柔酱香、柔和酱香、中度酱香",清雅酱香引领了这一轮中国酱香白酒的创新,唯有创新,才能让中国白酒走向世界的酒业之林;唯有创新,才有机会让中国白酒改变全世界的味蕾;唯有创新,才是中国开放包容,走向世界的最有力通行证。

## 第四部分 延伸思考
## 深维度"创新进化"四问

❶ 我们有什么方法可以积极寻找变化和回应变化?

❷ 我们是否有目的回应变化将其视为机会并加以利用,来创造新的顾客价值?

❸ 我们有没有定期有条理地舍弃过去,从而有足够的精力和资源捕捉变化和机会?

❹ 我们有没有对创造预期中的未来所需要的工作进行明确的界定、分工、行动?

## 第五部分

# 智慧百亿
## 拥抱未来变化的数智密码

"近年来,我们进一步扩大智能化规模,提升高端化、智能化、绿色化水平,提升产能和品质基础保障能力,正在实施总投资超过 100 亿元的技改扩能项目,按照 2026 年内建成过程智能的酿酒及制曲中心、规模领先的陶坛酒库、技术先进的成品酒包装物流中心目标,不断塑造发展新动能新优势。"

发展新质生产力,还要深入推进数字经济发展。数字技术的创新,是加快形成新质生产力的关键支撑。无论是商业环境,还是生产环境,都发生了明显变化。企业必须具备敏捷的反应力,利用新技术为企业创造更大价值,在互联网时代,数据可以让企业管理者快速做出精准决策,让各业务流程高效衔接。

今世缘创立的产业链数字化平台,从供应端、生产端、销售端、消费端,构建起上下游协同发展生态链,推动数字化与供应链、产品研发、品牌运营、渠道建设、营销服务等领域深度融合。在数据资产的应用上,打通厂商店,构建数据共享平台,形成数据资产,赋能企业决策。

## 第十四章

## 数字经济是
## 新质生产力的核心驱动力

随着新时代飞速发展的步伐,中国经济正稳步从高速发展阶段过渡至追求质量与效率的新篇章。这一转变意味着我们必须调整步伐,优化经济结构,寻找新的增长点。在这个转折点上,技术创新与产业升级为企业注入了活力,同时也带来了新的挑战。机遇与挑战并存,相互交织,使经济形势更加多元且复杂。

白酒行业也顺应了这一趋势,经历了显著的变化,从单一的产品销售,转向了提供综合服务;运营模式从封闭式管理转为多元业态的融合;消费模式从依赖单一市场驱动,发展为多个市场动力的协同作用;品牌推广从单一渠道传播,拓展为多渠道的立体化营销;信息传播经历了从资源主导转变为数据驱动;行业定位从单纯的制造业升级为产业融合的参与者。在这样的背景下,推动白酒行业的数字化、规范化及国际化,成为其适应新时代发展的必然选择。

时至今日,随着人工智能、机器人技术、虚拟现实与量子科技等前沿领域的迅猛崛起，数字技术正以惊人的速度改变人类的生产、生活及思维方式。在制造业领域，技术进步不仅革新了产品与服务，还重塑了生产流程、合作模式、行业生态乃至商业规则。置身于大数据的洪流之中，企业视野得到了前所未有的拓展。开放的连接、跨界的合作、精准的数据分析与共享，都让大数据成为推动经济创新和高质量发展的新引擎，对经济发展模式和生产生活方式产生了深远的影响。数字化转型，无疑是企业面对未来挑战的关键一步。

## 数字化已是中国传统企业的必由之路

对于中国白酒行业，尤其是那些历史悠久的品牌，在市场增长放缓、竞争加剧的当下，数字化转型显得尤为重要，它不仅能够帮助酒企精细描绘目标客户群像，还能优化营销策略、整合资源，贯穿从产品创新、生产制造到市场推广的每一个环节。这种全链条的革新，将有力推动白酒企业的高质量发展，使其在传承中焕发新生，实现可持续的成长。通过数字化赋能，中国白酒企业能够更好地适应市场变化，提升竞争力，满足消费者日益精细化的需求，从而在未来的道路上稳健前行。

数字化转型已成为企业提升运营效率的关键一环，在瞬息万变的商业环境中，运营效能直接关乎企业的存亡与兴衰。通过数字化手段，企业能够实现即时数据分析、跨领域协同、前瞻性的产能规划、无缝配送以及靶向市场营销，从而消除内部沟通与合作的障碍。

数字化让企业内部的各个部门，无论是身处不同地域还是使用独立系统的团队，都能高效配合、协同分工。它促进了一套标准化、简便且高效的作业流程的形成，确保销售、制造、仓储、采购、人力资源、财务管理乃至日常办公等所有关键环节都能实现一体化运作。在这一过程中，信息的准确无误、及时更新和有效利用变得至关重要。数字化不仅加速了决策过程，还加强了团队间的联动性，保证了企业的健康运行，由此，企业能够迅速应对市场变化，增强内部协作，最终达到优化整体表现、强化市场地位的目标。

但今天白酒行业的数字化革新，仍有两道关隘尚需攻克。首要难题是数字化升级前期往往需要巨额投入，且成效显现非一朝一夕，故而某些企业决策者安于现状，不愿轻易打破既有生产管理格局；其次是很多企业对数字化的理解停留在表层，将其等同于电商平台的销售活动，忽略了其在生产流程优化、质量控制及品牌建设上的深远价值。

## "酿酒＋数字化"化学反应：营收利润双增

据国家统计局数据显示，截至 2022 年，国内规模以上白酒生产企业共计 936 家，年度总产量定格在 671.2 万吨，较前一年度减少了 5.58％。追溯过往十年，白酒生产总量自巅峰时期的 1 380 万吨滑落至不及昔日一半，仿佛是行业规模在经历了一轮自我瘦身后的必然结果。

中国酒业协会的数据显示，相较于 2019 年，尽管产能在持续紧缩，白酒行业的总收入却实现了 5％的增幅，利润更是飙升 71％。业界专家剖析，这得益于存量产能的激活与优质产能的提升，同时低效产能被淘汰出局。

在这一转变过程中，数字化转型起到很大的催化作用。凭借精准营销与个性化服务策略的实施，白酒行业紧密依托数字技术，显著提升了品牌影响力与市场份额。有专业人士强调，数字工具能够捕捉并分析终端客户的实时反馈，助力酒企勾勒用户画像，精准定位广告资源，发掘潜力渠道，甚至为新品研发、市场推广、活动策划提供决策依据。在存量博弈的新常态下，数字化无疑成为白酒行业应对挑战、开拓未来的利器。

面对增长放缓、竞争加剧的现实，白酒企业必须拥抱数字化，以此开辟全新路径，避免陷入同质化竞争的泥淖。对于多数酒企而言，构建数字化营销体系是核心任务，亟须破除数据孤岛、打通供应链脉络、完善营销架构，以期在数字化浪潮中乘风破浪，引领未来。

而今世缘在数字化浪潮中，很多年前就已经在探索，并走在行业前列。

## 今世缘的数字化转型由来已久，首创智能工厂，建构数字人才梯队

2024年全国两会期间，全国人大代表，江苏今世缘酒业股份有限公司党委书记、董事长、总经理顾祥悦在与新华网连线时表示，推动传统制造业高端化、智能化、绿色化发展，直接关乎我国现代化产业体系建设全局，要使传统制造业在数字赋能、绿色转型中焕发新生、赢得未来。

顾祥悦表示，今世缘立足创新驱动，用现代科技改造提升传统产业，深化人工智能研发应用，努力把企业打造成强大的创新主体。2015年，中国白酒首套装甑机器人生产线在今世缘投产。近几年，以"智改数转"为重要抓手，启动了总投资超百亿元的技改扩能项目，进一步扩大智能化规模，提升高端化、智能化、绿色化水平，不断塑造发展新动能新优势。

顾祥悦认为，传统产业数智化转型是必然趋势。在互联网时代，数据可以让企业管理者快速做出精准决策，让各业务流程高效衔接。企业必须具备敏捷的反应力，推动数字化与供应链、产品研发、品牌运营、渠道建设、营销服务等领域深度融合，形成数据资产，赋能企业决策。

今世缘在数字化转型的道路上先行一步，将数字化视为驱动企业高质量发展的关键引擎。

在这一进程中，今世缘构建了全面的数字化转型框架，与全球领先的技术伙伴 SAP 和西门子携手，借鉴其在数字化领域的丰富经验与先进科技，搭建了稳固的数字化转型基础设施，实现了业务流程的全面线上化、数据的全方位采集与系统间的无缝集成，塑造了一个与时俱进、数字化驱动的新形象。

尤其值得一提的是，今世缘在智能化酿造方面的成就引人瞩目。自 2004 年至 2015 年，今世缘完成了从半机械化到全机械化的转变，继而迈入智能化酿造的新阶段。通过建立智能化的白酒酿造车间，实现了从原料处理到酿造管理、数据收集直至物料管控的全流程自动化，极大提升了生产效率与管理水平。充分展现了科技赋能的显著成效。为此，很多名酒企业纷纷前来交流学习，而今世缘也乐于分享，积极推动中国白酒业的数字化、智能化进程。

同时，今世缘始终坚持以消费者为中心的服务理念，着力构建了完善的消费者服务体系。公司不断深化质量追溯体系的建设，引入智慧兑奖系统，以实物、红包、积分等多种形式与消费者互动，显著提升了查

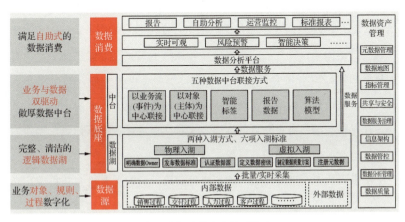

**今世缘数字化部署逻辑图**

询率与参与度，荣获江苏省"重点食品生产企业电子追溯系统示范企业"以及国家"白酒电子溯源技术应用与研究示范企业"称号。此外，hybris 和会员管理系统的引入，为消费者提供了线上线下一体化的"产品通、服务通、会员通"平台，满足了消费者对个性化与定制化服务的需求。通过对兑奖系统累积的大量数据进行深度分析，今世缘得以更精准地洞察消费者需求，从而持续提升消费者满意度与品牌忠诚度。

## 数字化的杀手级应用，扫码营销显威力

消费培育是消费品企业永恒的抓手，在这一系列举措中，今世缘正通过深化消费者培育，结合数字化营销工具（如扫码营销），来支撑其"后百亿时代全国布局"的长远规划。这一策略不仅体现了对消费者关系的重视，也展示了其利用现代技术推动传统酒业创新的前瞻性。

### 扫码营销，今世缘消费者培育策略

今世缘的消费者培育策略，主要围绕扫码营销这一核心展开。无论是在 V3 还是 D 20 等不同定位的产品上，今世缘均采用了统一的"一物一码"营销模式，如开展"再来一瓶，赢汽车大奖"等促销活动，消费者只需扫码，就有机会赢取现金红包、积分、再来一瓶，乃至汽车大奖，这一举措极大地激发了消费者的参与热情。

在寻找与消费者更贴近的沟通方式时，今世缘选择了扫码营销作为桥梁。这背后的原因简单而直接：

实惠消费者，激发购买兴趣。通过扫码，消费者有机会获得实实在在的优惠或奖品，这种直接的利益驱动让他们更愿意开启酒瓶，体验产品。中奖后的分享，也让更多人感受到品牌的诚意，口碑自然传播开来。

增强渠道信心,促进合作双赢。扫码活动不仅提升了销量,还给了经销商和零售商实实在在的业绩支持。消费者中奖后回到店铺兑换,带动了二次消费,店主也能借此机会推荐其他商品,双方合作更加紧密,信心倍增。

精准收集数据,指导策略调整。一物一码的方式让今世缘能够精确记录消费者的购买行为、偏好等信息。这些数据为今世缘酒业提供了宝贵的市场反馈,帮助它更准确地制定营销策略,满足消费者需求。

## 致力打造今世缘工业互联网平台

今世缘酒业持续推动信息化与工业化的深度融合,不仅在酿酒车间扩展了 MES 系统,还引入了自动化转酒控制系统、能源在线监测平台等一系列生产信息化系统,提升了生产效率与资源利用。同时,公司升级了一体化办公系统与数据智能分析平台,优化了以控盘分利和"V 享荟"为核心的数字化营销平台,借助信息化、数字化、智慧化手段,服务于新一轮跨越发展。

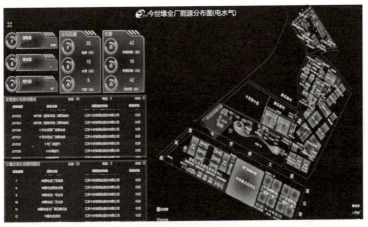

今世缘能源在线监测平台

这一系列举措使得今世缘被评为省级重点工业互联网平台企业、省级智能制造示范车间，并荣获"江苏制造突出贡献奖优秀企业"称号。公司成功接入国家工业互联网标识解析二级节点，成为淮安市首个国家工业互联网标识解析落地企业，标志着其在数字化转型与工业互联网应用上取得了显著进展。

## 喜"新"不厌"旧"，发展新质生产力

传统制造业作为新质生产力的基石，其高端化、智能化、绿色化的发展，对中国现代化产业体系的建设具有决定性影响。白酒产业，因其长周期性的"时间艺术"，遵循着酿造工艺的严格规律，决定了这一行业具有重资产、长投入、长回报的特点。

今世缘，作为中国酿酒智能化的先锋，积极运用现代科技赋能传统产业，以"智能化改造、数字化转型、网络化联结"为突破口，创新研发智能化酿酒装备，将白酒酿造原理与操作流程数字化，构建起人工智能驱动的"酿酒大脑"。其中，今世缘率先投产的装甑机器人生产线，标志着中国白酒行业迈入智能化酿造的新纪元。

推进新质生产力的开发，同样离不开数字经济的深度发展。数字技术的创新是新质生产力成长的关键支撑，面对商业与生产环境的变化，企业需具备敏捷的应对能力，运用新技术创造更大价值。在互联网时代，数据赋能管理者做出快速而准确的决策，促进业务流程的高效联动。

为此，今世缘构建了产业链数字化平台，覆盖供应链、生产、销售与消费环节，形成上下游协同发展的生态圈，推动数字化与供应链管理、产品研发、品牌运营、渠道拓展、营销服务等领域的深度融合。通

过数据资产的整合与应用，打通企业与市场、经销商的链接，形成共享数据平台，为决策提供数据支撑。

为加速新质生产力的发展，顾祥悦在 2024 年两会期间提议，加大研发与技改奖补力度，进一步激励企业加大创新投入，细化以结果为导向的产学研奖补机制，引导高校与企业在具体创新项目上展开合作，面向市场进行研究分析，提高成果落地性。同时，支持建立以企业为主体、市场为导向、有产业特色的创新平台，把科技创新的成果应用到具体产业和产业链上，促进供应端、生产端、销售端再到消费端的全过程创新升级。

## 结 语

*是故胜兵先胜而后求战，败兵先战而后求胜。*

——《孙子兵法·形篇》

弈者为夺取胜利，必须在战斗中取得主动。为了争取主动，取得胜利，每下一子，使对方必应，这叫先手。有时为了争取先手，甚至不惜付出相当大的代价。《棋经十三篇》："宁输数子，勿失一先。"在未来的几年里，企业数智化转型将迎来一个重要的加速期，我们可以看到今世缘已经很早洞察到数字化的威力，并成功地借助数字化系统的力量，从平台化迈向生态化。看来，让优秀成为一种习惯的底层精神是"敢为人先，永不止步"。

| 第十五章 |

## 国缘拥抱大未来
## 全链数字化,突破数智化

数字化与数智化,仅一字之差,两者有什么区别呢?数智化的核心,是以海量大数据为基础,结合人工智能相关技术,打通原来的数据孤岛,结合场景化去解决企业的问题。数字化是1.0阶段,主要是数据采集、分析;数智化是2.0阶段,更多的是帮助决策,从数字化到数智化,从技术角度、产业角度都是不断演进和升级,为下一步数字经济发展注入了新的动能。

"春江水暖鸭先知",围绕着数智化,各大酒企早已拉开了企业技术改革、构建现代化产业体系的竞争大幕。从目前来看,数智化转型已经为不少酒企带来了较为显著的效果,特别是在优化生产流程、提高产品质量、提升消费者服务、拓宽市场渠道等层面。

### 数智化破壁,白酒行业加"数"奔跑

当下,数实融合风头正盛。

宏观上，《2024年政府工作报告》明确指出，"制定支持数字经济高质量发展政策，积极推进数字产业化、产业数字化，促进数字技术和实体经济深度融合。"

落实到酒业领域，《中国酒业"十四五"发展指导意见》提出，要以智能酿造推动创新发展，深入推进关键工序智能化、生产控制自动化和供应链优化，推动产业科技创新、工艺创新和管理创新，助力产业转型升级。

**生产数智化，科技酿出酒香**

白酒行业一直被视为劳动密集型产业，随着现代工业的发展，数智技术的应用日益广泛，正悄然重塑这一传统产业。

相较于传统生产，数智化生产通过引入自动化酿酒和包装设备、智能仓储物流配套设施，大幅削减了对人力的依赖，有效控制了人力成本，并通过智能化管理系统控制生产过程，减少原材料和能源的浪费，推动了行业向绿色、高效的方向迈进。

茅台、五粮液、今世缘等各大白酒企业均已陆续投入大规模资金和技术力量，建设智能酿造工厂，加码数智化，数字技术正在助力白酒产业升级。

**营销数智化，抢占C端市场**

数智化除了体现在生产领域，为适应市场瞬息万变的态势，白酒企业也正积极拿起数智化营销武器，以期精准触达消费者，有效规范市场秩序，投放营销费用，提供卓越便捷的服务，从而抢占市场份额。

从茅台到五粮液，从今世缘到泸州老窖，酒企数智化营销，既有直面C端的探索，也有打通渠道、终端的智慧门店，更有从生产出库到消费开瓶的全链路管理。

茅台作为白酒当之无愧的龙头企业，2023年1月1日，茅台旗下的元宇宙 App"巽风数字世界"正式上线。这款应用不仅融合了虚拟现实技术和数字孪生理念,更搭建了一个创新、开放、和谐的数字家园,打造了属于茅台和用户的"平行世界",为消费者带来了充满想象力的"数实融合"体验,开启了白酒行业数智化营销的新篇章。

茅台的另一大动作是"i 茅台"电商平台的上线。"i 茅台"不仅涵盖了茅台全系产品的线上直营,还在长期运营中积累了宝贵的数字资产,包括消费者行为数据和偏好信息,实现了品牌与客户间更为紧密的数据链接,确保了信息的透明度和管理的一致性。总的来说,无论是"巽风数字世界"还是"i 茅台",均直接面向消费者,提高了对 C 端的把控。

而五粮液则着眼于构建以顾客为核心的智慧零售生态系统,通过数字化工具全面升级门店运营,强化了与渠道合作伙伴及最终消费者的数字纽带。其数字营销系统的应用,使得供应链、生产流程、销售动态乃至财务交易都变得清晰可见,推动了企业从内到外的全面革新。

这些举措不仅展示了中国白酒巨头们在数字化转型上的决心与行动力,也预示着未来的行业将更加智能、高效、透明。

**数智化转型升级　打通"人货场"全链路**

在互联网下半场的征程中,数字化已成为贯穿人、货、场全链条的血脉,深度融入商业运营的每一个环节。未来的零售战场,谁能更彻底地挖掘数据价值,谁就能筑起难以逾越的长效竞争优势壁垒。在这方面,今世缘作为白酒业数智化转型的先行者与推动者,正以破浪之势,蓄力启航,迎接新的挑战与机遇。

面对科技的迅猛发展,今世缘始终保持敏捷的思维,沿着"信息化—在线化—智能化"的进化路线,成功实现了"用户、员工、商品、服务、管理"等关键要素的数字化转型,极大地提升了企业的管理效能与运营效益。

在用户数字化的实践中，今世缘构建了包括 App、小程序、云 POS 在内的多端用户系统，无缝连接每个终端、每瓶酒与线上平台，如手机 App、微信小程序等，确保消费者无论何时何地，都能享受到便捷、优质的服务体验。公司智能扫码、通过"千人千面"的个性化服务策略，精准触达消费者需求，为公司业务增长注入强劲动能。

在管理数字化层面，公司搭建了以业务中台和数据中台为核心，辅以 AI 中台的技术架构，实现了业务流程的全面优化，提升了整体运营效率。

考虑到酒业和快消行业销售收入在线下的较高占比，数字化浪潮对传统产业线上线下融合将会带来比电商业态更大的影响。然而，传统酒业厂商在应对这场数字化革命时，似乎仍处于摸索阶段。一方面，部分企业倾向于任命具有电商背景的人士来引领数字化变革，寄希望于将电商的成功经验复制到酒业；另一方面，一些企业则由缺乏互联网视野的传统营销团队掌舵，试图在未知的数字化海洋中寻找方向。无论哪一种选择，都意味着需要经历一段艰难的学习曲线与认知升级过程。

具体在实践路径上，有从全局进行设计、系统推进的企业，比如茅台云商；也有从局部进行尝试、浅尝辄止的企业，比如不少企业都对访销软件、一瓶一码等软件的应用，试图通过点状突破带动整体升级。回溯过去几年，真正能够在数字化实践中收获丰硕成果的企业，仍是凤毛麟角。

## 高层要掌舵、中层建组织、基层懂操作

### 1. 高层要把握数字化方向

数字化并非渠道的简单拓展，它是对企业全渠道、全场景能力的全面提升。对任何企业来说，数字化的首要之举，并非急躁地追求新市场

的开辟("新城建设"),而是精雕细琢,深耕现有业务,激活其内在潜能("旧城改造")。这正是数字化实施后呈现出的全新业态,其核心指向"数字化生存"这一深远命题。

企业高层,作为掌舵者,必须对"数字化生存"这一概念有深刻的认知,方能有效整合公司资源,引领数字化战略的变革。数字化生存,实质上是对传统营销体系中供需失衡、用户连接断裂、成本控制低效等问题的全面、结构性解决。企业领导者,尤其是最高决策者,需深刻理解其底层逻辑,才能在转型途中保持坚定的信念,合理调度资源,规避潜在的风险。

举一个鲜明的例子,在2008年,华为面临一个关键的转折点,随着业务规模达到230亿美金,内部开始不可避免滋生官僚主义和推诿现象,了解市场一线的基层没有资源和权力,拥有资源分配权的中高层不了解一线。正如任正非所说:中高层基于下属汇报的"二手货"信息来做决策,这样极大导致了华为资源投放的浪费、滞后、截留、不精准等现象频发。彼时,美国金融危机爆发,进一步凸显了产业供需失衡、资本泡沫等问题。任正非深刻认识到,这些问题的根源在于企业内部的科层制组织结构。这种结构使得企业在规模扩大的过程中,逐渐远离了消费者,资源配置的效率也随之降低。最终,这种低效的资源配置将导致企业的衰败和灭亡。他意识到,如果华为不能进行系统的变革,最终也会步这些企业的后尘。

为了破局,任正非将目光投向了战火纷飞的阿富汗,从中汲取"让听到炮声的人呼唤炮火"的真谛。2003年,在伊拉克的反恐行动中,美军数千士兵付出生命代价,探索出了一种全新的作战模式——前线作战单元的自主性与高科技结合,以应对藏匿于平民之中的敌人。传统的层级命令体系和组织力在这样的环境中显得力不从心,因此美军转向科技赋能和信息流的优化,确保每个由三人组成的作战小组能够灵活调动价值不超过 5 000 万美元的火力支援,避免了传统汇报流程的低效,显著提高了战场反应速度和作战效能。任正非在阿富汗实地考察一个多月,深受启发,回国后立即启动了一场以"让听到炮声的人呼唤炮火"为核心的组织变革。

借助高科技的工具手段,变革后的华为,走向了数字化生存,从供应链管理到生产、再到市场销售,每一环节都被纳入了数字化平台,实现了信息的实时共享与透明。例如,采购部门可以即时获取客户和用户的数据,制定精确的采购计划;同时,他们还能追踪到供应商的库存状态,实现供应链的深度数字化整合。时间就

**数字化生存**

是金钱,而华为生产计划是按天为单位展开的⋯⋯最终,这一场"让听到炮声的人呼唤炮火"为导向的变革,让华为实现了数字化生存。

时代属于远见者。十年前那场数字化变革,让华为今天收入规模近万亿的状态下,依旧保持灵敏,即使在面临美国举国之力挑战的严峻形势下,依然高速成长。

### 2. 中层要组建数字化组织

过去几年传统厂商实施数字化的经历,可以总结为两句话:"如果企业在组织上不能有效动员,数字化实施就是空中楼阁""如果存量业务不能挟裹进来,数字化也是纸上谈兵"。怎么理解呢?数字化不像传统电商只是一个单一销售渠道,可以把它看作一个工具,但这个工具从

逻辑上要对线下全渠道、全场景进行覆盖，理论上要涉及企业的方方面面。所以，如果不能在组织上进行全面动员，不能挟裹线下传统业务，数字化很难成功。

构建与消费者一体化的关系，是企业数字化生存的关键所在。为了整合线上线下多元用户触点，打造统一的"流量池"或"数据池"，实现一体化资源分配与运营，企业亟须构建两大中台：数字中台与业务中台。这两者在数字化进程中扮演着至关重要的角色。

产业互联网背景下，企业与用户间的互动触点丰富多样，包括线上社交平台（微信、微博、抖音）、电商平台（天猫、京东），以及线下体验（工厂参观、品鉴会）。这些触点下，同一用户使用同一设备的数字化交互，需经由数字中台系统进行统一识别。如此一来，企业可实时掌握各层级用户在各触点的活动频率，进而优化资源分配，实现用户一体化管理。然而，实践中，因不同场景下的数字化工具由不同供应商提供，常导致数据孤岛现象，影响用户识别与后续运营，从而削弱数字化成效，引发内部质疑。

许多企业在构建中台时，通常依赖技术专才与电商专家，然而，这两类人才面对传统线下业务时可能力有未逮。技术出身的人倾向于打造技术驱动的中台，电商背景的人则可能偏重数据视角，两者均可能忽视线下业务的深度需求，容易让公司的业务和技术形成两张皮，陷入理论与实践不符的困境。而目前市面上的软件提供商大都以技术为本，缺乏对线下业务的深刻理解，难以提供真正赋能线下的数字化解决方案。赋能应是"助力而非添堵"，但多数软件公司固守标准化 SaaS 模式，导致企业数字化进程常以期望开启，却以失望延续。无论是销售管理软件、产品追踪系统，还是疫情防控期间兴起的社区团购平台，都反映出对线下业务核心逻辑掌握不足的问题。

简而言之，实践中应遵循"行动先行，规划随后"的原则，即"业务主导，组织紧随"。试图预先设定所有规则以推动业务发展是不切实际的。在探索中前行，边实践边调整策略，这一"逢山开路、遇水搭桥"的过程，需高层的坚定支持方能成功。

**3. 基层要学会数字化操作**

数字化转型是一个改变线下全面升级的过程，从业务员、城市主管、经销商、终端店主、消费者、意见领袖、促销员、酒店服务员等多个环节、多种角色都有相应的端口和界面进行操作，培训的覆盖面非常广泛。

如何让这些不同岗位的人员迅速掌握操作技能，并能够结合自身的工作特点，进行有效融合和创新应用，这对于数字化转型的成功至关重要。例如，业务员访销端口，能够看到自己覆盖终端客户的同比、环比数据，这些数据颗粒度能够精确到每家店、每个用户、每一天。而如何有效使用、挖掘这些数据，不同能力的业务员能够得到的赋能是不一样的。

## 企业把握好数字化节奏，是成功的关键

回顾基础经济学原理，生产力的发展水平决定了生产关系的形态，而生产力的核心要素中的劳动资料尤其强调以生产工具为主体。映射至数字化转型语境下，互联网软件作为先进生产力的象征，将催化企业内部与外部商业组织（如物流、信息、资金与费用流）的变革。反之，企业唯有构建适应更高层次生产力的生产关系与组织形态，才能实现数字化成熟阶段的跨越。业务模式与组织形态的关系，恰似脚与鞋，需彼此匹配，共同发展。

组织发育历来是一个渐进的过程。从微观层面看，涉及组织架构、

业务流程、岗位技能与绩效评估的调整，每项变革均牵涉广泛，触及个体的思维定式、工作习性乃至根本利益，非一日之功。宏观上，组织文化与企业精神的塑造，更是潜移默化、历时久远的工程。由此观之，传统企业的数字化转型绝非一蹴而就的软件硬推或监管强制，而是一项融合业务、组织、人力资源、文化与数字化多维度调适的系统工程。

企业在推进数字化时应遵循"点面结合"的策略，即短期追求实效，以提振内部士气；长远则需谋定而后动，确保战略方向与业务升级的持续性。期间，组织的进化应稳扎稳打，逐步壮大。

值得一提的是，时代的机遇加速了数字化意识的普及，大幅减少了企业推进数字化的沟通障碍，极大提升了动员效率。所以今天，传统企业都在把握这一窗口期，顺势而为，紧跟数字化潮流。

## 酒企数字化战役打响，看今世缘这样做

### 深度营销的B端新视角：挑战与破局的艺术

在过往的商业版图中，深度分销如同坚实的基石，构筑了厂商间紧密无间的合作桥梁。通过精细化的市场布局、无微不至的终端服务以及品牌力量的深度渗透，这一模式曾引领无数企业稳健前行。然而，时代的车轮滚滚向前，移动互联网的浪潮席卷而来，消费者的行为模式与市场的竞争格局悄然生变。

面对这场变革，经销商作为市场前沿的排头兵，正承受着前所未有的压力。新品推广的难题、利润空间的压缩以及规模经济的幻象，构成了他们头上的"三座大山"。

首先，新品如何触动消费者的心弦，成为摆在经销商面前的第一道难题。传统的铺货、陈列策略似乎难以激发市场的热情，动销的瓶颈亟待突破。

其次，即便产品畅销，经销商也难以逃脱"薄利多销"的魔咒。渠道价格的失控，让热销产品的利润空间迅速缩水，甚至陷入"畅销不赚钱"的怪圈。

再者，追求规模而忽视效率的压货策略，让经销商背负沉重的库存负担。资金流转不畅，应收账款高企，规模的增长并未带来相应的经济效益，反而让"规模不经济"的阴影笼罩其上。

在此背景下，经销商们迫切需要一种全新的营销思路，以打破传统模式的束缚，实现可持续发展。这不仅仅是对产品创新的追求，更是对营销模式、渠道策略乃至整个商业生态的深刻反思与重构。

**经销商与终端的转型之路：产业分工的新视角**

在过去，经销商和终端店铺的角色相对固定，主要集中在商品的仓储、物流、交易等环节。但随着市场环境的变化，这些传统职能受到了挑战，经销商有时甚至被制造商的销售团队所替代，导致其在市场中的位置变得边缘化。

而今，随着产业互联网的快速发展，消费市场的格局正在发生深刻变化。终端店铺不再仅仅是商品交易的场所，它们开始更多地承担起用户服务和运营的责任。那些能够建立稳定私域客户群体并赢得消费者信任的终端，正在市场中展现出新的活力。

对于制造商而言，如何利用数字化工具赋能终端亟待解决。通过数字化手段，制造商可以更有效地管理市场价格，提升终端的购进意愿和销售积极性。同时，制造商还应鼓励终端超越传统的交易职能，向用户提供更多增值服务，如产品体验、售后服务等，从而在用户关系维护和市场拓展方面发挥更大作用。

在中国酒业协会发布的《中国酒业"十四五"发展指导意见》中，

明确提出了以智能化酿造为突破口,推动产业的创新发展。这标志着中国白酒行业正以智能酿造为起点,迈向数智化的新征程。

在"互联网+"和工业4.0的浪潮推动下,白酒行业正逐步实现智能化和自动化的转型。众多知名酒企,如茅台、五粮液等,已经开始利用物联网技术对生产过程进行实时监控和控制,并通过大数据分析技术优化生产流程。

这些企业通过物联网技术实现了生产过程的数字化和可视化管理,有效提升了生产效率和产品质量。数智化生产线为白酒企业带来的变革主要体现在以下几个方面:

**1. 人力成本的优化**:数智化生产线通过智能化设备和程序替代人工操作,显著降低了人力成本,提高了生产效率。

**2. 生产标准化**:随着人工智能技术的不断成熟,数智化生产线为企业带来了更加标准化的生产流程,这对于提升产品质量和稳定性具有重要意义。

**3. 生产过程的可视化监控**:数智化和可视化管理使企业能够直观地监控生产数据,深入生产环节的各个细节,及时调整和优化,从而减少资源浪费。

**精准大数据,数智化推动品牌营销新方向**

在数字技术的汹涌浪潮中,大数据与智能技术如同两股强大的驱动力,正携手推动品牌营销进入一个全新的纪元。传统酒企,这个曾以传统广告为剑,开辟市场的勇士,如今也需顺应时代潮流,借助互联网与新媒体的力量,重新定义自己的营销策略。

然而,面对互联网上浩如烟海的数据和瞬息万变的市场环境,传统的营销手段显得力不从心。这时,精准大数据便如同一把锋利的钥匙,为企业打开了通往个性化营销的大门。通过对海量数据的深度挖掘与分析，企业能够清晰地勾勒出用户画像，了解他们的需求与偏好，从而制定出更加精准、有效的营销策略。

数智化营销系统的引入，更是为品牌营销插上了信息化的翅膀。这个系统如同一位智慧的大脑，能够整合并分析来自各个渠道的数据，为企业提供全方位的决策支持。它不仅帮助企业实现了从烦琐的传统管理向高效、精准的信息化管理的转变，还带来了四大显著的变革：

**库存与物流的智能化管理**：企业能够实时监控库存与物流状态，确保产品能够按时、按量、按渠道精准投放市场，避免了因信息不对称而导致的资源浪费。

**销售数据的全程透明化**：通过为产品赋码，企业能够动态追踪产品从出厂到销售的每一个环节，甚至到消费者手中的最终使用情况，实现了销售数据的全程透明化，为企业的市场策略调整提供了有力的数据支持。

**数据驱动的战略部署**：在积累了大量的库存、动销等数据后，企业能够基于这些数据制定出更加科学、合理的市场与产品策略，实现战略部署的精准化与高效化。

**产品来源的可追溯性**：消费者通过扫描产品上的二维码或条形码，可以轻松了解产品的来源、真伪以及市场价格等信息，有效防止了假冒伪劣产品的流通，保护了企业的品牌声誉与消费者权益。

此外，人工智能与机器学习作为数字化转型的核心技术，也在品牌营销中发挥着越来越重要的作用。它们通过优化决策过程、提升客户服务质量、实现个性化产品推荐等方式，为企业带来了更加智能化、个性化的营销体验。

在白酒行业这个传统而又充满活力的领域里，数智化已经从一条"可选赛道"变为"必选赛道"。我们相信，在未来的日子里，随着数智化在白酒行业的深入融合与不断创新发展，行业生态与竞争格局将会迎来更加积极、深远的变化。

## 结 语

成功的创新者是保守的，他们并非"风险导向型"的，而是"机会导向型"。

——彼得·德鲁克（Peter F. Drucker），现代管理学之父

今天所有的零售企业都在舍命狂奔，但是有一种降维的打法正在悄悄降临，就像现在很多"B2B"企业在做的事情，用新的方式颠覆自己，领先同行。

正如增长函数中，有两种典型曲线，一种是指数函数，一种是对数函数，数字化演进到数智化的过程，将为善用的企业提供指数函数增长的机会，它呈现一种加速的状态，暴增到不可限量的程度，这种增长方式被称为指数型增长，或者乘数效应。

为什么今世缘在数智化的投入上，聚焦了这么多资源？这类似华为公司在研发上惊人的不断投入。这种投入正是以自身的确定性应对未来的不确定性。用任正非推崇的热力学第二定律（熵增定律）来阐述，就是不断对外开放，不断耗散资源，从而谋求企业的不断成长，创造出自身的熵减，创造出不断增长的螺旋式上升趋势。

## 第五部分 延伸思考
# 深维度"数智进化"四问

❶ 你的企业数字化核心是什么,是产品和业务,是生产过程,还是企业管理?

❷ 谁是企业数字化转型的第一负责人?

❸ 哪一个部门是企业数字化内部推动的核心部门?

❹ 企业数字化转型的时间周期和衡量指标是什么?

# 第六部分

# 双擎百亿
## 持续变革的组织密码

人才队伍建设,是企业不断发展壮大的关键,"人才强企"是今世缘的五大基础战略之一。近年来,今世缘持续关注人才建设,提出"十百千"工程,"十四五"期间将引进10名博士、100名研究生、1 000名本科生。今世缘将通过2～3年的努力,逐步形成人才梯队,优化人才结构,培养不同层面接班人和储备未来发展需要的人才。

企业是和谐社会的细胞,社会是企业利益的源泉,企业发展过程中,今世缘坚持为股东谋求利润,为员工谋求福利,与合作伙伴共赢,为消费者提供高品质产品,并积极履行社会责任,助力文化教育与体育事业,持续关注乡村振兴事业。此外,作为淮安的骨干企业、涟水的龙头企业,今世缘还坚决扛起地方经济发展"大梁"的责任担当。

| 第十六章 |

# 组织变革、管理提效
# 后百亿时代，今世缘高质量发展路径

组织变革领域有两大悖论：一是组织越成功，越难以变革；二是员工层级越高，越难接受变革。可想而知，一个企业启动组织变革的阻力是非常大的。据管理专家的研发发现，一场成功的变革需要取得68%左右员工的支持。所以为了能够顺利启动组织变革，组织变革之父约翰·科特说领导变革的第一步就是"树立紧迫感"——破冰。从中我们可以看出，作为变革的推手，为了能尽快启动变革，我们需要主动去创造变革契机，争取大多数人的信任和支持来开展变革，否则变革失败概率非常高。

今世缘的持续变革力，在业界也是有口皆碑，近几年的系统组织变革，给今世缘注入了宝贵的资产，优质的人才梯队正在加速形成。

## 组织效能优化："三部一司"改革，品牌专业化运营，扁平化组织架构

2022年6月，今世缘进行了重要的组织架构变革，宣布实施分品牌

事业部制,并对部分机构职能进行了精细化的优化与调整。

(1) 战略研究部的设立,彰显出今世缘对于未来百亿时代的深度思考和规划,确保公司在战略高度上能够把握先机。

(2) 总工程师办公室的成立,进一步凸显了今世缘对于品质战略的重视,为公司的长期发展奠定坚实的基础。

(3) 大数据中心的建立,标志着今世缘正积极响应数字化改革的浪潮,利用数据驱动决策,提升竞争力。

(4) 品牌管理部与文化部的合并,反映了今世缘对于"缘"文化的深入理解和推广,意在打造具有民族特色的文化白酒品牌。

表16-1 今世缘营销组织架构变化梳理

| 年份 | 组织架构调整 |
| --- | --- |
| 2014年前 | 与江苏13个地级市设立营销中心 |
| 2016年 | 13个地级市营销中心整合为6大区(淮安地区、南京地区、盐城地区、省内苏南、省内苏中、省内苏北) |
| 2017年 | 设立71个市级办事处、省外规划"2+5+N"区域拓展 |
| 2018年 | 省内调整6大区,取消营销中心,省外试点设立"山东大区"(2018年设立,至今仍在,但业绩一直没有单列) |
| 2020年 | 设立省外工作部、V系高端事业部、市场监察部 |
| 2021年 | 今世缘酒业苏南大区总经理、国缘V9事业部经理与常熟共赢联盟体11位股东签约国缘V系<br>电联盟体(签年度销量500万元,首批打款200万元),股东入股的平台模式<br><br>组建"V99联盟体",38家经销客户为首批成员单位 |
| 2022年 | 市场部更名为品牌管理部,销售部更名为销售管理部,国缘V9事业部更名为国缘V系事业部,省外工作部更名为省外事业部,新设立国缘事业部、今世缘事业部、效能办 |
| 2023年 | 成立战略研究部、总工程师办公室、大数据中心;品牌管理部并入文化部;合并销售部与省外事业部,组建销售部 |

（5）销售管理部与省外事业部的整合，形成新的销售部，这一变化不仅简化了流程，强化了管理，也预示着今世缘对于省外市场的战略调整和新一轮的拓展。

正如著名管理学者钱德勒所言，战略决定结构。今世缘的组织架构调整正是为了适应其经营战略的需求，确保公司能够在后百亿时代保持持续的发展动力和方向。这些变化无疑也预示着今世缘对于未来的重点布局和战略方向正在发生积极的变化。

**人才是"动力缘"**

中国白酒行业正步入存量与头部竞争交织的新纪元。产业整合步伐加快，市场资源愈发向品质卓越的品牌汇聚。为了在这场"黄金赛道"的角逐中脱颖而出，并稳固"头部玩家"的地位，拥有引领行业的"塔尖"影响力，各大名酒企业竞相展现自身的独特魅力，积极打造未来竞争的核心优势。

面对这一行业趋势，今世缘在人才培养上亦展现出了前瞻性的视野，近年来不仅注重人才的数量扩充，更着眼于质量的提升和团队的持续优化。一方面通过精心设计的培养方案，不断提升团队成员的专业素养和综合能力，确保团队能够紧跟市场步伐，满足企业持续发展的需要；另一方面今世缘还建立了以奋斗者为核心、以战略目标为导向的绩效管理体系，进一步激发团队的积极性和创造力，为企业的长远发展提供坚实的人才保障。

2020年上半年，今世缘积极扩充团队，共招募了125名新员工，其中高达80％拥有本科及以上学历。在招聘过程中，今世缘不仅借助网络招聘平台，通过远程视频面试和在线问答等方式全面评估应聘者的综合能力，同时也积极拓宽技术人才的晋升渠道，提高专业领域的待遇水平。为此,今世缘特别成立了今世缘学院,致力于将其打造成为各类骨干人才的孵化基地,并充分发挥其作为企业发展战略决策智库的功能。

自"十三五"规划实施以来,今世缘的员工收入呈现出稳步增长的趋势。从2016年4.9%的增长率,到2017年的10%,再到2018年和2019年的12.5%和12.7%的增长率,均体现了公司对于员工福祉的重视。自2020年7月起,公司根据员工的岗位技能等实际情况进行综合考量,对技术研发、质量管理、信息化建设、财务管理、文化创意等关键岗位的员工,在普遍提升的基础上给予了重点倾斜,其增幅从每月400元至1 400元不等。

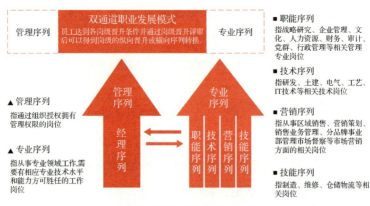

"管理序列"和"专业序列"双通道
**今世缘在人才梯队建设上持续发力**

2022年,今世缘公司显著提升了其人才梯队的建设力度,同时也建立了人力双序列晋升体系,真正为年轻人打开了职场天花板。

3月份,公司启动了一场全国性的属地营销人才招募行动,旨在吸纳300名优秀的营销人员。进入4月,招聘活动进一步升级,特别针对厂派营销人才进行了大规模招聘,共计348个岗位虚位以待。其中,江苏省内市场成为招聘的重点，包括 200 名营销后备人才和 18 名高沟品牌业务人员；而江苏省外市场则主要面向成熟的营销人才和国缘 V 系拓展部专员，分别招聘了 100 名和 30 名专业人才。

5 月 3 日，今世缘在其官方公众号上发布了一则引人瞩目的招聘公告，宣布设立百万年薪的职位，旨在吸引顶尖人才。公告中提到，为实现品牌的全面协调发展，推动高沟品牌的复兴，今世缘决定组建江苏高沟酒业销售有限公司，并公开招募总经理及经营管理人才。

至 6 月末，今世缘人力资源部再次发力，发布了品牌管理部专员的招聘信息，继续扩大和优化其人才库。

作为企业战略规划的积极推动者和实践者，今世缘通过这一系列招聘行动，不仅展示了其在全国范围内同步发力的决心，也体现了其维护国缘品牌高端地位、打造高沟品牌复兴后发优势的战略眼光。这些人才的加入，不仅为"百日大会战"注入了强大的动力，更为"十四五"战略规划的实现提供了坚实的人才保障。通过人才强企的策略，今世缘不断推进机制创新，努力实现发展新跨越，为"营收过百亿、市值超千亿、力争跻身白酒行业第一阵营"的宏伟目标奠定了坚实的基础。

在当今营收强劲、发展迅猛的背景下，今世缘的员工待遇在行业内堪称翘楚，这也成为吸引人才的重要筹码。

**今世缘员工年薪 10 万元起步，博士生 30 万元**

**1. 极具竞争力的岗位年薪**

今世缘为不同岗位设定了极具吸引力的年薪。针对营销岗位，公司承诺提供 10 万元以上的年收入。而在研发、管理层和技术岗位，本科生起步年薪 8.5 万元，硕士生 11 万元，博士生达 30 万元。这一薪酬水平已经显著超越了许多同行业企业。

为了吸引和激励更多的优秀人才，今世缘针对新入职的双一流高校毕业生，将其基础薪酬上浮20%，以展现对优秀人才的重视和期待。

**2. 全方位的生活保障福利**

除了基础年薪外，今世缘还为员工提供了一系列丰厚的福利政策。其中，购房补贴尤为引人注目，最高可达30万元，并设多级选项（如15万元、10万元、5万元），灵活满足员工的不同需求。此外，每月还有1 000元以上的生活补贴，确保员工在日常生活方面得到全方位的保障。

**3. 针对硕博士生的专项人才补贴**

在招聘硕博士研究生时，今世缘更展现了其独特的人才战略，特别设立专项补贴：硕士生2万元，博士生4万元，以此吸引追求卓越与发展的精英学子加入今世缘这个大家庭。

## 今世缘酒业积极履行社会责任、助推教育事业高质量发展

教育，作为学子梦想的摇篮，家庭希望的寄托，更是国家繁荣的基石。自成立以来，今世缘酒业一直将"缘"文化融入其企业文化的核心，恪守"酿美酒，结善缘"的企业宗旨，积极承担社会责任，对教育事业的发展怀有深厚的情感与关怀。

为了推动涟水县高中教育的蓬勃发展，提升教育质量，2023年，今世缘酒业慷慨解囊，捐赠1 000万元，成立了涟水县高中教育发展基金。2024年6月8日，今世缘酒业又向该基金会追加捐赠3 000万元，分三年捐赠完成。这项长达四年的捐赠计划，累计金额达到4 000万元，充分彰显了今世缘酒业对涟水教育事业发展的重视与贡献。

在涟水县教育发展基金会的捐赠仪式上，今世缘酒业的党委书记、

董事长、总经理顾祥悦强调,"教育的高质量发展离不开学校、家庭与社会的共同努力。在推动企业自身跨越式发展的同时,今世缘酒业将坚定不移地承担社会责任,以实际行动投身于助教兴学等公益事业,为教育的蓬勃发展和大步前进贡献自己的力量。"

自2007年起,今世缘设立了职工子女奖学金计划,旨在将企业的繁荣成果回馈给辛勤付出的员工,进而提升员工的整体福祉。迄今为止,已有398名员工子女成功考入二本以上高等学府,荣获今世缘奖学金,奖学金总额已超过170余万元。

春风化雨,爱心涌动。今世缘酒业在践行社会责任的道路上,始终将教育视为点亮未来的重要灯塔。在首届淮安今世缘捐资助学盛典上,今世缘酒业以独特的一对一、直面交流的形式,对50位德才兼备的高中毕业生进行了资助。其中,被清华大学、北京大学录取的佼佼者以及部分家境拮据但成绩优异的学子,均获得了8 000元的爱心助学金。而在第二届爱心助学盛会上,今世缘酒业再次慷慨解囊,资助了20名学子,不仅传递了爱心的接力棒,更激发了社会各界对教育事业的深厚情感与坚定支持。

今世缘酒业的公益行动远不止于此。近年来,在淮安、宿迁、泰州等地,公司精心策划并举办了多场捐资助学公益晚会和助学金发放活动。这些活动不仅成功助力了百余名家庭经济困难的学生完成学业,更是为那些专业与今世缘酒业发展需求相契合的学子们提供了宝贵的实习机会,旨在促进他们的个人能力提升,助力他们更好地融入社会,实现个人价值。

在大本营江苏省的公益事业版图上,今世缘酒业同样留下了深刻的足迹。公司积极参与江苏省关心下一代基金会、江苏省儿童少年福利基金会等机构的慈善项目,如"春蕾计划""春蕾圆梦工程""护蕾行动"及"农民工子女健康成长计划"等,用实际行动诠释了缘文化的深刻内涵,即互助、关爱与传承。这些努力不仅点亮了孩子们的梦想,也为他们的成长之路铺设了坚实的基石。

因此,今世缘酒业荣获了"江苏省扶贫济困杰出贡献奖"和"江苏慈善奖",并成功入选"企业社会责任江苏典范榜",这些荣誉是对公司长期以来坚持公益、回馈社会的最好肯定。

**内外兼修,深耕与拓展并举**

经过十年的上市历程,今世缘始终恪守"酿美酒、结善缘"的企业宗旨,以出类拔萃的经营业绩回馈股东与社会。自2014年的起点,公司的年营业收入仅为24亿元,而到了2023年,今世缘已实现了跨越式增长,营业收入100.98亿元,归母净利润达到31.36亿元。与上市之初相比,这两项核心指标分别实现了3.2倍和3.88倍的显著增长。这一令人瞩目的业绩变化,不仅凸显了今世缘在白酒行业的卓越竞争力,也充分展现了其在资本市场上的稳健发展和成长潜力。

在市场策略上,今世缘采取"省内精耕攀顶,省外攻城拔寨"的策略,实现了市场覆盖的深度与广度双重突破。在省内,今世缘凭借精细化的运营管理和多样化的消费场景布局,使得品牌影响力得到了显著提升,特别是在乡镇市场和餐饮渠道,深耕策略取得了显著成效。

而在省外,今世缘通过"再造江苏"工程,巧妙运用如"路网行动"等创新营销策略,成功推动了国缘V系品牌的单店销售水平和品牌影响力的提升,为全面进军全国市场打下了坚实的基础。同时,高沟品牌凭借其高端光瓶典范的定位,为品牌复兴注入了新的活力,展示了老品牌的崭新面貌。

在品牌建设方面,今世缘实现了全面的提升。以"缘"文化为核心,国缘、今世缘、高沟三大品牌各自拥有独特的定位,它们相互映衬,共同推动了企业形象向高端、差异化方向发展。

**以投资者为中心,践行社会责任**

在确保持续稳健发展的同时,今世缘酒业始终将投资者的福祉置于企业发展的核心地位。历经十年上市之路,今世缘酒业秉持着慷慨的分红政策,承诺每年将不低于当年净利润30%的部分以现金形式回馈给股东,迄今累计现金红利已超过53亿元,分红比例逐年攀升,彰显出其对股东权益的深切关怀与尊重。此外,为了确保股利政策的连贯性和可靠性,今世缘酒业每三年都会精心修订《股东回报规划》,旨在引导投资者树立长期投资的理念。

在信息披露领域,今世缘酒业更是严格遵守国家法律法规,力求信息的透明度、准确性与时效性。正因如此,公司荣获了上海证券交易所信息披露 A 级评价的殊荣,这不仅彰显了公司的诚信与责任,也极大地增强了投资者的信心,为市场的公平、公正与健康发展贡献了力量。

在追求经济效益的征途上,今世缘酒业始终秉承着深厚的社会责任感。多年来,今世缘酒业积极投身于公益慈善的广阔天地,累计捐赠资金已突破 8 000 万元,涵盖扶贫济困、教育事业、环境保护及体育事业等多个领域,用实际行动深刻诠释了"讲善惜缘,和谐发展"的核心理念。在扶贫工作中,今世缘酒业凭借自身产业优势,通过强化酿酒产业链,推动周边产业的协同发展,为乡村振兴注入强劲动力,实现了经济效益与社会效益的双赢。在环保方面,坚守绿色发展理念,对污染物排放进行严格控制,并构建绿色供应链体系,成为推动生态文明建设的重要力量和实践者。

## 持续助力江苏体育，今世缘设立"2024 巴黎奥运会江苏健儿奖励基金"

2024 年 7 月 13 日，江苏省体育局与江苏今世缘酒业股份有限公司共同举办新闻发布会，宣布今世缘酒业捐赠 150 万元设立"2024 巴黎奥运会江苏健儿奖励基金"。同时，国缘 V9 成为巴黎奥运会江苏健儿的庆功酒，继东京奥运会之后，再次见证江苏健儿在国际赛场的荣耀时刻。

今世缘酒业副总经理陈玖权在发布会上表示，体育精神和奥运精神是今世缘不断追求卓越、勇攀新高峰的"缘动力"。通过设立奖励基金，今世缘为江苏奥运健儿提供更全面的支持和保障，助力他们在巴黎奥运会上再创佳绩。

江苏省体育局领导表示，江苏体育代表团在历届奥运会上的出色表现，向世界展示了中国精神，为国家赢得了荣誉。今世缘的奖励举措彰显了企业的社会责任，将进一步激励江苏健儿在巴黎奥运会上奋力拼搏，为省添彩，为国争光。

自 2004 年成立以来，国缘品牌始终秉持"与大事结缘，同成功相伴，为英雄干杯"的品牌理念，与江苏奥运健儿共同成长，见证了他们在各届奥运会上的辉煌成就。作为雅典奥运会、北京奥运会、伦敦奥运会、里约奥运会、东京奥运会的"江苏体育健儿庆功酒"，国缘品牌深入人心。此外，今世缘还积极投入体育事业，设立"今世缘体育基金"，全力支持江苏省竞技体育和群众体育事业的发展。

## 今世缘未来业务增长点、市场发展关键路径

今世缘当前的核心战略是迈向全国化，为实现市场拓展和全国化目

标,今世缘酒业采用"深耕省内市场,稳固领导地位;积极拓展省外,攻坚克难"的营销策略。在省外市场的拓展计划中,公司特别关注环江苏地区及长三角一体化板块市场,将其作为突破口,通过品牌、产品、区域、资源等多方面的聚焦,力求在3至5年内实现省外市场的显著突破。

凭借其卓越的市场竞争力,今世缘酒业在全国化战略中明确了优化机制的重要性,致力于构建全生态链的合作伙伴关系,从利益共同体向命运共同体转变,进而形成完善的战略内容和战术系统,以更高效地拓展市场,推动名酒的复兴与崛起。

**省内:双轮驱动,激发今世缘省内增长新引擎**

在江苏省内,今世缘酒业正以苏酒竞合发展与深耕区域市场的双轮驱动战略,持续释放强劲的增长动能。这一战略不仅巩固了今世缘在本土市场的领先地位,更为其未来的发展奠定了坚实的基础。

**1. 省内产品角度:苏酒竞相发展,今世缘省内深耕打开上限**

今世缘与洋河等苏酒品牌携手并进,共同主导次高端市场。通过错位竞争策略,今世缘的核心产品系列——对开、四开、V3等,在价格设定、香型研发以及酒精度数等关键方面有明显的区分,展现了独特的品牌魅力和市场竞争力。

其中,国缘四开自2004年上市以来,凭借其独特的品质和卓越的口感,迅速在全国范围内获得热销。为了持续提升产品竞争力,满足市场需求,公司于2021年2月4日对国缘四开进行了全面停货升级。经过一年的市场验证,2022年国缘四开的单品销售量成功突破1 000万瓶。为了进一步促进销售渠道的健康发展,2024年3月6日再次暂停接收国缘四开的配额销售订单。

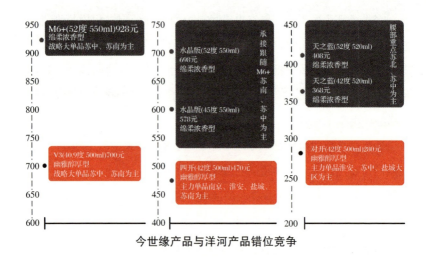

今世缘产品与洋河产品错位竞争

## 2. 区域深耕细作,挖掘市场潜力

在区域市场方面,今世缘采取了精细化管理与深耕策略。南京、淮安等核心区域持续保持强劲增长势头,成为公司业绩增长的重要引擎。

面对苏南等经济发达、市场多元的区域,今世缘敏锐地捕捉到了市场需求的变化。公司正积极调整产品结构,重点培育 V3 和四开等核心产品,以期在高端及次高端市场实现更大的突破。通过精准对接消费者需求,今世缘不断提升产品的市场竞争力,为市场增长奠定坚实的基础。

此外,为更全面地挖掘市场潜力,今世缘实施了区域+产品双重维度的网格化战略调整。以淮安市场为例,通过对核心区域的深入剖析,今世缘精准识别出市场空白与增长点,并针对性地进行优化与布局。同时,更加强了对扬州、南通等苏中市场及部分苏南市场的关注与投入,力求在这些区域实现更大的市场突破。

深耕分区策略,优化价格结构,实现主动调控,通过一系列的举措应对市场挑战。今世缘在省内各大区近年来展现出稳定的价值增长趋势，这与公司的整体战略高度契合。在坚定提出"誓夺百亿"的目标后，今世缘在提出"双百亿"宏伟愿景的同时，对核心产品和关键市场进行了细致的调速与控速策略调整，从而更加聚焦于质量的稳步提升和数量的合理扩张，以价格控制为基础，长期追求价值增长，并以低库存的轻盈姿态迈向更高的目标。

**省外：产品策略调整，从多品牌并进到单品牌聚焦**

面对省外市场的复杂性与挑战性，今世缘深刻认识到资源集中的重要性。在省内市场，国缘、今世缘、高沟等品牌已形成稳固的运营体系；而在省外，为避免资源分散削弱竞争力，公司决定实施单品牌聚焦战略，将重心放在国缘品牌的高端化发展上。

**1. 战略新品六开**

今世缘已在省外市场布局战略新品六开，目前正处于点位选择和培育模式验证的关键阶段。为此，今世缘将采取"四六开结合"的策略，即六开主要用于塑造品牌形象，四开则承担市场拓展和销量增长的任务。

**2. V系产品重点突破**

回顾2021年，V系产品在国缘品牌中的占比达到了10.7%，同时，省外市场占今世缘总收入的7.0%。根据今世缘"十四五"规划，到2025年，预期V系产品在国缘品牌中的比重能提升至20%，并且省外市场销售占比也力争达到20%以上。可见，V系产品将成为拓展省外市场的重要利器。

多品牌和单聚焦的策略

资料来源：方正证券研究所整理

今世缘产品省内、省外策略

**省外区域角度：江苏板块一体化策略构筑坚实后盾**

今世缘在全国化战略的推进中，正经历着由广泛布局向精准聚焦的转变。从 2014 年起，公司便以北京和上海为标杆，全力打造全国的形象高地。到了 2017 年，公司提出了"2+5+N"的战略布局，在稳固北京、上海两地形象地位的同时，着重在山东、河南、安徽、江西、浙江五个区域深耕细作，通过开设核心门店、招募实力经销商，为未来的市场拓展打下坚实的基础。

随着市场形势的变化，2019 年今世缘进一步调整为"1+2+4"战略，将山东市场作为首要突破点，同时继续以北京、上海为示范，深耕河南、安徽、江西、浙江等环江苏市场。2024 年，公司更是明确了全新的全国化突破路径，聚焦环江苏的十个关键市场（嘉定、嘉兴、湖州、滁州、马鞍山、枣庄、临沂、周口、九江、楚雄），以江苏省内市场为坚强后盾，倾斜人员配置和领导资源，强化长三角市场的一体化联动，持续探索和优化投入模式、品系结构以及绩效管理机制。

回顾今世缘全国化战略的演变，不难发现其三大显著特点：首先，从游击式的广泛布局逐渐转向阵地式的精准聚焦，特别是在江苏市场的地位得到了进一步强化；其次，战略执行从多点突破向一体化联动转变，以长三角市场为核心，形成更为紧密的市场联动；最后，从依赖全国性样板市场转向发挥省内市场优势，辐射带动周边城市，尤其是与江苏接壤的县级市场，已初见成效。这样的战略调整，使今世缘能够更有效地发挥省内市场的势能，为实现全国化突破奠定坚实的基础。

今世缘全国化战略转向阵地战

## 今世缘未来增长动能和抓手

今世缘的增长动能并非单一依赖某一市场或产品，而是形成了省内与省外市场双轮驱动、协同发展的良好格局。省内市场作为稳固的增长基石，为企业的持续发展提供了源源不断的动力；而省外市场则如同一片未被充分开发的沃土，正等待着今世缘去耕耘、去收获。在双轮驱动的战略引领下，今世缘正以前所未有的决心和勇气，向着更高的目标迈进。

**淮海大区**
市场空间较小，今世缘市占率较高
发力流通，培育四开、对开，营收增速高

**盐城大区**
市场空间较小，今世缘市占率相对较低
洋河大本营，今世缘营收基数较低，增速较慢。发力流通，培育四开、空间较小，今世缘省外、渠道改革的空窗期

**淮安大区**
市场空间较小，今世缘市占率很高
网格化梳理重新打开上限，发力流通，经销商规模扩大，营收增速高、贡献大

**苏中大区**
市场空间大，今世缘市占率较低
分区域精细运营，近两年增速提高、基数放大，进入高速增长期

**南京大区**
市场空间很大，今世缘市占率相对较高
四开形成规模，V3快速培育，营收增速高、贡献大

**苏南大区**
市场空间很大，今世缘市占率较低
四开形成规模,V3快速培育,增速提高、基数放大,进入高速增长期

**多维赋能市场精耕**
产品: 形成完善产品矩阵，接力向上动能不断
渠道: 分区域精耕效果显著，渠道建设进入新阶段
营销: 高营销投入放大势能，多阵地投放C端触达

**环江苏板块**
聚焦环江苏板块市场，以江苏省内市场为根据地，强化长三角市场一体化

今世缘未来增长策略

产品引领、渠道深耕、营销创新，多维赋能市场。在今世缘的视野中，产品、渠道、营销的长期投入与精心培育，是确保省内市场深耕细作、省外市场快速扩张的基石。在产品层面，今世缘已形成层次丰富、互为支撑的产品矩阵，其产品结构将随消费升级而持续优化。在渠道方面，今世缘采用"1+1+N"的厂商合作模式，注重流通渠道的深化拓展与渠道伙伴的积极互动，实现经销商网络规模的持续扩大与渗透力的提升。在营销领域，今世缘坚定投入，构建全方位的品牌传播矩阵，以消费者为中心，深度链接C端，同时借助组织改革与股权激励的双重动力，持续激发企业的内生驱动力，为未来发展注入源源不断的活力。

展望未来，今世缘将继续秉承"创新、协调、绿色、开放、共享"的发展理念，以市场需求为导向，以品牌建设为核心，以技术创新为动力，不断推动产品升级和市场拓展。我们有理由相信，在全体今世缘人的共同努力下，企业的未来一定会更加美好、更加辉煌！

## 结 语

一个企业真正的伟大，不是某个人的伟大，不是某个产品的伟大，而是组织的伟大。

——吉姆·柯林斯（Jim Collins），美国管理学家

任何致力于常青的企业，其发展史一定是一部变革史。任正非在2014年《就公司组织变革致全体员工的一封信》中说道，"在过去的20多年中，不断主动适应变化，持续自我完善的管理变革帮助公司实现了快速的发展和商业成功。"

今世缘酒业在组织变革与管理提效方面取得了显著成果，尤其是在后百亿时代背景下，公司通过实施一系列的内部结构调整，包括设立战

略研究部、总工程师办公室、大数据中心等部门,强化了企业的战略规划能力和技术创新水平,同时也促进了数字化转型的步伐。品牌管理部与文化部的融合以及销售管理部与省外事业部的整合,则体现了今世缘在组织权力分配和流程简化方面的努力,这些措施不仅提高了运营效率,也为公司的未来发展指明了方向。

市场策略上,在江苏省内市场,今世缘凭借精细化管理和多样化消费场景布局,巩固了其市场地位;而在省外市场,今世缘通过"再造江苏"工程等创新营销手段,成功推动了品牌的单店销售水平和影响力提升,为品牌的全国化发展奠定了基础。

管理大师彼得·德鲁克也提出:"没有人能够左右变化,唯有走在变化之前。"在多变的环境中,企业唯有不断变革,才能保证可持续的发展,希望今世缘的成长与变革之路能为广大快速成长中的中国企业提供借鉴。

# 第十七章

## 人才强企,架构重塑
## 联邦分权 7 大路径瞄准双百亿

德鲁克认为,分权制是最适合大中企业的组织架构。一种是联邦分权制,另一种是职能分权制。联邦分权制是各自拥有独立的市场和产品,职能分权制是只有一个市场和产品,按照流程阶段而分开,不管哪种分权,都要自主管理,担负起最大的责任,两者可以结合运用而不是只能择一,需要注意,实施分权制时,必须有一个强大的中央,为各个部门制定目标。今世缘突破百亿的关键,与这种充分的信任授权,有重要关系。

"问渠哪得清如许,为有源头活水来",把核心资源要素匹配可持续发展、更具现代化机制体制支撑高质量发展的今世缘带向未来,关键在人,关键在人才,人才是干事创业的基石。随着市场精耕渗透、工厂扩能升级,如何培养创新型、专业型、领军型人才,促进各类人才脱颖而出?如何搭建载体平台,系统性、科学性培养识别人才?如何实现关键人才增值、后备人才升值,集聚人才新势能?是今世缘高质量发展必须面对与回答的问题。

## 坚持"人才是第一资源"理念，推进"人才强"战略

多年来，今世缘酒业始终秉持"人才强企"战略理念，坚持党管人才原则，通过精心优化人才队伍结构、搭建广阔的人才成长舞台、激发人才创新潜能等举措，为每一位员工提供了实现自我价值的舞台。

在成功跨越百亿里程碑之后，今世缘酒业在适应新时代发展、匹配企业更高发展目标需求的同时，将人才作为企业核心资源要素，加强人才工作前瞻性思考、全局性谋划、战略性布局、整体性推进，实行更加积极、更加开放、更加有效的人才政策，健全"真心爱才、倾心引才、悉心育才、精心用才"机制，营造各类人才不断积聚、各种人才不断提升、各级人才奋发有为的发展局面，着力构建梯次合理、充满活力的人才队伍。这不仅让今世缘事业后继有人、人才辈出，更为其基业常青奠定了坚实的基础。

### 制定战略性人才"3333工程"发展规划

2024年5月，制定了战略性人才"3333工程"发展规划，主要包括4方面发展目标：一是突出营销、管理、技术3类人员，覆盖企业发展关键领域。二是搭建高层、中层、基层3支管理储备梯队，培养造就堪当发展重任接班人。三是通过"雄鹰""精鹰""雏鹰"3个维度培养工程，形成"人才鹰阵"格局；四是明确2025年、2030年、2035年人才培养3个阶段，打造结构合理、素质优良的人才队伍。

"3333工程"候选人实行个人自荐和组织推荐相结合。具体流程：分层次构建人才模型→描述人才模型对应的关键能力素质要求→将关键能力转化成可操作的选拔标准→设计选拔方式→组织选拔→候选人考察→党委研究→公示→分类建档→进入培养。每年集中性开展"升池、

入池"工作，动态滚动管理。建立"成长档案"，推进大数据管理。对特别优秀者提档升梯，进入高一层次适度超前使用。以实干论英雄，以实绩用人才。

"3333工程"定制设计"鹰阵"培养体系。坚持"五个结合"。即自主发展和组织培养结合、靶向培育和综合培训结合、学历提高和能力提升结合、理论培训和岗位锻炼结合、师徒结对和项目育才结合。通过多角度培训与多岗位历练，着力提升专业素养和综合能力。对进入人才梯队培养视野的，通过荐贤举能、揭榜挂帅、挂职锻炼、技术攻关、市场攻坚等方式，为人才"搭台唱戏"，在实践中展示才能、增长才干、发挥才智。

**升级"人力资源管理体系"**

今世缘将"人力资源管理体系"视为其"六大管理体系"的核心之一，致力于通过激活机制、强化人才引进与培养、优化人才生态和构建发展平台，为人才储备与培养提供坚实的支持和发展路径。

首先，在明确岗位职责上，今世缘酒业树立了清晰的"航向标"。自2023年起，通过与第三方专业咨询公司的紧密合作，对现有人力资源管理体系进行了全面的诊断、深度的优化和前瞻性的升级，确保每个岗位都拥有明确的发展目标和方向。

其次，今世缘充分发挥了绩效考核的"指挥棒"作用。每季度和年度，都会针对员工进行系统的绩效考核，确保真正有能力、有意愿的员工能够得到充分的施展机会，从而极大地激发了人才和企业的竞争活力。

最后，今世缘酒业在薪酬管理上发挥了"催化剂"的功能。通过构建科学合理的薪酬体系，并根据市场环境和企业内部实际情况的持续变化，不断优化和完善薪酬制度，定期修订《薪酬管理制度》。这种制度不仅体现了激励与约束的并重，更确保了薪酬分配的合理性和公平性，显著提高了核心人才的薪酬水平。据统计,近两年,今世缘酒业员工工资平均提高了约12%,这极大地增强了员工的归属感和幸福感,为企业的持续发展注入了强大的动力。

**深化改革,激活人力资源"一池春水"**

围绕"员工能进能出、干部能上能下、薪酬能高能低"三个方向,通过改革突破传统国有企业的禁锢。深化四项改革:全员岗位价值评估;全员(中基层、管理层)竞聘上岗;全员绩效管理;全员素质提升。用制度管人、机制管事、文化管心,调动每一位员工潜能,激发团队活力。为所有员工,特别是为年轻员工建立了公平、公正的职业通道和赛道,让年轻同志要看到希望、看到未来。同时让老同志也能够积极而为、努力向上。

通过更大力度改革创新,构建更有竞争力的人才政策体系、更具科学性的人才管理评价体系、更富吸引力的人才服务保障体系,形成培养机制更加实效、激励机制更加丰富、考核机制更加科学、识别机制更加精准、晋升机制更加透明,实现各尽其才、各美其美。

## 成立今世缘人才发展院,构建"一院三校"平台

一直以来,今世缘公司不断加大对优秀人才的引进、培养、使用、管理和服务力度。2019年,今世缘酒业设立专门的人才培养部门——今世缘人才发展院,构建"一院三校"平台,以"管理团队的党校、营销团队的军校、技术团队的技校"为目标,统筹协调人才培养工作。公司紧抓人才和机制这两个核心要素,同时注重实战、实用和实效三个原则,确保人力资源与公司的高质量发展战略和目标定位紧密契合。

**凝"新"聚力　上好"第一堂课"**

今世缘在优化新员工入职培训方面展现了其独特且富有成效的策

略，其充分认识到新员工作为公司未来发展的基石，入职培训的重要性不言而喻。

不同于传统的室内教学方式，今世缘将课堂拓展到了室外和一线车间。通过情境体验、实操演练、心得交流和团建拓展等多样化的培训方式，新员工们能够在实际操作中学习，增强培训效果。

此外，公司高层领导也给予了新员工极大的关注和支持。今世缘酒业党委书记、董事长、总经理顾祥悦在新员工座谈会上发表讲话，鼓励新员工们坚定信心、决心、恒心、忠心，摒弃娇气、稚气、老气、怨气，并苦练眼力、脚力、脑力、背力，为公司的发展贡献自己的力量，同时也实现自己的人生价值。

**良师益友　组建"一支队伍"**

为了全面提升内部培训体系的建设质量，并构建一支标准、精通、充满活力的内部培训师团队，今世缘酒业精心打造出了具有今世缘独特风格的"魅力讲台"，这个讲台既是教师也是朋友般的存在。

2022年，今世缘学院采用了"理论结合实战"的集中培训模式，并灵活运用"线上与线下"相结合的授课形式，成功举办了四期内训师培训活动，吸引了共计408人次的热情参与。

今世缘学院通过一系列精心策划的实用性课程，致力于帮助内训师们明确自我定位，并精通教学手法与呈现方式。课程涵盖了内训师的身份与价值解析、多样化教学手法的创新设计，以及成人学习心理的深度解析与应对方案等内容。

**匠心筑梦　练就"一项技能"**

精心雕琢梦想，匠心酿造卓越。今世缘致力于品质升级与人才赋能，全力塑造一支怀揣理想、坚守信念、技术精湛、勇于创新、敢于担当、乐于奉献的产业工人队伍。同时，通过系统规划培训活动，精准实施技能鉴定，锻造员工的"能为"实力，点燃"想为"的激情，强化"敢为"的胆识，全面构建一个以奋斗者为核心的激励机制。此外，深化产教融合，与高校和研究机构紧密合作，充分发挥党员、劳模、工匠、技师创新工作室在研发和管理中的引领和培育作用，营造一种尊重匠心、崇尚技艺的文化氛围，激发团队的创新和创造活力。

为了培养能够引领企业发展、成为中坚力量、技能超群的领军人才，今世缘精心策划了包括营销技能、白酒品鉴、制曲工艺、自动化控制、精益生产等在内的全方位培训体系，并通过"个性化定制"的培训方案，拓宽技能发展的道路，为企业持续发展注入源源不断的"缘"动力。

2024 年 6 月，今世缘隆重举行了"以师带徒"的拜师仪式。来自制曲、酿酒、包装、大数据、仓储物流、设备和安全等多个核心部门的 36 对师徒携手结对，共同肩负起传承与发扬匠心精神的使命。此次仪式不仅是对尊师重道传统的再次彰显，更是对工匠精神的崇高致敬。

## 大营销管控体系建立，打造今世缘营销铁军体系

2024 年 4 月，今世缘启动"大营销管控体系"项目的启动仪式及专项培训活动。今世缘"大营销管控体系"的构建至关重要，这不仅是为了应对市场竞争和挑战，更是为了提升厂商团队的能力和实力，确保今世缘在当下稳固立足，同时展望未来。在项目推进过程中，各分管领导及相关职能部门集结精锐力量，高效协作，以高压态势稳步推进，并在实施中持续优化、纠偏、提升，以确保大营销管控体系在今世缘酒业中扎根并与时俱进。

顾祥悦指出，要坚守初心，整合优质资源，确保体制与机制与今世

缘的高质量发展需求相匹配。其中，营销体系的建设更是重中之重。厂商团队需要形成共同的战略认同，并协同推进营销体系的变革，从而构筑起基于战略协同的创新力、组织力和执行力，形成今世缘独特的核心竞争力。

市场犹如战场，要达成战略目标并取得胜利，必须树立"让打胜仗成为团队信仰"的坚定信念，秉持"进攻就是最好的防守"的进取精神，以及"没有退路就是胜利之路"的决绝态度。此外，还需要构建一个目标清晰、制度科学、考核公正、赛道公平的保障赋能机制，打造一支敢于胜利、勇往直前、勇争第一的营销"铁军"，让"有理性、有悟性、有血性、有狼性"成为厂商团队的精神内核，成为赢得每一场战斗、每一场战役、每一场战争的制胜法宝。

围绕"定战略、建组织、画地图、追过程、强赋能、精机制、深绑定、高价值"八个环节，今世缘的赋能培训会系统阐述了"大营销管控体系"构建方法论，通过厂家、商家学员的分组"PK"、共创共建，进一步明晰了营销成功路径，分享了业绩倍增方法。

## 超前配置产能，满足可持续发展，支持中长期目标

今世缘在 2022 年发展大会上公布了"南厂区技改项目"的显著成果，包括 10 万吨陶坛酒库二期的投入运营、4 栋立体成品库的全面启用，以及智能化包装中心、酿酒陈贮中心发酵车间、4 万吨不锈钢酒库的封顶。此外，3 栋浓香型酿酒厂房也已开工建设，新制曲中心的设计方案也已完成。

这一项目的完成，预计将为今世缘带来显著的产能和储能提升。具体来说，将新增优质浓香型原酒年产能 1.8 万吨、清雅酱香型原酒年产

能 2 万吨、半敞开式酒库储量 8 万吨、陶坛库储量更是高达 21 万吨。此外，公司的制曲生产能力也将提升至 10.2 万吨/年。这些数字相加，意味着项目共新增原酒产能 3.8 万吨，储能 29 万吨，年制曲量 10.2 万吨，产能和储能的增长无疑为今世缘实现百亿目标提供了坚实的基础。

今世缘党委书记、董事长、总经理顾祥悦表示："扩大产能，是高质量发展的必然选择；智能酿造，是可持续发展的必由之路；守正创新，是高品质美酒的本质要求。正是通过持续不断的技改投入，今世缘实现了传统酿造向智能酿造的转变，产能稳步提升。"

**全国化与扩产能协同并进**

在白酒行业中，一个普遍的共识是"吨位决定地位"。2022 年，众多白酒企业便纷纷宣布了增产扩能的宏伟计划，预示着新一轮的行业竞赛已拉开序幕。对于酒类企业来说，当业务进入快速增长阶段，产能的扩充往往成为制约其进一步发展的关键瓶颈。

这也正是今世缘谋求全国化布局的重要动因之一。对于区域性酒企而言，若要实现全国市场的深度渗透，必须建立在坚实的产能与储能基础上。足够的产能不仅能满足企业市场扩张和销售增长的需求，更能在激烈的市场竞争中提供产品升级和高端化战略所需的品质保障。

从国家层面看，近期发布的白酒相关政策显示出对白酒产业的积极态度，既支持产业发展，又注重规范引导与产业升级。这无疑为白酒行业注入了新的活力，新一轮的产能扩张有望为行业带来更多优质产能，推动整个行业的健康发展。

## 保持定力，构建省外市场发展路线图

2023 年 4 月，今世缘通过举办省外市场高质量发展研讨会，为省外市场的战略目标和实施路径划定了清晰的蓝图。

今世缘在加速市场拓展的征程中，始终将省外市场的扩张置于战略核心地位。为此，今世缘特别成立了省外事业部，通过一系列富有成效的策略与行动，取得了显著的成绩。省外市场不仅呈现出强劲的发展势头，还在产品质量、市场模式以及团队协作等多个方面实现了质的飞跃，成为推动百亿目标全国化布局的关键举措。

顾祥悦表示，当前是今世缘酒业省外市场发展的关键阶段，需要坚定信心，保持定力。未来，今世缘将聚焦十大核心板块，不断加强品牌建设，提升产品的市场影响力，特别是强化在省外市场的主体运行能力。

具体而言，将采取以下策略：

（1）把握战略机遇，克服发展瓶颈，实现省外市场的全面突破。

（2）优先打造10个地市级样板市场，通过其辐射效应带动周边市场的发展，从而构建全国化的市场拓展路径。

（3）持续投入品牌建设，构建多元化的品牌传播体系，提升品牌在省外市场的知名度和美誉度。

（4）构建国缘V3长三角一体化运作体系，形成板块间的联动效应，强化集群辐射能力。

（5）加强主体能力建设，通过协同激励、计划发展、盈利保障等措施，提升市场竞争力。

（6）不断创新渠道策略，完善经销运作体系，聚焦核心终端，形成局部优势。同时，强化C端思维，培育消费者忠诚度。

（7）激发团队潜能，通过充实业务板块团队，提升组织与团队的整体质量，从而引领市场的高质量发展。

## 百亿里程碑，今世缘酒业做好再出发的充分准备

在明确的增长蓝图指引下，今世缘酒业省外市场的迅猛拓展，其背后的驱动力源自三方面的显著提升。

首先是产品力的强化，旨在满足不同市场与经销商的个性化需求。今世缘酒业凭借其全面的产品线，成功适应并覆盖了全国广阔的市场。顾祥悦再次重申了国缘、今世缘、高沟三大品牌的重要性。对于国缘品牌，公司将构建V3长三角一体化运营体系，以板块联动和集群效应为核心，加速市场拓展；同时，国缘四开作为具有竞争力的产品，将持续保持其在环江苏市场的优势地位。今世缘品牌则致力于在省内外统一诉求，通过多元化的销售策略和场景拓宽，抢占主流消费市场；而高沟品牌则瞄准了对其有深厚情感基础的黄淮名酒带县区级市场，借助高沟标样系列，全力打造高端光瓶酒的标杆市场。

其次是企业实力的增强，为经销商提供坚实的后盾。今世缘酒业发布的2022年经营数据预报显示，其营收与利润均实现了20%以上的增长，预计全年营收将达到78.5亿元。自2019年至2022年，公司始终保持着强劲的增长势头，成为行业内的佼佼者。这种持续的增长态势，不仅证明了今世缘酒业对市场的敏锐洞察和渠道经销商的尊重，更为全国经销商提供了强大的信心保障。

最后是组织力的提升，汇聚团队智慧共谋发展。今世缘酒业不仅注重内部团队的完善管理和活力激发，更将厂商共建视为省外市场扩张的核心优势。在全国化的进程中，公司始终与经销商团队并肩作战，坚定维护其在市场中的主体地位。顾祥悦强调，要以开放包容和合作共赢的理念加强厂商合作，以温暖、有情、共赢为合作宗旨。为此，今世缘酒

业建立了完善的助商纾困机制，如"问题清零、限时反馈、及时核销、高效沟通、闭环管理"等，同时设立公司高管板块市场定点联系制度，加强沟通与协商，凝聚集体智慧共同推动市场发展。

顾祥悦上任以来，全国化突破和省外市场建设一直是其工作的重点，省外市场对营收的贡献逐年上升。通过提升产品力、企业实力和组织力等多方面的努力，今世缘酒业拥有了更加坚实和持续的增长动力，同时增强了企业的抗风险能力、加速市场占有并提升全国缘文化饮酒氛围。

## 聚焦新质生产力，赋能传统酿造工艺

改革开放以来，我国经济发展经历了一个高速增长阶段，但随着迈入高质量发展阶段，过去那种主要依靠资源要素投入推动经济增长的方式已经行不通了。所谓新质生产力，是以科技创新为主的生产力，是摆脱了传统增长路径、符合高质量发展要求的生产力，是数字时代更具融合性、更体现新内涵的生产力。

今世缘酒业对于新质生产力的重视，彰显了其对于实现企业高质量发展的坚定信心与决心。在文化传承与创新方面，今世缘酒业同样展现了对于酒文化及中国传统文化的深度挖掘与阐发。通过让传统更加传统，让创新更加现代，今世缘酒业期望借助先进的科学技术赋能传统酿造工艺，使中国白酒能够与世界美酒同台竞技，共同迎接中国酒业高质量发展的美好未来。

在穿越"2002~2012黄金十年"与"2012~2022酱酒热十年"两大行业周期的过程中，今世缘酒业凭借创新驱动和科技酿造，实现了跨越式的发展从一家规模较小的地方酒企，成功跻身百亿级龙头企业的行列，销售收入与生产规模均实现了数十倍的增长，其百亿征程不仅体现了企业的独特性和时代意义，更为中国白酒产业的发展树立了新的标杆。

## 结 语

> 在这个时代，要成为一个职业上的成功者，一条重要的准则就是：不要依靠惯性，取得成功的方法是75%～80%靠领导，其余20%～25%靠管理，而不能反过来。
>
> ——约翰·科特（John P. Kotter），领导力专家

党的十九届五中全会提出，中国要在2035年基本实现现代化，整个国民生产总值、人均收入能够达到中等发达国家的水平。而在这个民族伟大复兴的进程中，也将是中国优秀企业和品牌的最大动力和战略机遇。

虽然当今世界仍然波谲云诡、变幻莫测，中国乃至每一个中国企业、每一个中国人，都在经历"百年未有之变局"，但我们要将目光收拢回来，在这种风云变幻中，有什么是不变的东西；在这种不确定中，有什么是确定性的东西。

我想，今世缘要用两种确定性来应对不确定，一是用战略上的确定性来应对未来的不确定，二是以内部的确定性来应对外部的不确定性。

最后，用一句诗来结束本书，也与诸君共勉："雄关漫道真如铁，而今迈步从头越"！

## 第六部分延伸思考
# 深维度"变革进化"五问

❶ 你的企业在组织变革上有足够的紧迫感吗?

❷ 你的企业有构建一个强大的变革领导团队吗?

❸ 你的企业有明确并反复沟通达到共识的愿景吗?

❹ 你的企业有给予员工足够的授权并设定短期的变革成效目标吗?

❺ 你的企业有把这种变革精神和理念固化到组织文化中吗?

| 附 录 |

# 国缘创牌 20 周年：
# 回归本质，创造战略确定性

2024 年 8 月 17 日，今世缘酒业举办了"后百亿时代的机遇与挑战——国缘品牌创立 20 周年战略研讨会"。在此次会议上，我发表了题为《国缘创牌 20 周年：回归本质，创造战略确定性》的演讲。我想将此次演讲作为本书的结语，与 2017 年的那场战略研讨会发言相呼应，也记载着深维度咨询和今世缘的 7 年深厚缘分。在后百亿时代，我们共同见证了今世缘开启双百亿新征程的历史时刻。成大事，必有缘，以此文为记。

亚马逊创始人贝索斯曾提出："我经常被问及未来 10 年将发生什么变化，却鲜少被问及未来 10 年有什么不变。后者更为关键，因为我们需要将战略建立在不变的基础之上。"因此，我这次的分享主题是：我们应该寻找的不变是什么？思维的本质不变，规律不变，进化不变。

## 不变的周期思维:顺势而为,厚积薄发

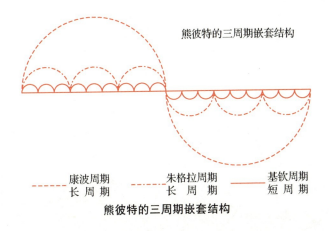

**熊彼特的三周期嵌套结构**

熊彼特的三周期嵌套结构理论指出,创新活动的非连续性和扩散性导致了经济影响的差异。在大的康波周期内,还存在着几个从属波,形成了康德拉季耶夫周期、朱格拉周期和基钦周期的三周期嵌套。我们虽无法准确预测时间,但能洞察大趋势和规律。

桥水基金创始人瑞·达利欧的历史曲线图显示,当中国的 GDP 接近美国的 60%—70% 时,将迎来与美国的头部竞争。江苏省内白酒行业的竞争态势与此相似,今世缘在江苏的友商已明确其竞争意图,并进行了一系列动态调整,这无疑给今世缘增加了压力,也考验着今世缘的智慧。我们无法控制竞争对手,只能做好自己的确定性,用战略上的确定性应对未来的不确定性。

德鲁克在《创新与企业家精神》中提到:"创新是企业家特有的工具。他们凭借创新,将变化视为开创企业或服务的机遇。企业家必须有目的地寻找创新的来源,寻找预示成功创新机会的变化和征兆。他们还

应该了解成功创新的原理,并加以应用。"今世缘正在推进的全国化、高端化、差异化"三化方略",其中差异化恰恰是我们真正的压舱石。

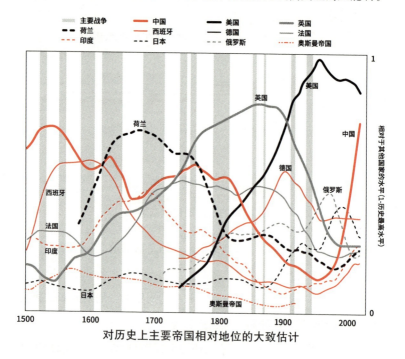

对历史上主要帝国相对地位的大致估计

## 不变的整体思维:饿死问题,喂饱机会

只有看清全局,把握事物的本质发展规律,我们才能抓住机会应对挑战和冲突。否则,我们的行动往往会造成更大的混乱。服务今世缘七八年来,我们发现今世缘一直在错位竞争中赢得增长动能,这也是抓住了关键,抓住了整体。

战略的本质在于机会聚焦、资源集中。无论是"大国缘"还是"今世缘",它们都是一盘棋。只有真正聚焦资源和机会,我们才能赢得未来 10 年乃至 20 年的持续性发展。如何在动态竞争中做好战略判断，深维度在长期实践中使用了简明的战略四问法，即想、能、可、该。

**1. 想不想做？（动机导向）**

上下同欲者胜。我们的战略选择能否实现上下同欲？从董事长到高管层，我们能否目标一致，瞄准这个机会，是否有这样的激情和斗志？这是动机导向，只要动机正确，就有了成功的基础。

**2. 能不能做？（能力导向）**

能否具有或整合资源抓住机会，这个"或"字很重要。有一句话叫"有什么，干什么"，但能力导向还有一层意思，即"缺什么，补什么"。能否整合资源，提高维度更整体和系统地解决问题？最佳方式是在自己的能力资源线上做扩张和延伸，这样胜算更大。

**3. 可不可做？（竞争导向）**

可不可做，即竞争和环境是否允许你做。对手是否占据行业或产业的主导地位？我们有重大的战略机会，还是有互补的机会，或者毫无机会。

**4. 该不该做？（决策导向）**

以上三者的交集，想做、能做、可做的公约数，就是该不该做的重要判断依据。

## 关于几个战略课题的思考

**1. 后百亿路径思考**

在白酒行业中，我们预见未来十年的核心竞争力将在于增长的质量而非速度。正如老话所说，"树不可能长到天上"，我们必须遵循自然规律。虽然我们乐观地期待今世缘未来能达到 300 亿元甚至 500 亿元的销售规模，但首先必须面对的关键挑战是如何成功跨越 100 亿元到 200 亿元的增长阶段。

至关重要的是,我们必须顺势而为,认识到企业增长往往不是线性的,而是以指数方式进行,且增长过程是不均匀的。我们已目睹,那些基础不稳固的企业在遭遇经济下行的"黑天鹅"事件时,业绩可能急剧下滑。在白酒行业中,至少有四五家企业在尝试从100亿元增长到200亿元的过程中遭遇了这种情况,这为我们敲响了警钟。

当然,我们也见证了国内外杰出企业的稳健增长,如茅台和帝亚吉欧,它们通过持续增长获得了显著的复利效应。今世缘从100亿元迈向200亿元的增长过程中,需要设定明确的底线,并在恰当的时机采取行动,力争成为"江苏酒王"或"中度酒王"。因为只有成为"行业之王"或"品类之王",我们才能拥有定价权和溢价能力,从而获得行业最大的利润,确保企业的长期可持续发展。

**2. 国缘与今世缘品牌的战略聚焦与协同**

如何实现国缘品牌与今世缘品牌的战略聚焦和协同发展?从目前的现状分析,今世缘与国缘品牌仍然应遵循2/8法则,国缘品牌应继续集中主要资源,因为市场红利尚未完全释放,我们有理由相信这一红利期还可以持续10~20年。

通过观察消费品品牌的发展规律,我们发现国缘品牌在两三百亿元的市场规模中具有巨大的增长潜力。行业内的领导品牌已经为我们提供了成功的范例,其他品牌的发展也为我们提供了宝贵的参考。

通过借鉴奔驰的产品线策略,构建起国缘品牌从百元到两千元以上超高端产品的完整产品矩阵。未来,我们还有计划在千元价格带推出新的单品,这样的产品结构将形成一个有力且有序的发展接力,进一步巩固国缘品牌在市场上的领导地位。

**3. 江苏省内和全国的推广路径的聚焦与协同**

自 2017 年起，我便一直倡导"大国缘"战略，主张将杠杆资源集中于省内市场。我们的首要目标是成为江苏市场的领导者，这一目标在未来 5 年内不会改变。若我们无法在江苏省内取得市场主导地位，就不能有丝毫懈怠。目前，江苏的酒企市场集中度并不高，前两大品牌的市场份额合计仅略超 40%。按照稳定市场的格局，领导品牌的市场占有率应更高，以确保其拥有足够的市场安全边际。因此，在达到 200 亿元销售额之前，我们不应有丝毫放松。

德鲁克提出的柔道战略启发我们，在省外面对强势品牌我们属于弱势方，因此首先要占据一个稳固的"滩头"阵地，这个"滩头"阵地通常是大公司没有设防或不予重视的环节。一旦占据了这个"滩头"阵地，我们再向另一片"海滩"进军，直至最终占领整个"岛屿"，过程中要坚持自己的与众不同和反向思维。

在浙江，我观察到了积极的信号：由于缺乏明显的白酒品牌领导者，浙江是否有可能成为首个达到 10 亿元甚至 20 亿元销售额的市场？我们需要寻找竞争较弱的空白区域，尤其是那些与江苏文化相似的地区。江浙地区商业文化发达，对外来品牌较为开放，这为我们的市场拓展提供了有利条件。此外，江西也可能是一个竞争相对较弱的市场，值得考虑是否有合适的并购机会。

总之，在市场开拓中，我们不应采取广撒网的策略，即便是资源雄厚的茅台和五粮液也无法通过这种方式取得成功。我们需要集中力量，打造 10 亿甚至 20 亿销售额的省级市场，聚焦资源，精准发力，而非平均分配。

**4. 国缘 K 系和国缘 V 系，尤其是四开和 V3 战略单品的协同**

国缘 K 系作为今世缘公司的标志性产品，全力以赴推动其发展，已经取得了显著市场成效。而今，国缘 V 系，尤其是 V3 单品，展现出了巨大的潜力，因此我们必须深思熟虑，为其提供充足的资源和支持。

在顾董事长和羊总的大力推动下，近两三年国缘 V 系的增长势头迅猛，与国缘 K 系一道，成为公司实现双百亿目标的两大核心品系。目前，我们认为应将更多的精力集中在 V3 上，因为它已经在销量上取得了重大突破，并且与国缘 K 系形成了良好的协同效应，这是我们必须把握的市场机会。

稳住了国缘 K 系和国缘 V 系这"两条腿"，今世缘的双百亿战略必将大有可为。20 年来，国缘品牌一直专注于高端中度白酒，以提供舒适的饮用体验为核心，超越了传统的香型分类，从口感和体感上塑造了独特的产品特性，成功占领了高端中度白酒市场。我们的目标是满足消费者对香感、口感和体感舒适性的全面需求，实现"三感"合一，这是我们产品的核心竞争力。未来"舒适型白酒"有望与"绵柔型白酒"并列，成为市场上的两大主流概念。我们坚信，高端舒适型白酒的市场地位至关重要，并将引领未来的消费趋势。

在此背景下，国缘应实施"双擎"战略，从"中度酒王"到"舒适之王"，国缘 K 系定位为"高端中度白酒"的代表，而国缘 V 系则专注于"高端舒适型白酒"。如果能够在这两个领域都取得突破，我们将在创新品类中占据先发优势和主导性位置。

**5. 组织变革是赢得全局胜利的关键所在，为战略实现持续保驾护航**

组织是第一生产力。在为众多企业提供服务的过程中，我们发现，无论企业的市场定位多么精准，若缺乏有效的组织结构来捕捉和实现这些定位，一切努力都将付诸东流。近年来，今世缘酒业在组织变革方面取得了显著进步，这在很大程度上得益于顾董事长的远见，他不仅是一个坚定的改革者，也是组织变革的推动者。

如今，今世缘的团队汇集了老中青三代，包括"80"后和"90"后，他们正在市场中不断磨炼和成长。在进行市场终端调研时，我深切感受到了他们士气的提振，因为他们看到了公司的未来和个人的希望。这种积极向上的氛围，是组织变革成功的重要标志，也是我们迈向更高目标的坚实基础。

在迈向双百亿的道路上，在"敢为人先，永不止步"的精神鼓舞下，国缘品牌的创新、务实、进取和韧性，将是未来取胜的关键。正如费孝通老先生所说，"各美其美，美人之美，美美与共"，战略定位的关键在于构建差异化的竞争优势和建立自己的生态系统。愿国缘在新的20年披荆斩棘，三分天下有其一。

## 后记

## 深维度战略咨询"整体战"长期护航，锚准双百亿，助力大未来

长久以来，白酒业界流传着这样一句话："三十亿立足本土，五十亿区域称雄，百亿则迈向全国市场。"2023 年，中国白酒业的"百亿营收俱乐部"再度添员，今世缘（股票代码：603369.SH）紧随茅台、五粮液、洋河、泸州老窖、山西汾酒、古井贡酒之后，成为第七家跨过百亿营收门槛的上市酒企。

深维度战略咨询与今世缘企业共同成长多年，见证并助力了今世缘突破百亿营收的辉煌成就。在战略合作中，深维度战略咨询始终扮演着护航者的角色，为今世缘的稳步前行提供了坚实的支撑。

《孙子兵法》说"了知、任势、制胖"，有效的行动来自领导者对构成坏境的要素的洞察，有效的重构环境中的要素，以使自己能借助它们的力量。然后，等有利时机到来时，一举而定，这正是我们所洞察到的孙子兵法中的"先胜思维、全胜思维"。今世缘的发展过程中，就贯穿了这种思想。当然，深维度将此理解成"战略整体战"，在长达 20 年的

消费品企业和品牌战略建构中，深维度战略咨询研发了自己的"整体战六边形战略理论""整体战十二力工程"模型等思想理论，从全新的视角构建企业的战略能力结构系统。其中，最为核心的"整体战六边形战略理论"由两个三角构成，一个是"内经营三角"，由企业家心智、战略能力、组织能力三个关键维度构成；一个是"外营销三角"，由品类定位、核心场景、顾客心智三个关键维度构成，每一维度都承载着独特而重要的功能，共同塑造企业的核心竞争力。

**【内经营三角】**

深维度"整体战六边形战略理论"（内经营三角）

**1. 企业家心智：战略的源泉**

企业家心智是企业战略的灵魂，它集中体现了企业家的愿景、价值观、决策风格和对未来的洞察力。企业家作为企业战略的设计师和执行者，其心智模式直接影响着企业的长期发展路径。例如，乔布斯的"think different"哲学，不仅定义了苹果公司的创新文化，也塑造了其在电子产品领域的领导地位。企业家心智要求领导者具备前瞻性思维，能够预见行业趋势，敢于承担风险，同时拥有坚定的意志力和决策力。因此，企业市场之间的竞争，背后也是企业家心力的角逐，正如德国军事战略家鲁登道夫在其所著《总体战》中提到："战争，以一方失去战斗意志为结束"，只有充满着百折不挠的反弹力、不变形不走样的努力，才能从一个胜利走向另一个胜利,迎来高质量可持续的发展。

我们也可以用"心力"一词总结,其中包含三个要素:

第一,复原力。这个能力的英文是 Resilience,指的是在痛苦、挫折、磨难、打击、失败、压力的挑战之下,能够迅速恢复到正常的状态,也有学者把它叫做反弹力(Bounce-back)。

第二,坚毅力。面对长远目标时体现出的努力和耐力。达克沃思把它叫做"Grit(耐磨力)",意思是一个人像小沙粒一样,无论怎么碾压,都不变形、不走样。

第三,创伤后成长。从失败中学到成功的经验,从打击中得到进取的力量。

### 2. 战略能力:动态调整的智慧

战略能力是企业识别机会、制定战略并有效执行的能力。它涵盖了市场分析、资源整合、风险管理等多个方面,要求企业能够根据外部环境的变化,灵活调整战略方向。国缘品牌的成长、进阶之路,即长期战略定力的体现,始终坚定"中度"路线,不被短期利益诱惑,专注于"中度"白酒研发和技术创新。同时,我们也能看到其对市场洞察与战略规划的前瞻性,准确把握饮酒健康化、低度化趋势和客户需求,从中找到自身能够立足和扩张的基石,进而实现在更广阔市场的领先地位。

### 3. 组织能力:内部协同的效率

组织能力被视为企业价值创造的引擎,它是战略得以落地和持续创新的关键。在深维度整体战六边形理论中,组织能力不仅涉及传统的组织结构与流程优化,更重要的是人才与资本的有效整合,以及组织文化的塑造,这些共同构成了企业核心竞争力的基础。

今世缘酒业董事长顾祥悦曾多次表达:"要以开放包容和合作共赢

的理念加强厂商合作,以温暖、有情、共赢为合作宗旨。"这种"客户至上"理念和"开放合作"精神,促进了内外部的创新与协作,形成了强大的企业凝聚力,不仅吸引了顶尖人才,也创造了良好的合作环境,增强了组织的整体效能。

**【外营销三角】**

**深维度"整体战六边形战略理论"(外经营三角)**

**1. 顾客心智:竞争的终极战场**

定位理论认为"认知对行为的影响大于事实""消费者头脑里面已有的观念,决定了企业能够卖掉什么,只有顺应顾客认知的信息,顾客才可能看得见,否则视而不见,听而不闻,如同秋风过耳。"这也就是说,竞争的终极战场,就在消费者的头脑里,而不是货架上。

**2. 品类定位:心智定位的精准**

品类定位是企业在市场中的独特位置及其吸引力,它基于对市场细分和消费者需求的深刻理解,也就是将品牌在消费者心智中与品牌关联的一个独特概念,国缘将这个心智费用大量聚焦在"在江苏,喝国缘"和"中国高端中度白酒"上,通过精准的心智定位,企业可以突出自身的优势,满足特定消费者群体的需求。例如,特斯拉在新能源汽车领域的定位,不仅突出了其产品的高性能和环保特性,也成功吸引了追求科技和环保的消费者群体,建立了稳固的品牌忠诚度。

**3. 核心场景：体验创造的魅力**

场景引力关注的是如何在具体的消费场景中创造价值，提供超越产品本身的体验和服务。场景是心智预售的核心道场，是被有效设计出来的。国缘品牌自诞生以来，始终强调"与大事结缘，与成功相伴"，成为中国外交部驻外使领馆接待用酒、作为国礼赠送给国际友人等；一句"成大事，必有缘"更是成为江苏人商务宴请时的标志性口号，这些都形成国缘品牌对消费者最与众不同的场景引力，提升了用户体验，增强了品牌的情感链接。

深维度"整体战六边形战略理论"

消费者心智的争夺是一个复杂而微妙的过程，它要求企业要有精准的市场洞察，依然以今世缘为例，通过根植于中国缘文化的深度挖掘，结合消费者需求的精准把握，以及品牌、品项、价格的综合策略，最终在消费者心智中构建了一个独一无二的概念和富有情感的立体化品牌形象。

"深维度消费品战略研究中心"也将在白酒、家电、手机、茶饮、时尚品等消费品牌领域，持续系统发布自己的案例观察和心得，希望与各界朋友共同携手，一起为中国企业的战略之路、成长之路贡献一份力量。

2024 年 8 月 18 日

方明完稿于南京中心 36 楼深维度战略咨询办公室

# 参考文献

[1][美]彼得·德鲁克.管理的实践[M].齐若兰,译.北京:机械工业出版社,2009.

[2][美]彼得·德鲁克.创新与企业家精神[M].蔡文燕,译.北京:机械工业出版社,2007.

[3][美]彼得·德鲁克.卓有成效的管理者[M].许是祥,译.北京:机械工业出版社,2005.

[4][美]彼得·德鲁克.公司的概念[M].慕凤丽,译.北京:机械工业出版社,2018.

[5][美]彼得·德鲁克.21世纪的管理挑战[M].朱雁斌,译.北京:机械工业出版社,2018.

[6][美]彼得·德鲁克.不连续的时代[M].吴家喜,译.北京:机械工业出版社,2020.

[7][美]迈克尔·波特.竞争优势[M].陈丽芳,译.中信出版社,2014.

[8][美]迈克尔·波特.竞争战略[M].陈丽芳,译.北京:中信出版社,2014.

[9][美]约瑟夫·M. 朱兰，A. 布兰顿·戈弗雷. 朱兰质量手册[M]. 5版. 焦叔斌，等，译. 北京：中国人民大学出版社，2003.

[10][美]约瑟夫·A. 德费欧，弗兰克·M. 格里纳. 朱兰质量管理与分析[M]. 北京：机械工业出版社，2016.

[11][美]威廉·爱德华兹·戴明. 戴明论质量管理[M]. 钟汉清，戴久永，译. 海口：海南出版社，2003.

[12][美]杰弗里·摩尔. 跨越鸿沟[M]. 赵娅，译. 北京：机械工业出版社，2009.

[13][美]道格拉斯·霍尔特，道格拉斯·卡梅隆. 文化战略[M]. 汪凯，译. 上海：商务印书馆，2013.

[14][德]克劳塞维茨. 战争论[M]. 杨南芳，等译. 西安：陕西人民出版社，2001.

[15][英]利德尔·哈特. 战略论：间接路线[M]. 钮先钟，译. 上海：上海人民出版社，2010.

[16]钮先钟. 历史与战略[M]. 桂林：广西师范大学出版社，2003.

[17]钮先钟. 西方战略思想史[M]. 桂林：广西师范大学出版社，2012年.

[18][美]理查德·鲁梅尔特. 好战略，坏战略[M]. 蒋宗强，译. 北京：中信出版社，2012.

[19][美]亨利·明茨伯格. 战略历程[M]. 刘瑞红，等译. 北京：机械工业出版社，2002.

[20][英]达尔文. 物种起源[M]. 李贤标，高慧，编译. 北京：北京出版社，2007.

[21] 魏炜，朱武祥．发现商业模式［M］．北京：机械工业出版社，2009．

[22] 魏炜，朱武祥，林桂平．商业模式的经济解释［M］．北京：机械工业出版社，2012．

[23] 魏炜，李飞，朱武祥．商业模式原理［M］．北京：北京大学出版社，2020．

[24] 魏炜，朱武祥．重构商业模式［M］．北京：机械工业出版社，2010．

[25] 钟永光，贾晓菁，钱颖．系统动力学［M］．北京：科学出版社，2021．

[26] ［美］德内拉·梅多斯．系统之美［M］．邱昭良，译．杭州：浙江人民出版社，2012．

[27] ［美］梅拉尼·米歇尔．复杂［M］．唐璐，译．长沙：湖南科技出版社，2018．

[28] ［英国］杰弗里·韦斯特．规模［M］．张培，译．北京：中信出版社，2018．

[29] 兰小欢．置身事内：中国政府与经济发展［M］．上海：上海人民出版社，2021．

[30] ［美］托马斯·库恩．科学革命的结构［M］．金吾伦，湖新和，译．北京：北京大学出版社，2012．

[31] ［美］约瑟夫·熊彼特．经济发展理论［M］．何畏，等，译．北京：商务印书馆，2020．

[32] ［加拿大］马歇尔·麦克卢汉．理解媒介：论人的延伸（增订书）［M］．何道宽，译．南京：译林出版社，2019．

300

[33]路江涌．共演战略［M］．北京：机械工业出版社，2018．

[34]［美］理查德·鲁梅尔特．好战略，坏战略［M］．蒋宗强，译．北京：中信出版社，2017．

[35]［美］克莱顿·克里斯坦森，迈克尔·雷纳．创新者的解答：颠覆式创新的增长秘诀［M］．李瑜偲，林伟，郑欢，译．北京：中信出版社，2020．

[36]［美］克莱顿·克里斯坦森．创新者的窘境：领先企业如何被新兴企业颠覆？［M］．胡建桥，译．北京：中信出版集团，2020．

[37]［美］凯文·凯利．失控：全人类的最终命运和结局［M］．东西文库，译．北京：新星出版社，2010．

[38]金观涛．控制论与科学方法论［M］．北京：新星出版社，2005．

[39]［美］纳西姆·尼古拉斯·塔勒布．黑天鹅：如何应对不可预知的未来［M］．万丹，刘宁，译．北京：中信出版社，2019．

[40]［美］纳西姆·尼古拉斯·塔勒布．反脆弱：从不确定性中获益［M］．雨珂，译．北京：中信出版社，2020．

[41]［美］劳拉·里斯，艾·里斯．品牌的起源：品牌定位体系的巅峰之作［M］．寿雯，译，北京：机械工业出版社，2013．

[42]李录．文明、现代化、价值投资与中国［M］．北京：中信出版社，2020．

[43]李宣龚．巴拿马太平洋万国博览会要览［M］．上海：商务印书馆，1914．

[44]陈琪．我国参与巴拿马太平洋万国博览会纪实［M］．1917．

[45]筹备巴拿马赛会局．巴拿马太平洋万国博览会出品分类纲

目.1914.

［46］《江苏名酒志》编纂委员会.江苏名酒志——高沟酒志［M］.南京：江苏人民出版社，2020.

［47］吴建峰.中国白酒中健康功能性成分四甲基吡嗪的研究综述［J］.酿酒，2006（6）：13-16.

［48］今世缘酒业，中国白酒绿色生态智能酿造科学技术研究院.中国新一代高端白酒白皮书［R］.2023.

［49］李红.独孤九鉴———白酒酒体设计之宝典［M］.北京：中国轻工业出版社，2024.

［50］中国酒业协会.2022年中国酒业经济运行报告［R］.2022.

［51］中国酒业协会，腾讯营销洞察.2023年中国白酒行业消费白皮书［R］.2023.

［52］里斯咨询.年轻人的酒品类创新研究报告［R］.2022.

［53］麦肯锡.2023年人工智能发展概况：生成式AI的爆发之年［R］.2023.

［54］中国酒业协会.中国白酒产业知识产权报告［R］.2023.

［55］国盛证券.白酒专题报告之今世缘深度解析［R］.2019.

［56］国泰君安证券股份有限公司.区域苏酒，再论"今世缘"成长逻辑：顺势而为，潜力充沛［R］.2022-12-08.

［57］国缘亮相全球外交官中国文化之夜，向世界递上中国"飘香名片"［N］.扬子晚报，2023-12-08.

［58］刘锦崇，孙万军.从今世缘的成功看文化营销的魅力［J］.经济师，2002，10：202.

［59］陆霞.从今世缘的成功谈白酒行业的文化营销［J］.酿酒科

技,2012,11:131-133.

[60] 何沙洲. 今世缘书写传奇横空出世"站起来"[N]. 企业家日报,2021-08-27.

[61] 杨海龙. 今世缘突围有两招[J]. 证券市场周刊,2023:8.

[62] 今世缘:中国"缘"文化代表品牌[N]. 新华日报,2003-08-28.

[63] 曾朝晖. 今世有缘今生无悔[J]. 企业研究,2004(2):11-14.

[64] 何沙洲. 今世缘问鼎中国酒业科学技术最高奖[N]. 企业家日报,2019-05-09.

[65] 久久为功,发现今世缘高质量发展的驱动力[N]. 酒说,2023-09-26.

[66] 张宣. 传承"亚夫精神",江苏科研专家在高粱地里种下富民梦[N]. 新华报业网,2022-08-16.